国家哲学社会科学规划项目

国家社会科学基金项目（编号：16BYY015）

李勇忠 著

认知类型学视野下
汉英表量结构的对比研究

A Contrastive Study of the Classifiers in
Chinese and English
from the Perspective of Cognitive Typology

上海外语教育出版社
外教社 SHANGHAI FOREIGN LANGUAGE EDUCATION PRESS

图书在版编目（CIP）数据

认知类型学视野下汉英表量结构的对比研究 / 李勇
忠著 . -- 上海：上海外语教育出版社，2023
国家哲学社会科学规划项目
ISBN 978-7-5446-7636-6

Ⅰ.①认… Ⅱ.①李… Ⅲ.①汉语—语法结构—对比
研究—英语 Ⅳ.①H146②H314

中国国家版本馆CIP数据核字(2023)第043129号

出版发行 **上海外语教育出版社**
（上海外国语大学内） 邮编：200083
电　　话：021–65425300 (总机)
电子邮箱：bookinfo@sflep.com.cn
网　　址：http://www.sflep.com
责任编辑：王晓宇

印　　刷：苏州工业园区美柯乐制版印务有限责任公司
开　　本：635×965　1/16　印张14.25　字数233千字
版　　次：2023年6月第1版　2023年6月第1次印刷

书　　号：ISBN 978-7-5446-7636-6
定　　价：47.00元

本版图书如有印装质量问题，可向本社调换
质量服务热线：4008-213-263

序

（一）

　　21 世纪初在我国各大期刊上读到李勇忠博士多篇关于"转喻"的论文,给我留下了十分深刻的印象,算是"初知"这位后生。他在我国语言学界掀起的转喻研究热潮,使我预感中国认知语言学界要出新星。后在认知语言学研讨会上见到了这位青年才俊,算是"初交",开始了我们的学术交流。2015 年我还应他盛情邀请去江西师范大学讲学,近年来又读到了他多篇论著,算是"初认"这位博学多产的学者。今天他又寄来 2016 年度获批的国家社会科学基金项目"认知类型学视野下汉英表量结构的对比研究",并向我索序,我便仔细阅读大作,算是"再认"了这位出类拔萃的双肩挑教授。我手捧打印初稿,仔细学习,感触颇深,确实有话要说。

　　2015 年,在获批江西省社会科学规划项目"汉英表量结构的认知修辞研究"之后,李勇忠教授进一步拓宽了视野,走上了"大胆假设,小心求证"的科研之路,将目光聚焦于语言类型学与认知语言学的结合点,尝试基于建构和发展"认知类型学"这一新兴的交叉学科,进一步深入对比研究汉英表量结构,从语言类型到认知类型,从语言共性到认知共性,从语言本体到人类思维,体现的正是"语言学是人学"(潘文国,2006;李洪儒,2001,2002,2005)这一"人本主义"哲学观。

（二）

本书有诸多亮点值得关注,具体包括:

第一,符合当下我国大力倡导的"新文科"人才培养模式。近年来我国在人文社会科学界提出"新文科"的教育理念,与我国改革开放后所提倡的"跨学科"一脉相承,旨在突破传统学科分类太细的缺陷,避免使学生犯"一叶障目,不见泰山"之过失。我们的文科教育必须拓宽学术视野,当培养"十字型"人才,既要宽,也要拔尖(这是相对于原来提出的"I 字型"人才而言的,只讲拔尖)。学界一致认为在宽基础上拔出的尖才会更尖。这不仅对于中国教育事业的发展至关重要,而且为世界文明也贡献出了中国人的智慧。学人们认识到在这两个或多个学科的结合部很容易出成果,李勇忠教授正是沿着这一科研思路写出了这本专著,尝试将亦已成为主流的认知语言学与语言类型学相结合,来建构和完善"认知类型学",填补了国内语言学研究的空白。

第二,有利于增强汉英对比研究的说服力。国内的汉英对比研究已有百余年历史,但大多偏重于对比具体的语言现象,基于这类微观研究得出的诸多结论缺乏理论说服力,甚至还有自相矛盾之处。学人们普遍认为,这类对比研究存在的主要问题有:忽视了不同语言类型的本质属性以及具体证据的系统性,缺乏语言类型学的理论框架。本书不仅在理论上做出了跨学科的突破,而且还基于认知类型学较为系统地进行了汉英表量结构用法的对比研究,既有论点,也有论据,完全符合学术规范。本书从"现象观察、理论描写、理论解释"三个层面分析了汉英表量结构中常见的形式、语义和语用现象,为日后更大范围内的认知类型学研究奠定了基础。

第三,为汉语语法体系的建立提供新视角。汉语语法研究在很长一段时间内深受《马氏文通》的影响,依附于印欧语法体系,这在百年前西学东渐的年代具有较大的历史意义,但学界早认识到这种"削汉语之足,适西方葛郎玛之履"的弊端,提出了很多有益的修补方案。本书通过对比研究汉语惯用的名量搭配与英语稀用表量结构的现象,发现这一对比具有语言类型学的意义,故而主张将其上升到认知类型学的层面上来解释,使得该研究具有更高的理论价值,且通过具体的语言结构分析,发现汉英两种语言在认知结构上的异同,可望为汉语语法体系的建立提供新的视角。

第四,有力地推动了我国语言学界的类型学研究。我们知道,从事语言类型学研究的大多为西方学者,因为他们用的是拼音文字,掌握多种语言相对容易；而对于讲汉语的东方人来说，要掌握多种语言相对较难，因此从事这一领域研究的人寥若晨星。李勇忠教授敢于啃这个硬骨头，勇于攻克薄弱环节，这种科研精神确实值得称道。

另外，西方人多长于描写语言类型，缺乏对语言共性的理论阐释，这为我们的研究提供了较大的发展空间。认知语言学注重语言使用主体的人，更关注人类的思维共性，因此它对于认知类型学的研究确实具有开拓性和实用性。本书第二部分所归纳出的一系列汉英语民族在思维模式、身体经验、知识结构等方面的异同，有利于我们从认知角度深刻理解思维和语言的共性和差异。

第五，提出的观点和方法具有较高的应用价值。在本项目的研究中既有理论发展和创新，也有实际语料支撑和具体论证，这一科研思路本身就很值得学习，是那些仅注重数据调查和分析统计的文章所无法比拟的。同时，他还认准了对比汉英"表量结构"这一方向，切入点选得很好，确能体现出汉英两种语言类型之差异，这对于汉英语教学、汉语国际教育具有很好的应用价值，可为汉英语学习者学习表量结构提供直接指导。这项基于认知类型学的对比研究对于汉英互译实践、跨文化对比研究、人工智能中的分词处理等，都具有一定的前瞻性意义。

英国 19 世纪初期伟大的浪漫主义诗人拜伦（George G. Byron，1788—1824），在题为《她走在美丽的光彩里》（"She Walks in Beauty"）的诗中有这两行诗句：

Where thoughts serenely sweet express
How pure，how dear their dwelling-place.
（静谧的思绪恬然诉说，这朵灵魂的高洁优雅。）

不曾想，"这朵灵魂"化作了拨人心弦的优雅音符，奏响了当代研究汉英表量结构的新乐章，值得我们为其点赞。

（三）

"继承创新"堪称是科学研究的永恒座右铭；"与时俱进"亦已成为 21 世纪的时代最强音。文人为实现强国梦所能做之事，就是不断提出新理论，摆脱"照着说、跟着说"之旧习，践行"想着说、领着说"之新风，这便是我们的责任和担当，学人们应为建设思想强国有所作为（王寅，2020）。我们当在"新时代"号角的召唤下,在"新文科"教育理念的指引下,不断提出自己的新观点,以能实现钱冠连先生的期盼——"把自己的述著留在历史这把筛子的上面而不是下面"(王寅,2020:序)。李勇忠教授《认知类型学视野下汉英表量结构的对比研究》这本专著不仅开启了我国认知语言学与语言类型学进行跨学科研究的新方向,也使得全世界范围内的认知类型学迈上一个新台阶,必将留在"学术的历史之筛"的上面。

日前,我还向李勇忠教授约稿撰写体认语言学方面的论文,他欣然应允,第一篇已发表在《解放军外国语学院学报》2021年第2期上,第二篇将发表在《辽宁师范大学学报》2022年第2期上。可见他不仅对认知语言学,而且还对体认语言学作出了贡献。我衷心期望他能够出版更多力作,为我国语言学事业作出更大的贡献,继我对他的"初知、初交、初认、再认"之后发展至"深交"。这"深"不仅在于我们之间友谊的加深,还在于他的研究必会不断深入,更在于我们要不断在学术上加强交流,科研上携手前行,为"平视世界""逐步走向学术舞台中央"添砖加瓦。

是为序。

王　寅

2022年1月18日于北海

目录

第一部分　汉语表量结构的认知语言学研究

认知类型学视野下汉英表量结构的对比研究

第二部分　汉英表量结构的认知类型学研究

认知类型学视野下汉英表量结构的对比研究

第一章

绪　　论

　　量词是用以计量人、事物或行为动作的单位词。在以汉语为代表的汉藏语系中,当名词被数词限定时,通常要求量词同现,构成"数＋量＋名"的表量结构(Classifier-Noun Structure)。以英语为典例的印欧语系则没有作为独立范畴的量词词类,大多数时候数词修饰名词也不需要量词出现,即便如此,它也同时存在表量结构,在形式上表现为"a(n)/num.＋N_1＋of＋N_2"(N_1表计量名词,N_2表计量对象)。

　　认知类型学(Cognitive Typology)是认知语言学和语言类型学(Linguistic Typology)在互鉴互补中逐渐融合而成的学科,这一研究视野的介入,对汉英对比研究有着前瞻性的意义。本章节将简要概述汉英表量结构的研究历程,探讨认知类型学的学科体系,概括认知类型学视野之于汉英表量结构对比研究的适切性,最后简要概述本书的主要内容。

1　汉英表量结构研究的主要阶段

　　汉语表量结构研究由来已久,汉英表量结构的对比研究是对单一语言中表量结构研究的拓展和深入。认知语言学将纯粹对表量结构的观察和描写推向了阐释阶段,语言类型学视角则为探索语言共性、甄别语言个性提供了新的描写方法和检验既往论断的大数据。总的来说,关于汉英表量结构的研究大体可分为以下三个阶段:

第一阶段以量词(classifier)的分类为主,主要涉及语言类型现象的观察和描述,分类以动量词与名量词最具代表性;

第二阶段基于语言类型学,对汉英表量结构的句法特征、句法意义和句法功能,以及语用功能进行详细描写和初步解释;

第三阶段将认知语言学(尤其是认知语法)与语言类型学相结合,从跨学科的视角阐释汉英表量结构中相关现象的认知理据,并从认知类型角度分析汉语和英语认知结构的异同。

对量词分类,既考虑语言的当下变化,也考虑语言的历史演化,充分反映了类型学的共时和历时的研究维度。Adams & Conklin(1973)研究了 37 种亚洲语言中的量词,从类型的角度将它们分为关于生命的量词、关于形状的量词和关于功能的量词三大类。Allan(1977)在 *Language* 期刊上发表了著名的论文"Classifier",专题研究了世界上 50 多种语言的量词,根据不同的语义性质将量词分为七类,分别为有关物质、形状、硬度、大小、处所、配置和度量的量词。Friedrich(1970)则根据空间的维度将表示物体形状的量词分为三类:表一维长条形的量词、表二维平面形状的量词、表三维立体空间的量词(参见宗守云,2012:134 - 139)。汉语量词古已有之,但直至 20 世纪 50 年代,《"暂拟汉语教学语法系统"简述》才定名为"量词",并将其作为现代汉语的 11 大词类之一。具体对汉语量词进行分类的有朱德熙(1982)的七分法、吕叔湘(1999)的量词九类、赵元任的九分法等。刘丹青(2008)介绍了量词的调查方式,并就汉语量词和其他语言中分类词的性质进行比较。英语是单复数标记型语言,但也有不少国内外学者对英语量词进行厘定,如 Quirk 等人(Quirk et al.,1985)列举了关于量化词(quantifier)的大量语例;章振邦(1997)在介绍数量表达式(quantitative expression)时区分了 unit noun、quantifier 和 classifier;Biber 等人(Biber et al.,2000)则更为细致地将英语中的量词归纳为 quantifier、quantifying noun、unit noun、species noun 和 quantifying collective。将共时类型学与历时类型学相结合,可以将语言演变的规律,用于检验共时类型模式的可能性和稳定性。

在当代语言类型学研究的大背景下,表量结构的研究主要集中于句法意义、句法功能和语用功能的细致描写。日本学者大河内康宪(1985)探讨了汉语量词对名词的个体化功能,而英语中名词的个体化则是通过冠词实现,不涉及表量结构。桥本万太郎则从语言地理类型学的角度分析了汉语量词的性质和功能,认为量词的分类功能不是语法问题,而是语用问题(参见宗守云,2012:178-180)。后来刘丹青(2002)进一步区分了中国北方和南方方言中量词的不同功用。此外,许多学者认识到表量结构中的汉语量词在句法上和数词形成了强制性的句法关系,与名词则形成选择性的语义关系,且其对名词的修饰限定作用被视为修辞功能,如康今印(1984)、黄志玉(1990)、梁关(1992)、张向群(1995)、朱承平(1998)等。而关于英语中量词的研究则偏重于其语法地位和功能,很少涉及辞格,如Quirk 等人(Quirk et al.,1985)、Collins(Sinclair,1990)、杨甸虹(1997)等。就汉英表量结构的对比而言,主要是以英汉语翻译和外语教学为目的,如李忠民(1988),徐莉娜(1997),王世友、莫修云(2003)等。

进入 21 世纪后,表量结构的认知研究有了较大进展,语言类型学与之相结合的研究趋势也越来越明显,语言认知类型学或曰认知类型学作为一种新的跨语言、学科交叉研究方法正在兴起。Blank(1999),Chrisomalis(2004),Lemmens(2005),张黎(2007,2008,2010a,2010b,2012),于秀金、金立鑫(2019),杨洁(2021)等更是直接采用"认知类型学"术语进行相关研究。目前该类研究大致从四个角度进行:"维度比分析、范畴化分析"(宗守云,2012:21)、认知语法分析、语义地图模型分析。

维度比方面着重分析表量结构中呈现事物形状的量词。Clark(1977)、Matsumoto(1985)曾针对维度这一参项,分别对英语和日语中表形状的量词做了初步的认知性实验,但并未做出系统性的认知分析(参见张祯,2012:19)。石毓智(2001)提出表事物形状量词的首要认知基础是物体各维之间的比例,不同维度的概念倾向于使用不同的量词,并认为汉语的表量结构要比英语的复杂精密。王文斌(2009)分析了汉英表量结构中能反映有形事物四个维度的形状量词,并且运用不同认知视角所反映的意象图式阐释之。李勇忠、尹利鹏(2020)认为不同维度的英汉形状表量结构体现了语言界限的灵活性,这也从更深层面反映了形状量词的概念语义潜能和认知主体对其赋界的识解操作。

语言类型学研究以地域、语系、语种等划分为出发点,其重要概念之一"蕴含共性"(implicational universal)与范畴典型性相通(沈家煊,2009),因而与范畴化联系十分密切。汉英量词属于分类词范畴,是名词、动词等词类语法化的结果。运用范畴化理论分析汉英表量结构的研究主要有 Tai & Wang（1990），张敏（1998），宗守云（2007），王文斌（2008，2009），张东方、卢卫中（2013），李勇忠、白黎（2016），李勇忠、刘娟（2020）等。这些研究以范畴化为辐射中心，涉及凸显（salience）、意象图式、象似性（iconicity）、隐喻（metaphor）、转喻（metonymy）、概念整合（integration）等理论。此外，蒋雪挺（2004），张霁、王煜（2012）等对比了汉英表量方式的差异并分析了各自背后的文化动因，并得出结论：两种语言和文化之间的差异反映了不同地理区域或社团范畴化方式的异同。

除了以语义分析为主的研究之外，也有不少学者尝试从认知语法的路径研究汉英表量结构。李文浩（2010）结合构式语法（Construction Grammar）分析了量词重叠式基本义和句位义、构式整体和构件的关系，通过意象图式、凸显、扫描方式等认知手段解析了量词重叠式的识解过程。张媛、刘振前（2011）根据认知语法中对名词的可数性和物质性的划分将英语表量结构分为三类，认为从可数名词到物质名词再到两者之间的过渡地带，是范畴化和有界化起作用的结果。王立永（2015）从认知语法角度分析了汉语量词重叠式，认为量词重叠构式与其语法意义是互动关系。戴清娥、罗思明（2016）基于语料库探究了英语个体表量结构的语法化过程，认为隐喻、转喻、类推以及重新分析是其重要的语法化机制。语言类型学关注语言共性和个性，认知语法挖掘认知共性和差异，两者视角不同，实则互补。Croft（2001，2009）的激进构式语法（Radical Construction Grammar）就是两者珠联璧合的最好体现。

维度比、范畴化、认知语法分析这三个角度，较为系统地剖析了汉英表量结构对比现象背后的认知理据。语义地图模型理论则结合语言和认知，将语言之间的蕴含共性进一步细化为概念空间和语义地图，即个人关于母语的语法知识是一套二维的语义地图，每张地图都建立在普世的概念空间上（沈家煊，2009）。李知恩（2011）基于语义地图模型，对 98 种语言中量词的扩张功能进行考察。魏海平（2013）采用语义地图模型对比汉英表量结构中人体名量词，探究汉英语在认知结构上的共性与差异。目前语义地图模型运用于汉英表量结构的研究还很少，但其作为表征类型学现象的重要工具，符合跨语言、跨学科的研究趋势，不失为一种前沿性尝试，值得学界的特别关注。

刘丹青（2003）曾指出，类型学视角之于语言对比研究的重要意义，在于语言共性意识和类型意识的指引，而不是一味地宽泛涉猎众多语言。就研究涉及的样本数量来说,语言类型学可以看作对比语言学的"Plus 版",或者说,对比语言学是语言类型学的"Mini 版"。从汉语表量结构研究到汉英表量结构对比研究,再到更大范围内的参照对比,是一个循序渐进的过程。基于此,本书以汉英表量结构为研究对象,以汉语和英语为代表性样本(representative sample),并在必要时充分利用语言类型学研究积累的丰富语料,探究认知类型学视野下的汉英表量结构。

2 认知类型学视野

认知类型学是语言类型学和认知语言学融合形成的新兴交叉学科,目前直接采用这一学科名称进行的研究为数不多,其学科潜势还有待开掘,学科体系尚待建构。接下来本书就将探讨语言类型学与认知语言学融合的可能性,继而将认知类型学的基本学科构架明晰化。

2.1 语言类型学与认知语言学融合的可能性

人类的语言类型学研究可以追溯到 19 世纪初,当时的一些学者将世界上的语言大致分为屈折语、黏着语、孤立语和插编语四类,然后根据某一语言的某方面特征,如形态、语序等,将其归入某个单一类别中。但科学意义上的语言类型学和传统的分类类型学差别较大,学界普遍以 Greenberg(1963)的研究为现代语言类型学的开端,而这距今仅有半个多世纪。Greenberg 采用类型学概括(typological generalization)的方法,寻求不同语言现象之间的关联性,尝试归纳出蕴含共性,抽象出语言规则。在类型学概括方法的基础上,出现了功能类型学(Functional Typology),这一现代类型学方法从语用交际或认知功能出发来解释所观察到的语言模型,在语用或认知规则中解析语言的结构和演变过程,代表学者有 Bernard Comrie、Talmy Givón、John Haiman、Paul Hopper 以及 William Croft 等人(Evans, 2006: 57)。

以上两种类型学方法中,功能类型学在方向上与认知语言学最贴近,两者都看重语言的使用或理解规则,且诉诸认知的非语言层面来阐述语言的特征,如前者通过语义地图模型来表征类型学模型(Croft,2003:133),还有语言的经济性、象似性等等。其次,通过类型学概括得出的蕴含共性,也与认知语言学有着不谋而合之处。蕴含共性中的蕴含项和被蕴含项是两种有着内部联系的现象,从历时角度看,被蕴含项不能在蕴含项变化之前发生变化。在逻辑上蕴含共性可用于描写单一语言的特征,但在跨语言研究中常用于分辨可比较的部分,从而建构语言共性。有一小部分蕴含共性描写的是人类所有语言的共性特征,反映的正是具有绝对普遍性的认知共性;而绝大多数蕴含共性可以理解为跨语言变异的约束条件,是特定语言现象在逻辑上的可能模型的限制条件,常描述为"如果 A 现象存在,那么 B 现象也存在"的蕴含推导式。一方面,蕴含共性中较高层次的归纳服务于较低层次的具体描述,实际上也是一种解释模式(刘丹青,2004:57),与认知语言学的概括性承诺(Generalization Commitment)相一致;另一方面,蕴含共性中通常是有标记现象蕴含无标记现象,特殊蕴含一般,这与认知语言学中非典型蕴含典型的范畴化原理相似。

语言类型学和认知语言学除了具有相通之处外,还有不少可以互相借鉴、优势互补的地方。

首先,认知语言学至少可以弥补语言类型学两方面的不足。其一,语言类型学的语言抽样方法有其局限性。目前人类现存的语言约有 6 000 种,典型的样本规模在 100 至 200 种语言之间,但实际上很多类型学研究都无法达到这一样本规模。基于小范围的语言样本所得的调查结果要在更大范围内寻求普适性,往往要走上先假设后求证的道路。那么我们不妨尝试这样一种研究方法:让概括力强的认知语言学参与到"假设"的部分,再让语言类型学提供更大范围内的可靠语言数据来增强研究的说服力。其二,语言类型学侧重共性的科学归纳,但却缺乏对共性的系统性解释。解释可以先从语言结构、语法规则开始,但说话人出于特定的目的,在特定的语境下使用某些语言结构,势必受到相关语言外部因素的影响(王勇,2009)。语言的外部因素不等于外因,相反,语言归根结底还是认知和语用的产物,认知和语用因素在语言的生成和理解中至关重要,这也正符合马克思主义哲学提出的"外因是通过内因起作用的"的观点,人的认知才是真正起作用的关键。因此,所谓语言共性也需要上升到概念层面,突出认知主体的地位。

其次,语言类型学也在一定程度上使认知语言学更趋完善。第一,语言类型学主要采用蕴含命题、数据矩阵、语义地图等方式对跨语言样本进行描写,为认知语言学提供了更为详实的描写结果,这也就为充分解释做好了准备工作。正如金立鑫(2007:393)所言:"没有充分的、干净的、整齐的描写结果,解释就无从进行。"第二,许多认知语言学的研究都限于从单一的语言进行认知分析,语言类型学的跨语言大数据,无疑开阔了认知语言学的研究视野。更为重要的是,对于认知语言学中关于人类概念机制和语言机制的诸多假设,语言类型学能够为检验其内省式论断提供阵地,通过大范围的语言样本来验证其普适性与独特性。第三,语言类型学也从人类认知角度对一些语言规则做出解释,如可别度领先规则(陆丙甫)、语义靠近规则(Behaghel 等)(参见金立鑫,2006),为认知语言学与语言类型学的融合提供了更多的理论支撑。

回望认知语言学 40 多年的发展历程,本书发现,前 30 年研究的目标语言大多集中在印欧语系,以英语为最,单一语言研究属于典型的"风景这边独好"。近十多年来,跨语言的研究开始呈现蓬勃之势,语言类型学、对比语言学都把跨语言的比较作为己任,单一语言唱主角的局面逐渐被打破,取而代之的是多语言研究。最典型的是语言类型学的发展壮大,其研究成果让语言学家能更加清楚地发现,不同语言中反复出现的概念结构的共性与差异。跨语言的比较研究也能纠正以英语为主的单一语言所带来的不可避免的偏见。

基于以上观察,本书认为认知语言学和语言类型学具有许多相通互补之处,两者的交叉融合势不可挡。推动认知类型学学科体系的建立,不仅能够促进认知语言学、语言类型学、对比语言学的理论建设和学科发展,还能在语言学的应用方面发挥作用,如帮助外语学习者把握母语和外语之间的异同,最大限度地利用母语的正迁移、规避其负迁移,并在外语教学、汉英翻译及跨文化交际等领域起到一定的积极作用。

2.2 认知类型学的基本学科体系

衡量一门学科是否具有独立的资格时,要看它"有无独特的研究对象、研究方法、科学体系、研究成果"(何九盈,2013:iv)。认知类型学属于新兴的交叉学科,其学科体系尚未成熟,但其基本构架已然成型,并逐步走上独立研究之路。

2.2.1 研究对象

认知类型学以语言中的经验结构(或曰认知结构)和常识结构为研究对象,重点观察跨语言中常出现的语言(尤其是语法)表达式,探寻语言规则的共性和个性及其背后的认知结构异同(张黎,2010b)。

经验结构和常识结构是主观世界与客观世界在长期互动中逐渐凝结的认知框架体系,它们是人类认识世界并对事物进行范畴化的基准参照。所有的语言都共享着某些认知结构,这是不同国家、不同民族的人能够进行沟通的前提。这些语言共性是人脑中潜在的语言组织和结构原则,类似于乔姆斯基提出的"普遍语法"(Universal Grammar)。但与乔姆斯基观点不同的是,认知类型学中的语言共性不是完全先天的、绝对的、无例外的,而是一种先天与后天共同作用下的、相对的、明显的倾向性。与语言共性相对应的是跨语言多样性(variation),这些差异应指向潜在的概念差异,即经验结构和常识结构的不同。在跨语言对比的背景下,人类的经验结构和常识结构包括理性的、有意识的部分,如逻辑系统、认知方式、百科知识等,也应当包括感性的、集体无意识的内容,如文化传统、地域风俗、社会心理,乃至审美情趣、生活哲学等。只有对这样广义的经验结构和常识结构进行研究,才能让认知类型学的描写和解释更为综合、多面。

2.2.2 研究方法

认知类型学以"假设-验证"为基本推理方法,以科学归纳和演绎相结合的方式进行描写和解释。可行的研究范式有如下步骤:

(1)确定要研究的语言现象,根据相关的文献资料(国内外期刊、学术会议文献、专著等),确定研究目标,预测研究结果;

(2)针对所选语言现象确定语言对比的样本,通常要选择两种或两种以上语系中的代表性样本,以确保样本语言的多样性;

(3)在对比中描写语言样本的异同,归纳出语言之间的共性和个性,对假设的共性进行论证;

(4)针对语言共性和个性探寻认知共性和差异,并进行认知归因;

(5)后续研究再将小样本所得结论推及大样本,在不断考察中验证或证伪。

此外,认知类型学采用共时和历时研究相结合的方法。探究并寻得汉英表量结构的认知路径和搭配规律,一方面需要将收集的语料做充分的共时描写和解释,另一方面还需对所用材料进行历时分析,探讨影响表量结构形式、语义和语用变化的历时因素,探索语言演变规律对共时类型模式的作用,以期发现一些规律性线索。尽管有学者将语言类型学分为共时类型学和历时类型学,但两者其实是"你中有我、我中有你"的关系。无论是语言共性还是认知共性,其共时研究都建立在历时研究的基础之上。回溯语言在使用中变化的模型,也有助于更好地了解当下的模型。更何况语言本身也在不断演变,几乎没有纯粹的共时状态(王勇,2009)。

2.2.3 学科体系和研究成果

目前认知类型学还没有形成系统的学科体系,学科理论更多是借鉴语言类型学(特别是功能类型学)和认知语言学的相关内容,如范畴化理论、标记理论、象似性原则、蕴含共性、认知语法(尤其是构式语法)等。直接以"认知类型学"命名的研究成果也较少,大多数学者采用的是"语言类型学描写+认知语言学归因解释",或"语言对比研究+认知归因+语言类型学意义"研究范式。本书的部分章节也借鉴了这两种过渡式的研究范式,以期逐步建立起认知类型学的学科体系。

> **2.3** 认知类型学视野与汉英表量结构对比研究

本书以认知类型学为视野,来探究汉英表量结构的异同。所谓"视野",有两层意思:其一,本书以汉英这两种源自不同语系的语言为代表性样本,不是典型的类型学研究所涉猎的语种规模,"视野"更多地代表的是一种类型学意识,一种共性研究思路;其二,语言类型学以寻求语言共性为研究目的,认知类型学则提升到概念层面,以探寻认知共性为研究目标,"视野"在此也指从认知高度看语言系统,将人类语言视作概念系统的反映。

具体到汉英表量结构的研究,本书也考虑到语言现实与理论应用的适切性。对于汉语来说,一方面,类型学的研究在汉语研究史上十分薄弱,缺乏语言对比的视角。这和中国古代尊夏贬夷、重文轻语的传统文化有关(刘丹青,2003),也是导致汉语语法著述《马氏文通》忽视汉语语法特殊性,照搬英语语法的原因。无论是语言结构还是认知结构的异同,都因比较才有鉴别。另一方面,汉语生长于方言和少数民族语言众多的土地上,各民族语言接触不断,语言资源丰富,是进行类型学研究的一大优势。对于英语而言,表量结构的使用是有标记用法,而一切非典型的语言现象都是语言学关注的重点。从认知类型学的角度来看,汉语和英语表量结构的无标记和有标记意味着语言类型和认知类型的差异,这其中共性与个性相反相成、互为参照。因此,本书认为,从认知类型学视野来进行汉英表量结构对比研究具有较大的可行性和一定的创新性。

认知类型学视野下汉英表量结构对比研究的思路示意图如下:

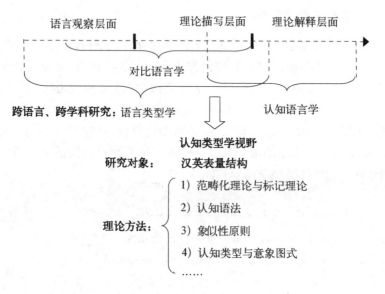

图 1.1　语言对比研究三层面

3　本书内容提要

3.1　基本框架

全书共 16 章,主体部分的 14 个章节分为两大部分。第一部分为第二章至第七章,以汉语表量结构的认知语言学研究为主;第二部分包括第八章至第十五章,主要是汉英表量结构的认知类型学研究。

第一部分本书从作为母语的汉语出发,重点探究了表量结构在形式、语义和语用方面的突出特点及其认知动因。基于汉语表量结构的相关现象,如诗歌中表量结构的形义匹配、表量结构与意象图式的共变、"数+量+名"的结构变体及其亲属范畴"数+量+形"、包含动量词的表量构式等,运用原型范畴理论、意象图式、隐喻、转喻、转隐喻、构式语法、词汇概念和认知模型理论等认知语言学理论,对其语义解码和识解操作过程进行了细致分析。通过研究,本书发现,书面语尤其是诗性语言偏好表量结构,这不仅体现了汉语的韵律美和修辞美,更反映了思维层面的喻性特征。此外,口语中也常出现表量结构,如"V+一下"构式,这是一个典型的动量结构,它具有较强的语言交际功能,常常充当着调节语力的语用开关,而这一构式的构成和理解,又是构式语义压制和范畴化相互作用的结果。总之,语言系统是对概念系统的反映,汉语表量结构的形式、语义和语用都有着深刻的认知理据。那么,表量结构是否为汉语专属? 如果不是,其他语系中的语言,比如英语,其表量结构又有什么特点? 和汉语表量结构相比,有哪些语言类型和认知结构异同?

针对以上问题,本书从认知类型学视野进行了汉英表量结构的对比研究。这一板块又包括四部分。第一部分包括第八章和第九章,重点关注了汉英中的量名非常规搭配和语义再范畴化,进行了共性认知阐释,再现了它们的认知推理过程,涉及认知凸显、隐喻、转喻、概念整合、有界性等理论。这一部分主要通过比较汉英表量结构在形式、语义和语用三个方面的相近特征,揭示汉语和英语母语者在概念层面的共通之处。第二部分是第十章和第十一章,围绕汉英表量结构间的辩证关系展开类型学分析。这种辩证关系,在宏观上是汉语和英语分别作为典型的"量词型语言"和"数标记型语言"在表量方式上的互补性,在具体类别上有如汉英跨类表量结构在通用度和浮游性方面的相对性。这两个不同层面的对立统一关系,都反映了语言源于人类在生产和生活中与现实的互动,离不开人们的具身经验。第三部分为第十二章和第十三章,侧重于研究表量结构在形式和句法方面的表现。第十二章阐释了汉英表量结构在句子层面能否"做谓语"的问题,第十三章分析了汉英极性义表量构式的形义特征,重点对比了汉英两种语言在语言类型和认知方式上的异同,同时指出,汉语母语者在思维方式上重整体综合,具有空间思维导向和主体意识倾向,而英语母语者重逻辑分析,具有时间思维导向和客体意识倾向。第四部分是第十四章和第十五章。第十四章关注了汉英表量结构的翻译研究,尝试将语码转换问题作为认知类型学的研究对象。根据语言类型学的相关原则,探究汉英语民族在认知上的差异以及在翻译中采取的协调策略。第十五章将视角转向广义的汉语,对比了汉语普通话和方言中的量词重叠式,突出它们在认知语用层面的共性和差异。本书认为,第四部分也同样具有认知类型学价值,也是将认知研究推向跨语言认知类型方向的一种尝试。

3.2 语料来源

书中使用的语料主要是汉英表量结构语例。汉语类语例大多来自北京大学现代汉语语料库(CCL)、北京语言大学语料库(BCC)、国家语委现代汉语平衡语料库以及刘子平编著的《汉语量词大词典》;英语类语例主要来自美国当代英语语料库(Corpus of Contemporary American English,简称COCA)。文中未标注来源的语料均出自以上语料库,其他语言的语料也已在文中逐一标明来源。

本书在选取语料时,总体上注重语料的恰当性、典型性和鲜活性,具体到每一个研究议题,语料选择又是基于更为细致的要求。例如,研究口语性较强的表量结构(第七章的"V+一下"构式、第十五章的方言量词重叠式),通常选择使用频率高、典型性强的表量结构。而书面语类的表量结构则视具体研究对象而定,如第二至第五章专门探讨诗词歌赋中的表量结构,那么该类语料的选择则需要有层次、有类别,总体上非原型用法远多于原型用法。

"路漫漫其修远兮",本书无论是关于汉英表量结构的诸多论断,还是对认知类型学的不同研究范式的探索,都需要不断地接受检验,后续完善。期待在本书的抛砖引玉之下,涌现出更多与认知类型学有关的研究,一步步揭示人类语言共性与认知共性的奥秘。

汉语表量结构的认知
语言学研究

第一
部分

汉语表量结构的研究在经历了漫长的纯语言学描写时代后,步入了更为科学的描写与解释相结合的大道。西方现代语言学流派之一、发展了40多年的认知语言学,自诞生之日起便高扬人本主义大旗,对以索绪尔为代表的结构主义语言学和以乔姆斯基为代表的形式主义语言学采取"扬弃"的做法,走上了以体验主义哲学为理论基础的研究道路。其"体验观""注意观""凸显观"给语言研究注入了新的生机,重新对语言和思维的关系进行阐幽探赜,其新颖的理论体系对日常语言和书面语言都具有极强的阐释力和概括力。汉语作为一门特别注重整体思维的语言,认知语言学的体验观和人本观在很大程度上适切汉语的研究。内省式的研究方法并非为西方所独有,只不过汉语的认知分析理论未成体系罢了。20世纪90年代后,国内语言学界越来越多的学者尝试把国外认知语言学的研究成果运用到汉语的研究中,到了21世纪,这方面的研究更是不胜枚举,只要打开知网,在"主题"栏中输入"汉语""认知"等关键词,即可看见海量的文献,共31 941篇相关文章。认知语言学的跨学科研究也呈燎原之势,有认知神经语言学、认知语用学、认知类型学、认知社会语言学、认知心理语言学、认知句法学、认知语义学、认知修辞学、认知传播学、认知批评话语分析、认知神经病理学等等。随着时代的发展和科学技术的进步,我们完全有理由相信认知语言学会有更多跨学科甚至是超学科的研究,等待着学者们去开疆拓土。

在此为尽量避免中体西用,本书的认知研究都是在对汉语表量结构进行充分观察和充分描写之后,再运用认知语言学的相关理论,来还原和阐释语言生成和理解过程中的认知机制和运作方式。

第二章

汉语表量结构的
原型与非原型嬗变①

1 引 言

  表量结构的原型为"数+量+名"。所谓"原型"（prototype），指的是一般情况下该结构所呈现出来的固有面貌。在认知语言学的范畴理论里，"原型"，又被称为"类典型"，指范畴中最具有代表性的范畴成员。譬如在水果范畴中，大多数人概念中最具有代表性的成员是苹果、香蕉、梨。一提及水果，首先想到的便是苹果、香蕉、梨等这些具体的、平日最常见的果类，"首先想到"是指语用加工时最快捷、最省力的心理提取过程。值得注意的是，原型不是一成不变的，它会受到历史、政治、文化和地域等因素的影响。譬如，对于我国南方人来说，吃饭大概率是吃米饭；而对于北方人，吃饭则多指吃面食。南方人的"饭"原型是"大米饭"，北方人的"饭"原型是"面食"。对于中国人，早餐的原型是包子、油条、稀饭；而英美国家则是牛奶、面包、黄油。中国城里人的早餐跟农村也

① 本章蓝本为李勇忠、刘娟：《表量结构的非原型嬗变——以汉语诗歌为例》，江西理工大学学报，2018（2）：92-96。内容已做较大修改。

有差异,笔者小时候在农村长大,早餐跟午餐和晚餐无异,都是吃米饭。当然,现在的农村跟20世纪七八十年代的农村大不相同了,现在国家新农村建设的好政策已经把农村变为了真正的美丽乡村,早餐的原型自然已经靠近或等同于城里人的了。

在具体语境下,为了交际的需要,原型会发生某种变异,本书称之为"非原型嬗变"。比如在诗歌文体中,表量结构常常以非原型形式呈现。本章将从量名之间的常规关系出发,在古诗语境中分析表量结构的特征变化。研究表明,量名常规关系与原型表量结构并非单一对应关系,在量词或名词缺省(default)的非原型表量结构中,常规关系能够有效帮助我们对表量结构进行完形解读。同样,量名非常规关系也并存于原型和非原型表量结构。其中,量名"错位型"非常规搭配常见于原型表量结构中,而量名"篡位型"非常规搭配则常见于非原型表量结构中。

汉语表量结构的系统研究始于20世纪40年代。近年来,越来越多的学者从不同角度研究表量结构。如从语义方面对量词类别进行研究(吕叔湘,1982;王力,1985)、从量词与名词的关系视角进行研究(陆俭明,1987;周芍,2006)和从认知角度对量词展现的空间结构与范畴化功能进行研究(石毓智,2001;王文斌,2009)。但这些研究成果极少涉及表量结构的变体。本书认为,表量结构原型会在特定语境中向非原型嬗变。比如"数+量+名"表量结构能够迅速有效地帮助名词所指事物实现范畴化,然而在实际语言运用中,如在诗词文本里,量词或名词常常缺省,但却丝毫不影响所涉及事物的范畴化。基于事物的常规关系和相关语境,读者仍然能够完整地建构诗歌意象和读懂诗人的真情实感。此外,诗歌中还存在一种形式上为表量结构但计量功能弱化的构式。这些构式多运用隐喻操作机制,将量词的语义投射到名词上,实现量词的修辞功能。本章将围绕这些观点展开。

2 表量结构原型

如果将名词表量结构看作一个范畴,其原型构式为"数+量+名"。其中数词"一"在表量结构中被使用得最多,出现频率最高。量词从语义上对事物的某些显著特征进行语言表征,对名词进行范畴化。处于量词范畴中心的为量词性量词。Aikhenvald(2000)将量词分为两类:一类是根据事物的形状、大小、柔韧性等外在特征进行范畴化,多用于描绘事物的外部特征,如"根""条""块"等;另一类是对可数名词和群体名词进行计数,如"寸""个""只""群""伙"等。名词亦能充当量词,对事物内在特征范畴化,称为"名量词",如"一眼清泉"中的"眼"。名量词属于量词范畴的边缘(periphery)成分,为名词非范畴化,"游走于名词和量词两范畴之间"(刘正光,2006:156-158),是一种非范畴化状态。

在"数+量+名"原型结构中,数词紧邻量词,"数+量"位于名词前,三者中间一般不插入其他成分。但表量结构并不总是以此种结构呈现,许多情况下会偏离(deviate)原型,即认知上发生非原型性变化,表现为非完整的语法结构,造成文本的部分空白,给受众传递留白美。下面将基于量名之间的常规搭配关系,集中探讨表量结构原型与非原型形式的语义表征情况。

3 量名常规关系与表量结构

常规关系反映事物之间的关系,为语言表达所利用,对语句的显性表述做出阐释或补充,使话语语义得以完备,达致交际的目的。常规关系的认知化是指采用常规化思维认识和把握世界,是一种认知方式(徐盛桓,2002)。表量结构中的常规关系主要表现为量名概念范畴之间的固有联系。根据量词对名词特征范畴化的功能,建立起量名之间的搭配关系,进而形成量名之间的常规语义关系。

3.1 量名常规搭配与原型表量结构

如前所述,表量结构的原型为"数+量+名",属无标记构式。在原型表量结构中,量名常规搭配下形成的规约意义不依赖语境,在诗歌中常处于句尾,少见于句首。如:

（1）花间<u>一壶酒</u>，独酌无相亲。（李白《月下独酌》）

（2）俯饮<u>一杯酒</u>，仰聆金玉章。（韦应物《郡斋雨中与诸文士燕集》）

（3）劝君更尽<u>一杯酒</u>，西出阳关无故人。（王维《送元二使安西》）

（4）欲穷千里目，更上<u>一层楼</u>。（王之涣《登鹳雀楼》）

（5）独敲初夜磬，闲倚<u>一枝藤</u>。（李商隐《北青萝》）

（6）<u>八尺龙须</u>方锦褥，已凉天气未寒时。（韩偓《已凉》）

（7）瀚海阑干<u>百丈冰</u>，愁云惨淡万里凝。（岑参《白雪歌送武判官归京》）

"一壶酒""一杯酒""一层楼""一枝藤""八尺龙须"和"百丈冰"都是量词性量词与具体名词搭配，再现自然景色和事物情状的表量结构。由于表达式中量名处于认知凸显的位置，它们的完整性有助于建构诗歌意象和抒发情感。如"一壶酒"与"一杯酒"相比较，"壶"容量大，可是在月色和花丛中却只能独饮。自古以来"举杯销愁愁更愁"，诗人的孤寂在更大量的量词"壶"的衬托下更添几分。相反，"杯"容量小，装不下诗人内心的苦闷与伤感。以杯之小反衬出诗人无限的愁苦与无奈。人们常说，站得高方能望得远。"一层楼"的高度与"千里目"的远景相比，微不足道。此处，"一层"与"千里"形成极大的反差。"一枝"含有单薄之意，"藤"是大自然的象征。"一枝藤"描写了大自然渺小的事物，暗示着诗人的不得志。"八尺"和"百丈"都是形容事物非常长，含有夸张之意。"龙须"是高贵的事物，"冰"是寒冷的事物。"八尺龙须"和"百丈冰"均使用夸张的手法来凸显锦衣玉食的生活背后厚重的孤独，突出天气之奇寒、环境之恶劣。

可见，量名同现时两者都是人们关注的焦点。名词是诗歌意象的载体，而量词的存在有助于意象和情感的具象化。数、量、名的结合在人们心中勾勒出了一幅完整的画面，更好地彰显了诗人的内心情感。名词一般不省略的另一重要原因是，向心结构的原型表量结构，一旦省去了中心语，读者的认知负担就会大增，仅凭上下文很难补白，诗歌的表达效果也将大打折扣。

3.2　量名常规搭配与非原型表量结构

常规关系可以填补由于诗词结构特点带来的语义空缺。借助常规关系，诗人与读者之间架构起意义生成与解读的"桥梁"。根据认知域中事物的常规关系,人们能够依据一个概念,通过隐喻或转喻的认知操作,激活另一个概念。同样地,在表量结构中,根据名词建构的范畴原型,量名之间的常规关系能够互相激活,在读者大脑中补全相应的缺省语词,如图2.1所示:

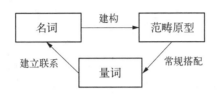

图 2.1　量名常规关系与范畴原型

诗歌表量结构并不总是以"数+量+名"形式出现,当某个成分处于不显著位置时,就会出现量词或名词缺省的现象,亦即原型结构向非原型的嬗变。量名之间形成的常规关系能恰切解释该结构的原型变体。下面具体从量词和名词的缺省来看常规关系在原型表量结构嬗变下的推理功能。

3.2.1　量词缺省

(8) 数丛沙草群鸥散,万顷江田<u>一鹭</u>飞。(温庭筠《利州南渡》)

(9) 玉珰缄札何由达,万里云罗<u>一雁</u>飞。(李商隐《春雨》)

(10) 飘飘何所似,天地<u>一沙鸥</u>。(杜甫《旅夜书怀》)

(11) 雁声远过潇湘去,<u>十二楼</u>中月自明。(温庭筠《瑶瑟怨》)

(12) 绝顶<u>一茅茨</u>,直上三十里。(丘为《寻西山隐者不遇》)

(13) 锦瑟无端<u>五十弦</u>,<u>一弦一柱</u>思华年。(李商隐《锦瑟》)

虽然以上六句唐诗均缺省量词,但丝毫不影响读者解读。常规关系可以帮助读者建立与之相关的量名原型,在读者大脑中激活缺省的量词。总体上看,位于句首和句中的表量结构比句尾的表量结构更倾向于省略量词。根据量名常规搭配,我们可以看出例(8)中"一鹭飞"省了量词"只"。"鹭"具备了鸟的外在特征,属于鸟的范畴,而与名词"鸟"搭配的常用量词为"只"。"只"与"鹭"之间构成常规激活关系。例(9)中"一雁飞"和例(10)中"一沙鸥"亦同此理。例(11)中"十二楼"和例(12)中"一茅茨"缺省量词"座"。"楼"和"茅茨"属于建筑物,其常用量词为"座",量词"座"能展现楼的外形特征。例(13)中"五十弦"和"一弦一柱"省了量词"条"和"根"。"弦"的外形特征类似于"线",细长而柔软。"柱"的外观为长条圆形,呈圆柱体。"弦"和"柱"符合"条"和"根"所搭配的名词原型范畴标准。因而,常用量词"条"和"根"成了最易激活的量词。

综上所述,诗歌量词缺省时,语用者基于名词与量词的常规语义关系在大脑中进行认知推理,激活相应的量词,进而补全表量结构的原型构式,使诗句语义得以完备。

3.2.2 名词缺省

(14)晚来天欲雪,能饮<u>一杯</u>无。(白居易《问刘十九》)

(15)沙平水息声影绝,<u>一杯</u>相属君当歌。(韩愈《八月十五夜赠张功曹》)

(16)烹羊宰牛且为乐,会须一饮<u>三百杯</u>。(李白《将进酒》)

(17)绝顶一茅茨,直上<u>三十里</u>。(丘为《寻西山隐者不遇》)

(18)赦书一日行<u>万里</u>,罪从大辟皆除死。(韩愈《八月十五夜赠张功曹》)

(19)红豆生南国,春来发<u>几枝</u>。(王维《相思》)

以上六句唐诗均为缺省名词的表量结构,它们多位于句中和句尾,少见于句首。例(14)与(15)中的"一杯"与例(16)中的"三百杯"所搭配的名词为"酒"。古代诗人常以"酒"代"茶"来体现热情豪爽。"酒"代表的是才情,充盈着喜怒哀乐和悲欢离合。因此,在诗歌中,"酒"比水和茶更受诗人青睐。例(14)(15)和(16)三首诗都以"酒"为诗歌主题,再结合上下文语境,以量词"杯"所建构的名词原型为基础,"酒"成为最易激活的意象。例(17)中"三十里"与(18)中"行万里"与名词"路"搭配一起建构完形表量结构。因为"里"作为路程单位,是由实体"路"作为载体,在"路"的基础上衍生出来的。通常意义上,两者相互关联,构成稳定的常规关系。有"路"便有"里"作为计量存在,"里"的出现总伴有"路"的影子。例(19)中"几枝"搭配的名词应属于植物范畴,再结合诗句前半部分所出现的事物,"红豆"就成了最易激活的意象。

非原型表量结构中量词和名词缺省虽表现为结构层面的残缺,但符合语义逻辑。这种残缺是诗人故意为之,除了出于诗文对仗和韵律的需要外,量名的常规语义关系对量词和名词的缺省起到了至关重要的作用。如果人们能够基于常规思维和相关语境使表量结构语义完整,根据诗歌语言的经济性原则,原型结构就会自然地嬗变为非原型。还需注意的是,表量结构中量词与名词之间的语义联系比数词与量词、数词与名词的联系更为紧密。数词仅表数量,可以与任何量词和名词搭配,不具有限制性。而量词与名词之间的搭配选择却是受限的,不同的量词表示事物的不同方面,形成不同的语义关系。这也从侧面说明了非原型表量结构中为何鲜有数词缺省的现象。

4 量名非常规关系与表量结构

非常规关系与常规关系相对,是人们出于语用需要而在无关事物间创造的联系,一般通过隐喻、转喻等非常规化认知操作实现。非常规关系体现在语言上为非常规搭配。这种非常规搭配通常跨越了人的一般思维惯性和认知俗套,超出语言常规而形成语义交织的现象。当常规搭配已无法实现预想中的表达效果时,诗人往往凭借其非凡的想象力和卓越的创新才华,采用词语的非常规搭配来展示事物之间的非常规关系。诗歌中表量结构的量名非常规搭配便是典型语例。

量名之间的非常规搭配主要有两种类型:"错位型"搭配和"篡位型"搭配。前者是指修饰甲类事物的专用量词用于修饰乙类事物,但仍属于量词性量词;后者是指用其他词类取代量词的位置来修饰事物,最典型的是名词性量词。量名之间的异常搭配通常表现为隐喻性搭配,其中的量词被称为"隐喻性量词。"(王文斌、毛智慧,2011)"在表量结构中量词充当源域,中心名词充当目标域。在类比(analogy)思维的作用下,量名各自所在的输入空间之间产生跨空间映射,两者共享的属性特征皆归入充当'信息中转站'的类属空间,再通过组合和匹配有选择地整合到合成空间。"(李勇忠、白黎,2016:4)名词和量词作为两个心理输入空间,通过部分相似性的投射相互作用于对方,生成新奇意义。非常规搭配常常随着语义投射而产生隐喻义,带来意想不到的修辞效果。下面将结合"错位型"搭配和"篡位型"搭配类型,探究量名非常规搭配与表量结构的关联。

4.1 量名非常规搭配与原型表量结构

(20)春心莫共花争发,<u>一寸相思一寸灰</u>。(李商隐《无题·其二》)
(21)黄河远上白云间,<u>一片孤城万仞山</u>。(王之涣《出塞》)

（22）长安一片月，万户捣衣声。（李白《子夜吴歌·秋歌》）

（23）千寻铁锁沉江底，一片降幡出石头。（刘禹锡《西塞山怀古》）

（24）岭树重遮千里目，江流曲似九回肠。（柳宗元《登柳州城楼寄漳汀封连四州》）

（25）新妆宜面下朱楼，深锁春光一院愁。（刘禹锡《春词》）

（26）轮台九月风夜吼，一川碎石大如斗，随风满地石乱走。（岑参《走马川行奉送封大夫出师西征》）

（27）谁言寸草心，报得三春晖。（孟郊《游子吟》）

（28）峨眉山月半轮秋，影入平羌江水流。（李白《峨眉山月歌》）

上述九例虽为原型表量结构"数+量+名"，但在量名的搭配上却表现为非常规关系。例（20）至（24）中"寸""片""里"归属量词性量词范畴，但其后名词不是它们的常规搭配名词，这就构成了量名之间的"错位型"搭配。如例（20），"一寸相思一寸灰"中"寸"是度量衡单位，一般用于限定有长度的具体事物。但"相思"是抽象概念，与"寸"搭配，意在将不可捉摸的抽象事物以具象方式表达出来。在这一非常规关系下，诗人的相思之苦形神毕具。例（21）和（22）中的"片"呈现平而薄之状，面积大，含有单薄之意，原本用于展现平面事物，与"孤城"搭配，瞬间将一座城池描绘成一个平面，突出了孤城的萧条与凄凉之景；而与"月"搭配，则强化了月光冷、心悲凉之情感。例（23）中"一片降幡"同样属于非常规搭配。"降幡"指的是投降的白旗。用"一片"代替"一面"来修饰降幡，强调数量大，进而渲染出气势宏大的语境效果。例（24）中的"里"一般与路程相关的概念搭配，但与"目"搭配后，将视野的开阔和绵长展现得淋漓尽致。

例（25）至（28）表量结构中的量词"院""川""春"和"轮"原本属于名词范畴，但在这里用作量词。名词性量词与名词的搭配属于"篡位型"搭配。例（25）中"一院愁"的"愁"本是飘忽无形的事物，在与具体事物"院"并置后，瞬间使"愁"之深和"愁"之满跃然纸上。在例（26）的"一川碎石"中，量词"川"夸张地表现了碎石数量之多，从而将战士行军的艰辛展现出来。同理，例（27）的"三春晖"中的"春"和"晖"，例（28）中"半轮秋"指的是"半轮秋月"，"轮"和"秋"亦构成非常规关系。中国文人常用"春秋"来指代一年的时光，如"几度风雨几度春秋""一日不见，如隔三秋""自问今年几，春秋四十初"（白居易《沐浴》）。春和秋是一年四季中较为显凸的季节，这是很明显的转喻：用凸显的部分代替整体。以上这些表达打破常规语义限制,变不可能为可能,产生了出人意料的新颖效果。

4.2 量名非常规搭配与非原型表量结构

（29）岁夜高堂列明烛,<u>美酒一杯</u><u>声一曲</u>。（李颀《听安万善吹觱篥歌》）

（30）红叶晚萧萧,长亭<u>酒一瓢</u>。（许浑《秋日赴阙题潼关驿楼》）

（31）落叶人何在,寒云<u>路几层</u>。（李商隐《北青萝》）

（32）独有凤凰池上客,<u>阳春一曲</u>和皆难。（岑参《奉和中书舍人贾至早朝大明宫》）

诗中表量结构原本应以"一杯美酒一曲声""一瓢酒""几层路"和"一曲阳春"的顺序出现,但为了凸显数量成分,诗人调整语序,把名词前置。如例（32）中,诗人将"一曲"后置,意在突出即便是一曲《阳春白雪》,也因曲高和寡难于唱和。此外,还有出于对韵律的考虑。例（29）中,"曲"在音律上比"声"更接近"烛",听起来有语调和谐之美。例（30）中,"瓢"与前半句"萧"押尾韵,实现音美之效。例（31）中,"路"在形义上与前一句中的"人"相呼应,对仗精工。

认知语法认为,一个语言表达式的意义涉及概念内容和识解方式两个变量（Langacker,2008：43）。概念内容通过不同的识解操作表达不同的语义,识解对于意义的建构非常重要,可以说,没有识解便没有话语。认知识解包含四个维度：精细化（specificity）、聚焦（focusing）、凸显、视角（perspective）（Langacker,2008：55）。语用者正是通过这样的认知加工方式对话语内容进行处理,以达到最佳的交际效果。

将名词"美酒""歌声""道路"前置,就等于将读者的注意力导向处于自然焦点位置的数量成分。例（29）"美酒""乐曲"不在多,有一杯、一首就足以畅叙幽情。例（31）中,寒云缭绕的山路看不到尽头,诗句重心落在"几层"上,能够表达出诗人对心之所向的不断追索。

再将以上"名+数+量"还原成"数+量+名"来看。常规搭配关系中,"曲"常用作名词,"酒"一般用量词"壶或杯"来修饰,"路"常用度量单位"里"来计量路程长短。然而,在以上诗歌中"曲"作为量词修饰"声"和"阳春","瓢"限定"酒","层"修饰"路",都不同程度地偏离了常规搭配。

这属于量名之间的"篡位型"搭配,即将他类词用于彼物上,使彼物带有他物特征。如"曲"本身暗含旋律,音调之意,与"声"搭配能够强化其听感特性。"瓢"是古代穷人取水喝的工具,与"酒"搭配后,能展现诗人潇洒豪爽之气概。"层"由下往上移动,蕴含向上之势,与"路"搭配,就暗示此非一般道路,而是穿行在层峦叠嶂的群山间的山路,险峻崎岖。这些非常规搭配着实惟妙惟肖地展现了诗歌之美。

总之,常规关系是人们认识和理解世界的认知工具。通过常规关系,人们可以激活与某一概念相关的其他概念。表量结构中量词或名词的缺省以事物的常规关系为前提。根据事物之间的固有联系,在相关语境中,人脑能够补全缺省的量词或者名词,理解诗人所表达的诗歌意象。与常规关系相对应的非常规关系,同样存在于诗歌表量结构中。非常规关系在语言中通常表现为量名的非常规搭配。由于事物间的非常规关系超出了人的一般认知,偏离了人对事物的固有或刻板印象,不存在于长时记忆中,人们无法依据一方直接推理出另一方。因此,一般情况下非常规搭配是以完整的表量结构的形式出现的。但在语序上,可以从"数+量+名"变成"名+数+量"。非常规搭配是以完整的表量结构为前提,常常通过隐喻机制建构起事物间的非常规关系。事实上,非常规关系是对事物常规关系的更新,语用者通过创造事物间的新奇联系,为人们提供一种崭新的看待世界的认知视角。

非常规搭配中,量名之间在联想建构的相似性下进行部分映射。因为量词与名词在语义特征上并无真正的相似性和关联性,在概念上归属不同的认知域,所以它们比常规搭配中量名之间的联系更松散。这种跨认知域产生的新语义关系比常规搭配下的语义关系更具显著度,其中以"篡位型"搭配下的量名语义关系最甚。也就是说,表量结构中量名语义关系的显著度,从常规搭配向非常规搭配依次递增,从"错位型"搭配向"篡位型"搭配逐渐增强。

5 结 语

表量结构的原型与非原型并存于诗歌之中。原型表量结构"数+量+名"在诗歌表达运用中会产生变体,由原型嬗变为非原型。为厘清表量结

构形式和语义之间的关联,本书系统考察了量名语义搭配与表量结构形式的关系(见图2.2)。具体关系表现如下:

(1) 量名常规搭配下,原型表量结构的量词直接对名词进行范畴化,用于描述名词的外形和计量事物,量词与名词之间形成常规关系。非原型表量结构通常缺省名词或量词,但常规关系和相关语境能够帮助补全缺省的信息,并不会影响诗歌理解。

(2) 量名非常规搭配下,量名之间通过隐喻机制互相映射,既有"错位型"搭配也有"篡位型"搭配。因此,即便是原型表量结构,也仅仅是具有"数+量+名"形式,其语义表征仍旧偏离常规。而非常规搭配下的非原型表量结构则较少出现名词或量词缺省现象,常见的情况是名词前置,以"名+数+量"形式出现。

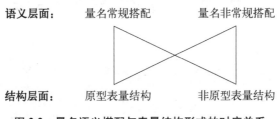

语义层面:　　量名常规搭配　　　　量名非常规搭配

结构层面:　　原型表量结构　　　　非原型表量结构

图2.2　量名语义搭配与表量结构形式的对应关系

量名的非常规搭配和非原型表量结构是本书关注的重点,因为它们极大地丰富了表量结构的形式,体现了语言的创造性和求新性。诗歌中,偏离语义常规和结构原型表达产生的原因主要有二:一方面是出于对诗歌韵律的考虑,诗人在创作诗歌时为实现对仗工整、音韵有致,在不影响人们解读的前提下,省略表量结构中的量词或名词;另一方面是诗人表意的需要,将数量成分置于名词后,往往是诗人想通过数量成分传达特定信息,将传情达意精准化。

对诗歌中表量结构的研究不止于此,如在七言诗中,句首常表现为"数+量+形+名"的结构,句尾则多为"数+量+名"的结构。在五言诗中,句首多表现为量词或者名词缺省,句尾则相对完整。总之,诗歌作为一种特殊文体样式,在语音、语义和句法层面都会产生有别于其他文体的变体,这既是文体的需要,也是诗歌美学的需要。

第三章

汉语表量结构与
意象图式的共变研究

1 引 言

汉语表量结构中,数词用于限定事物的数量,量词具有描绘事物外部特征的功能,它们各司其职,共同作用于表量结构的整体义。然而在不同的文体中,会出现表量结构成分缺省或复叠的现象。上一章分析了表量结构中量词和名词缺省的情况,本章将探讨数词缺省、量词重叠等现象。通过探赜表量结构变体与意象图式转换的关系,管窥数词、量词的联系与差别。结论指出,不同的意象图式反映了变体间的差异性,呈现了不同的认知视角和思维方式,可以达到强化或弱化语义表达的语用效果。强化数量义必须以数词的存在为前提,构式义(constructional meaning)要与词汇义(lexical meaning)相统一。而弱化数量义则表现为,在构式义的压制下,缺省的数词概念投射到量词之上,在心智上仍旧能建构出表量结构的理想化认知模型(Idealized Cognitive Model)。

数词是表示数量的词,如"一""百""千"等,量词是计量人和事物的单位词。汉语数词和量词的产生与发展历史悠久,结构形式丰富多样。在诗歌、词曲中,各种表量构式的使用增强了文学作品传情达意的功能,达到了新颖别致的认知效果。以往对数词的研究主要关注"一"与 X 量名的语义及用法(宗守云,2008a),对单个量词的研究主要涉及三个方面:(1)表形状的认知基础(石毓智,2001);(2)量词再范畴化分析(毛智慧、王文斌,2011);(3)语法化过程(金福芬、陈国华,2002)。在量词重叠方面也主要分析其语法化意义(李宇明,1998;郭继懋,1999)。这些研究成果探究了表量结构的认知理据,但未系统描述数量成分之间的关联。作为表量结构原型的"数+量+名",表明了数词与量词之间一定存在着联系。本章指出,量词能传达计量意义,在某些语境中(尤其当数词为"一"时)可以代数词表达数量义。"一"的含义在受到表量构式义压制后,能够通过量词及其建构的意象实现语义表征。当然,量词与数词表征复数概念的方式不同,各自对应的认知方式也不同,以下将具体解析。

2   表量结构的"部分-整体"特征

"数+量+名"结构中,数词"一"的出现频率最高,使用次数最多。量词总体上可分为量词性量词和名词性量词。前者是高度语法化的量词,用于描绘事物外形,可分为个体量词、集体量词、度量衡量词和容器性量词等;后者是名词充当量词的角色,一般为具体可数名词。数词、量词、名词三成分相互联系,共同建构事物的计量意义。然而在具体的语用实例中,表量结构会出现变体,形成不同的构式。总体而言,无论是在形式上还是在语义上,非原型表量结构都以原型表量结构为参照依据。

根据构式语法,构式是形式-意义的配对体,不同的构式具有不同的意义,构式义决定整个表达式的意义(Goldberg,1995)。李勇忠(2003a)指出,句子的意义来自构式义与词汇的相互作用。如果构式义和词汇义一致,则两种意义共同作用于整体义。如果两种意义相互冲突,则导致构式义压制词汇义或词汇义压制构式义,从而消除冲突。由此可以推知,表量结构的整体意义也是由构式义和词汇义共同实现。一般而言,在原型表量结构中,数词用于限定事物的数目,量词用于勾勒事物的特征,构式义与词汇义达到统一。但在非原型表量结构中,则往往是表量构式义压制词汇义。

3 表量结构与意象图式

意象图式是被广泛运用于认知语言学的一个重要概念。意象是一种心理表征,指人们在没有实物参照的情况下建构出某物的形象,与情景再现的认知能力有关。Johnson(1987)探讨了意象图式的体验基础及其在意义建构和推理中的作用,并指出意象图式来自我们对世界的感知,是一种概念模式。Oakley(2007)认为,意象图式是对感性经验的抽象化,反映了从空间结构到概念结构的映射结果。简言之,意象图式是一种抽象的认知结构。

作为表量结构的原型,"数+量+名"在长期反复的使用中已经固化于人脑,抽象为一种意象图式。与此同时,"数+量+名"的多种变体,也有着与原型不同的意象图式。这即是说,表量结构与意象图式之间是共变关系。当表量构式中某一成分缺省时,理解中随之建构的意象图式亦不完整。比如当名词缺省时,表量结构中的"数+量",可以在人脑中激活一个或多个相应的名词意象;反之,一个名词也可以有多个"数+量"选择。这就容易造成意象图式生成的多重可能性。然而在认知省力的本能驱动下,常规搭配总是会最先被激活。Lakoff(1987)的"理想化认知模型"指出,人们在认识世界的过程中,会根据历史、文化和自身的经验积累,在大脑中形成一个抽象的、统一的、理想化的组织框架和表征结构。当对外物进行认知加工时,总是倾向于调取大脑中已存储的框架结构,将加工对象置于理想化的认知语境中,从而建构起一个完整的事物或事件形象。当非原型结构出现时,人们会依据常规关系、范畴原型和认知语境进行理想化的心理完形。这样在即时信息处理中原本不完整的意象图式,能够在理想化认知模型的作用下补形填义,并在具体语境中寻得最适切的解读。

4 表量结构成分间的映射关系

mapping 一词原为数学术语,是"映射、变换"的意思,指两个集合 A、B 按照某个对应法则,将 A 中某个或多个元素对应 B 中某个或多个元素,即从一个集合到另一个集合的"映射"或"变换"。"概念映射"是一种概念变换,涉及两个心理空间,即大脑在概念思维过程中按照对应法则从心理空间 1 到心理空间 2 的变换(戴炜栋、陆国强,2007)。"概念转移"作为概念映射的结果,涉及两个或多个心理空间。在这个过程中,心理空间 1 的某一概念经过投射后转移到心理空间 2,使心理空间 2 具备心理空间 1 的某些语义特征。表量结构中存在相互映射的三个心理空间:数词为心理空间 1,量词为心理空间 2,名词为心理空间 3。由"数+量+名"结构的形式可知,表量结构的意象图式内部存在不同概念之间的映射关系。量词是连接数词和名词的中间成分。数词语义单向映射到量词,量名之间进行双向语义映射(见图 3.1)。

图 3.1　数词、量词、名词之间的映射关系

这些映射是意象图式原型产生和变异的前提,体现了意象图式的动态性。下文将结合概念映射具体阐述表量结构和意象图式的共变情况。

5　非原型表量结构与意象图式建构

表量结构中数量义的表现形式多种多样,含单数概念的构式有两种:"数(一)+量+名"和"量+名";含复数意义的构式有三种:"(一)+量+量+名""量+量+名"和"数(复数)+量+名"。由这些构式建构的意象图式可以反映出变体构式间的差异性,以及数量义的强化和弱化。表量结构中数量义的强化是建立在原型构式的基础上;语义弱化则具体通过缺省使某一概念边缘化,在大脑中补全、建构语义。由非原型表量结构推知的意象图式亦会缺省某一成分,但受表量构式义压制,经过概念映射后,可以建立起理想化认知模型以表征缺省概念。

下面四小节将从意象图式建构的角度逐一探讨单数义和复数义下的表量结构。

5.1 量+名

在不影响语义表达的前提下,表量结构中的数词"一"常常可以省去。数词与量词的紧密关联,以及"数+量+名"结构的规约化,也使得数词的语义能够通过量词彰显,达到构式义与词汇义的统一。此时,从数词到量词的语义转移须建立在量词建构的意象数量与数词语义一致的基础之上。请看以下例子:

(1) 缄素双鱼远,题红片叶秋。(范成大《南柯子·怅望梅花驿》)
(2) 片叶愁红,趁一舸、西风潮汐。(吴文英《解连环》)
(3) 而悒郁也是朵蓝色的花盅,呵,瓣儿上有紫斑的小眼……(唐湜《给我采一朵……》)
(4) 忽来到棵沉静的菩提树下,我凝望着天上金色的月槎……(唐湜《我在月夜的草地上》)
(5) 丝萦寸藕,留连欢事。(吴文英《莺啼序·荷和赵修全韵》)
(6) 可叹一寸光阴一寸金,寸金难买寸光阴。(王贞白《白鹿洞二首》)

以上六个例句均存在表量结构中数词"一"的缺省现象。常规语用下,当数词为"一"时,计量数词是默认信息,可以省去,如例(3)(4),其他情况省去则会造成语用含糊。在"数+量+名"的完整意象图式引导下,省去的数词语义转移至量词,由量词单独表征事物的数量义。根据数词、名词、量词之间的映射关系,例(1)至(6)中的量词"片""朵""棵"和"寸"蕴含名词的单数概念,独立表达其后名词的数量义建构名词意象(如图3.2所示)。

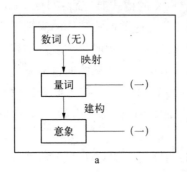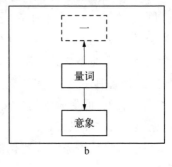

图3.2 "量+名"的意象图式

由图 3.2a 可知，量词单独建构了名词意象。从这个意义上说，量词不仅具有描绘事物外部特征的功能，还可以表达数量义。因此，数词缺省仅存于形式上，语义上仍完整。在受表量构式义压制后，数词的语义通过映射转移到量词上。换言之，构式义压制引起的概念转移并不影响人们的认知。人们可以在大脑中建构出完整的意象图式，即"理想化认知模型"（如图 3.2b）。从侧显-基底（profile-base）的角度看，数词"一"仅存在于概念层面，未被表达为显性语言，属于非凸显成分，即基底。在频繁处于默认缺省的位置后，"一"的语义也逐渐虚化或弱化。

5.2　数（一）+量+名

（7）劝君更尽一杯酒，西出阳关无故人。（王维《送元二使安西》）
（8）月明处处添秋色，一束芙蓉正洗妆。（王微《秋夜集石湖分得妆字》）
（9）春心莫共花争发，一寸相思一寸灰。（李商隐《无题·其二》）
（10）独敲初夜磬，闲倚一枝藤。（李商隐《北青萝》）

"一杯酒""一束芙蓉""一寸灰"和"一枝藤"符合表量结构的原型形式和常规语义。量词能够描绘名词外形，具备了对名词进行范畴化的功能。与数词缺省相比，完整的"数+量+名"能够强化数量义的表征。因为数词"一"本身表达了该结构中事物的数量，同时量词"杯""束""寸"和"枝"建构了单个意象。因而在数量双重概念的作用下，数量义得到了凸显。简言之，在构式义与词汇义统一的情况下，表量结构整体义得到双倍增强，在大脑中建构的意象图式具有完整性（如图 3.3 所示）：

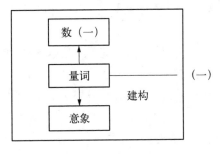

图 3.3　"数（一）+量+名"的意象图式

在量词的数量义投射到数词的过程中,数词"一"成为表量结构中的侧显,数量义得到强化。从另一方面讲,在"数+量+名"的原型结构中,数量义最为明确。需要注意的是,"一"在一些情况下并非实指,而是表周遍义、全量义、逐一义等。比如例(9)中"一寸相思一寸灰"的表达,与原型表量结构"形合神离",就在于"一"已经不是指具体的数量"一寸",而是表周遍义"每",体现了诗人情思之绵长悱恻。

在一些方言中,"(一)+量+名"也可以表周遍义,例如(转引自刘丹青、唐正大,2012:266):

(11) 碗面五个银。(一碗面五块钱。)[广东澄海(闽语)](陈凡凡、林伦伦,2003)
(12) 个人没来。(一个人也没来。)
(13) 块钱本书。(一块钱一本书。)(涟水南禄)(王健、顾劲松,2006)
(14) 三角钱个油饼。(三角钱一个油饼。)(鄂东)(汪化云,2004)

但无论是汉语共同语还是方言,表"每一"义的大多是量词重叠式。

5.3　(一)+量+量+名

量词重叠是语言交际中的常见现象,相较于"数(一)+量+名","(一)+量+量+名"表数量的增加。不少名量词和动量词都可以复叠,前者如"个个""件件""张张",后者如"次次""趟趟""回回"。此外还有重叠形式"一+AA",如常见的"一个个""一件件""一趟趟"。

李文浩(2010)认为可以从意象图式入手分析量词重叠现象,例如:

(15) 呕着血,踏过千万里艰险的路程,而你看到的,依然是一片片沙漠。(杭约赫《播》)
(16) 浑身流荡着一团团云烟,凝望里有幽幽的恋念摇漾。(唐湜《丰盈的少女》)
(17) 金风细细,叶叶梧桐坠。(晏殊《清平乐·金风细细》)
(18) 花色枝枝争好。(黄庭坚《逍遥乐》)

（19）<u>寸寸</u>愁肠断。（严仁《菩萨蛮·双浮亭》）

（20）昨夜见军帖,可汗大点兵,军书十二卷,<u>卷卷</u>有爷名。(《木兰诗》)

　　张敏(1998)指出,语言表达层面的复叠可以大致对应概念层面的复叠。这也体现了语言象似性的数量象似原理。量词重叠表示相同的事物或动作在量上的叠加或重现,含有"每一""逐一"和"多"三种意思。其一,表示"每一"的意义时,一般是出现"AA"叠加式,如"我们的奥运健儿<u>个个</u>身强体壮、士气饱满"。其二,表示"逐一"的意义时,此种意义的表达往往在句中以状语的形式出现,含有"挨个"的意思,如"防疫期间,我们要<u>一个个</u>仔细检查,不要留任何死角"。其三,表示"多"的意义,可以从数量象似性角度来看,即重叠必然与数量的增加象似,如"她<u>一次次</u>地跟组织申请,要到武汉防疫前线去"。

　　如图 3.4 所示,一个量词勾画一个意象,多个量词对应多个意象;换句话说,量词重叠表达复数含义。但是如果要建构三个以上的相同意象,仍采用多个量词重叠的方法,则会有累赘重复之嫌,不符合语言表达的经济性。因此,两个量词重叠的含义绝不限于数量"二",而更多表示的是量多,表征"1+1>2"的概念。此外,一个量词建构了一个意象,紧接着相同的量词又建构了一个相同的意象。同一量词的重复出场,呈现出一帧接一帧的画面,这采用的是识解操作中的顺序性扫描(sequential scanning)。"顺序性扫描"是指人们按照一定的顺序对意象进行扫描,信息按意象的各个连续成分进行整合,侧重于扫描的个体及感知意象过程中的变化(王寅,2002a)。从这个意义上来说,量词重叠还具有"每一"的含义。在例(15)

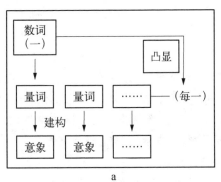 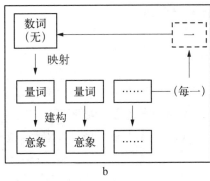

图 3.4　"（一）+量+量+名"的意象图式

"一片片沙漠"和例(16)"一团团云烟"中,数词"一"表达单数概念;换言之,在量词重叠的表量结构中,数词语义能够凸显个体,强化量词重叠表达的"每一"概念。不同的结构表达不同的意义。"数(一)+量+名"表达的是个体数量,"(一)+量+量+名"则表达群体数量中的个体概念(如图3.4a)。

上述六句均是量词重叠的语言现象,但例(15)和(16)与例(17)至(20)不同,例(15)和(16)是属于数词、量词、名词齐全的表量结构,而例(17)至(20)省略了数词,只有量名成分。由于在概念理解上表量结构中的成分不可或缺,此时构式义充分发挥其高位优势,在意义表征中起主导作用。这即是说,非原型表量结构的词汇义在原型构式义的压制下,将缺省的数词语义投射于量词上,引起计数功能的转移。如前所述,量词重叠可以表达"多"和"每一"的数量义。经过整体构式义的压制,数词的语义特征也整合到了量词上。构式压制引起了概念转移,在人们心智空间中建构了完整语义,促成"理想化认知模型"的完形建构(如图3.4b)。由于数词"一"的概念仅存在于人们的认知中,因此"一"为基底,属于非凸显成分。

少数民族语言中也普遍存在量词重叠现象,例如苗瑶语即通过"(一)+量+量+名"形式,表示量词的通量(universal quantifier)或全量,语义上可理解为"每X""每一X"(刘丹青、唐正大,2012:289)。但"(一)+量+量+名"形式的周遍义并非普遍存在于少数民族语中。在维吾尔语中,量词重叠"AA"式表达的就是"量多"之义,如"partʃɛ-partʃɛ syrɛtler(一张张照片)""sewɛt-sewɛt alma(一筐筐苹果)"(袁蕾,2017)。

5.4　数(复数)+量+名

(21) 竹外桃花三两枝,春江水暖鸭先知。(苏轼《惠崇春江晚景》)

(22) 有亭台六七座,秋千一两架。(汤显祖《牡丹亭》)

(23) 乱石穿空,惊涛拍岸,卷起千堆雪。(苏轼《念奴娇·赤壁怀古》)

(24) 昨夜见军帖,可汗大点兵,军书十二卷,卷卷有爷名。(《木兰诗》)

(25) 瀚海阑干百丈冰,愁云惨淡万里凝。(岑参《白雪歌送武判官归京》)

上述五例中表量结构的特别之处在于数词概念均大于或等于二。汉语的表量结构与英语不同,英语的单复数可以通过量词的形态变化表现,而汉语则主要依赖词汇手段,如量词复叠。"桃花三两枝""千堆雪"和"百丈冰"等表量结构为体现复数概念,采用了"三两""千""百"等数词,但量词无论单复数都保持不变。译成英语则定会出现量词 branches、piles、fathoms 的形态变化。在这些表量结构中,数词、量词、名词均存在,没有成分缺省,表量结构义与词汇义保持了一致。他们的相互作用增强了整体意义,在大脑中建构的意象图式也具有完整性。简言之,在原型表量结构中,数词的复数概念得到了凸显与强化。

　　与量词重叠的认知方式不同,通过数词增加数量义的表量结构呈现出总体扫描(summary scanning)方式。"总体扫描"指对一个事件从宏观上作整体性扫描,事件在心理上被建构为一个整体或一个心理完形,呈现出一个完整的画面,侧重于认知的整体性(王寅,2002a)。在"数(复数)+量+名"结构中,数词表达的多个相同意象在人们的心智空间中被扫描为一个整体,如图 3.5 所示:

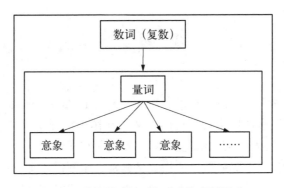

图 3.5　"数(复数)+量+名"的意象图式

　　王寅(2002a)认为,视角是指人们对事件描述的角度,涉及观察者与事件之间的关系和态度。人们所处的位置和观察事物的角度可能会对事件的理解和描述产生直接影响,此为认知语言学中的识解概念。不同的视角因采用的参照点不同而异,不同的视角会对同一事物的识解带去完全不同的景致,所谓"横看成岭侧成峰,远近高低各不同"。因此,同一事件从不同的视角出发会有不同的构式和内容,呈现不同的画面,在不同的人看来也会有不同的意义。上述两种表量结构"(一)+量+量+名"和"数(复数)+量+名"虽然都表达复数含义,但采用了不同的表达形式。从认知上讲,采用不同的认知视点会产生不同的认知效果。"(一)+量+量+名"的结构与

"数(复数)+量+名"的不同在于,前者的注意焦点在量词上,后者在数词上。表量结构中量词主要是用于勾画事物的外部特征。当第一个量词已经具备此种功能,能够对事物进行范畴化时,第二个量词的再次出现则用于不同的用途:为了吸引注意力,成为认知焦点,即达到凸显的目的。因此,量词重叠的构式可以突出事物的外部特征,将注意力聚焦于量词所建构的意象。在"数(复数)+量+名"的构式中,数词的概念意义为复数,如"桃花三两枝""亭台六七座"和"军书十二卷"描写了事物数量大于二的概念。数词"三两""六七"和"十二"均是具体数字,表达具体的、相对确定的数量。相反,在同样表达"多"的概念时,量词重叠所展现的画面多有笼统之意,无法确定数量的多少。总而言之,"(一)+量+量+名"和"数(复数)+量+名"的结构形式均可以表达数量多的含义,但因不同的构式表达不同的含义,反映出认知主体不同的视角,认知识解所凸显的方面会有所不同。

6 结 语

"数+量+名"的结构形式具有构式义和词汇义。当原型表量结构的构式义与词汇义一致时,构式义和词汇义相互作用加强了整体义,建构的意象图式完整。当表量结构出现变体时,构式义与词汇义产生冲突。为了消除两者的冲突,处于优势地位的构式义通常会压制词汇义。

概括地说,表量结构运用于不同的语境中,会产生各种变体,这些变体对应的意象图式也各有不同。表量结构中涉及数量义的变体主要表现为数词缺省下的同一量词重叠。受构式义的压制,数词的语义特征通过映射转移到量词上。当量词以单个形式出现并能表达出"一"的含义时,也就成功接收了数词的语义投射。当量词重叠表达的数量概念大于二,或具有"每一"的含义时,数词"一"凸显的是群体中的个体。由于两种构式的数词概念是通过认知加工间接获得的,因此表量结构产生的意象图式易转变为理想化认知模型。此外,表达"多"的数量概念时,也可以通过"(一)+量+量+名"和"数(复数)+量+名"这两种表量结构。但不同的构式表达不同的意义,反映了不同的认知方式和视角。从识解方式来看,前者是顺序性扫描,后者是总体扫描。顺序性扫描产生的认知结果是事物的外部特征得到凸显,总体扫描的结果为数词的语义特征得到凸显。两个表达式的另一个不同点为数量概念的详略度差异:前者表达的语义概念宽泛、抽象;后者表达的数量意义具体、确切。

对表量结构中数量关系的研究,还可以从其他理论角度进行阐释,比如图形背景理论、认知框架理论、转隐喻理论等。另外,还需在更多样的文体范围内考察表量结构的变体表现。

第四章

汉语表量结构中非常规名词的非范畴化研究

1 引　言

　　原型表量结构中,名词是中心语,数词和量词是修饰限定成分。但在诗歌文体中,名词的选择总会偏离常规,与数量成分以非常规搭配的方式出现。这是诗词文体的特征,杜甫有诗句为证:"为人性僻耽佳句,语不惊人死不休。"唐代诗人卢延让谈及诗歌创作过程中的选词炼句,更是用"吟安一个字,捻断数根须"来为《苦吟》作注。贾岛的《题李凝幽居》中的"鸟宿池边树,僧敲月下门",是"推"还是"敲",颇费了诗人许多的思量。王安石在写《泊船瓜洲》"春风又绿江南岸,明月何时照我还"一句时,据说对动词"到""过""入""满"等检视来检视去,异常纠结,迟迟无法定稿,或许也捻断了数根须,最后灵光乍现,敲定了一个偏离常规的词"绿",恰如其分地表达其时的心境,真是因了这个偏离常规的大胆用词,使得这行诗成了千古名句。其它文学体裁的创作又何尝不是如此呢?偏离是文学的魅力之所在,偏离意味着对读者智力或欣赏力的挑战,从接受美学的角度来看,偏离可以增加推理的难度,延长审美趣味获得的时长,增加文字本身的张力,给文学作品平添许多魅力。

如上一章所言,表量结构本身有其构式义,在非原型表量结构出现时能够压制词汇义,在概念层面完成对非原型表量结构的识解。各种变体通过隐喻或转喻的认知操作投射出原型。与此同时,这些变体又涉及词汇的非范畴化过程。动词和形容词等不同的词性可以通过非范畴化的认知操作,获得允准进入该构式,使得动词、形容词乃至副词转变为临时性名词。当名词、动词和形容词进入表量结构的中心名词位置时,必将分别失去指称功能、谓项功能和修饰功能,但原有的语义特征会部分滞留。这一非范畴化的过程既能够突出表量结构中名词的语义特征,又节省了认知加工时间,符合语言的经济性原则,可收事半功倍之效。

在常规思维中,表量结构是用以对事物进行计量的构式,其原型为"数+量+名"。然而在实际语用中,作者常常会随文体需要而炼字求异,令作品饶有别趣。以往对表量结构的变体分析倚重于量词,如有关量词偏离为名词、动词和形容词的研究,量名异常搭配的研究(王文斌、毛智慧,2009)等。但这些成果未对由名词引起的表量结构偏离现象进行阐释。我们发现,进入表量结构的名词、动词和形容词不仅能借用为量词,还可占据中心名词的位置。这些名词、动词和形容词在表量结构整体构式义的压制下失去原有范畴的部分特征,而带有中心名词范畴的部分特性,处于非范畴化状态。本章将结合构式语法和隐喻、转喻机制,分析表量结构中非常规名词的非范畴化现象。

2　汉语表量结构中的非常规名词

非常规名词与常规名词相对。常规名词是表量结构中使用频次较高的名词。就名词范畴本身讲,常规名词多为可数名词,外延明晰;从与量词的相互关系看,常规名词是量名常规搭配中的名词。因此,非常规名词多为非常规量名搭配中的抽象名词或不可数名词。但根据我们的观察,占据表量结构中心名词槽位的词项远不限于此,还存在大量原为动词、形容词的临时转类名词。Kittay(1987)认为,有时话语存在两性意义,第一性意义适用于常规语境,第二性意义在话语第一性意义无法满足语境要求时才会开始显现。非常规名词即是跳脱了常规语境,在置于量名非常规搭配创设的语境下呈现第二性意义的词项。

需要注意的是,表量结构中常出现的名量词,主要用于描绘中心名词的外在特征,并建立起量名的联系。但名量词原有的指称功能和表述功能并未完全消失,甚至会作用于量名互动过程。因此这一类名量词属于非常规量词,不是本章的研究对象"非常规名词"。

从图形-背景分离(figure-ground segregation)角度看,非常规名词以其所在的表量结构为背景,表现为凸显的图形。图形是概念在某一认知域或感知中凸显的部分,是注意的焦点;背景部分则是衬托图形的部分(刘文、赵增虎,2014)。在认知加工中,背景往往作为参照点,助力对图形的阐释。两者地位不平等却又互相关联,一方以另一方的存在为前提。当表量结构中的名词被图形化时,数量成分则自动成为背景,帮助凸显图形。当言者或作者意在突出某一成分时,主要可通过语序倒置和搭配错置的方式来凸显图形,非常规名词属于后者,采用的是与量词搭配错置的方式。非常规名词在表量结构中处于非范畴化状态,或通过隐喻机制换量词的常规搭配名词为非常规,或通过转喻机制将形容词或动词转类为名词。本章第四节将详析之。

3 非范畴化

"非范畴化"指的是特定范畴中的一些成员,在某些因素的影响下,"逐渐失去原范畴的典型特征"(刘正光,2006:61),而沾染了新范畴的部分特征的状态。非范畴化是一种创新思维方式和认知过程,通过现有的语言,表达发话者想要表达的特定思想内容(同上:1-3)。在认知操作上,它是以转喻的形式扩展形容词或动词的用法,以隐喻的形式转变名词的语义,使得词性游离于两范畴之间。范畴成员在非范畴化阶段具有不稳定性,游离在原有范畴与将要进入的新范畴之间。这意味着,非范畴化处于范畴化和去范畴化两阶段的中间地带。

根据构式语法(Fillmore, Kay and O' Connor, 1988; Goldberg, 1995),

词汇义和构式义均会影响语言的意义。李勇忠(2004)指出,结构的整体意义来自构式义和词汇义的相互作用。如果词汇义符合构式义,则两种意义互相加强。如果两种意义相互冲突,要么是非常规搭配,要么构式义或词汇义占优先地位,从而消除冲突。这样的现象被称为"压制"(coercion)。由此可知,表量结构的整体意义来自这两种意义的结合:(1)"数+量+名"的计量或计数的构式义;(2)数词、量词和名词本身具有的词汇义。一般来说,词汇义进入表量结构后符合该结构的常规表达。但在实际的"数+量+名"结构中,经常会出现名词并非量词搭配的常规名词,词汇组合上的偏离常规造成整体构式义理解难度的加大。在这种情况下,量名常规搭配义处于认知后台,作为参照性的构式义压制词汇层面的非常规搭配义,从而获得压制后的构式义。在压制词汇义的过程中,各类非常规名词需在隐喻和转喻操作下回归常规,使理解达成。由于该认知过程涉及两个词汇范畴的映射关系,导致非常规名词从原范畴向新范畴过渡,因此可认定为一种词汇的非范畴化过程。

4 表量结构中非常规名词的非范畴化机制

4.1 非常规名词与隐喻机制

　　隐喻不仅仅是一种修辞手段,更是一种概念结构,是人类认识世界的思维方式。它涉及源域与目标域以及两个认知域之间的相似性,其本质就是用我们熟悉的事物去理解和阐释不熟悉、待认知的事物(李勇忠,2003b)。处于源域的事物往往是具体的、可直接感知的,而目标域的事物则是抽象的、不可直接感知的,使用隐喻是为了借两者间的相似性凸显目标域所具有的特征。我们常说到的时间和爱情,两者都是抽象的、看不见的、无法直接感知的,实际上对这样的东西,我们也很难给出一个科学的定义。要理解它们,只能借助隐喻加工,把它们做具象化处理,通过源域,如"金钱"和"旅行"分别对它们进行映射,找到两域之间的相似点,建构起人类几乎共同的概念隐喻:"时间是金钱""爱情是旅行",从而助力我们去理解和阐释抽象的时间和爱情。

在表量结构中,为了突出事物的某些特性,量名之间以非常规搭配的形式出现,从而建立起量名新关系。从量词对名词的选择角度看,量词与其常规搭配名词的互动意义投射于量词与非常规搭配名词的互动意义之上,在诗词中表现为同一量词下不同意象的叠加,产生"1 加 1 大于 2"($1+1>2$)的蒙太奇效果。此时,要理解包含非常规名词的非常规量名搭配,需借助隐喻映射机制,例如:

(1) 惆怅东栏<u>一株雪</u>,人生看得几清明。(苏轼《东栏梨花》)

(2) <u>一枝晴雪</u>初乾,几回惆怅东阑。(邵亨贞《清平乐·梨花》)

(3) 我有江南铁笛,要倚<u>一枝香雪</u>,吹彻玉城霞。(张惠言《水调歌头·东风无一事》)

(4) 荏苒<u>一枝春</u>,恨东风、人似天远。(王沂孙《法曲献仙音·聚景亭梅次草窗韵》)

"一株雪""一枝晴雪""一枝香雪"和"一枝春"均属于表量结构。但该构式下的量名搭配存在不合逻辑的现象,超出了人们对事物的常规认知。这些名词的选择跨越了表量结构中量词对名词选择的限制,在各自所处的诗词语境中,表征新奇的语义内容。具体来看,例(1)中的"株"和(2)至(4)中的"枝"所修饰的名词应属于植物范畴。但例(1)至(3)中的"雪"本意为白茫茫的一片雪;例(4)中的"春"指春色。"雪"是不可数名词,"春"是抽象名词,通常都不与"枝""株"搭配。但人们不会认为这些表量结构表达有误,反而会赞叹其清新脱俗,美哉妙哉,原因就在于隐喻思维的普遍性造就了人们心理的共通性。这些非常规名词须受到表量结构常规构式义的压制,通过隐喻还原为与量词相符的名词。例(1)和(2)实际上是将梨花比作"雪"和"晴雪",衬托出梨花的洁白淡雅。例(3)和(4)分别把梅花比作"香雪"和"春",写出了梅花芬芳秀丽和迎春斗俏的场景。此时目标域中的梨花和梅花才是量词"枝""株"的描绘对象,但源域中的"雪"和"春"也投射于量词之上,创造了一虚一实的双重意象表现效果,大大增加了审美效果。

这些诗中非常规名词的非范畴化主要表现在两个方面。其一,当不可数名词和抽象名词占据表量结构名词槽位时,在量词的修饰限定下已然被可数化、有界化、具象化,具备了可数名词的部分特征。其二,诗人运用隐喻操作机制,利用此事物的特征来突出彼事物的特征,可以形象生动地展示所表达之物的语义特征。这种以一事物来隐喻另一事物以求达到语义凸显的目的,也可理解为名词的非范畴化。因为在这一过程中,源域被理解为"像……一样",如"梨花像雪一样",译成英文是 snow-like pear blossom,发挥了形容词的部分功能,用于描绘目标域的特征。因此,位于表量结构中的非常规名词已临时性地丧失了指称功能,仅保留了基本语义特征。

　　总之,"数+量+名"结构形式限制了量名之间的组合,量名的常规搭配义在一定程度上压制了量名的非常规搭配义。在隐喻机制的作用下,非常规名词往往被赋予了形容词性的修饰功能,临时性地缺失了指称功能,使得在概念理解层面量名搭配造成的语义冲突得以消除,达成合理阐释的同时也延迟了审美,提升了语言表达的美学价值。

4.2　非常规名词与转喻机制

　　表量结构中的非常规名词除了包括前文提到的抽象名词、不可数名词以外,还涵盖了大量临时借用为名词的动词和形容词。这些临时转类名词的语用动因往往在于转喻机制。从修辞学角度来看,转喻是用一事物来指代与之相关的另一事物的修辞手段(李勇忠,2003a)。认知语言学认为,隐喻和转喻是人类的基本思维方式,是认识世界的重要途径。隐喻是在两个不同的认知域之间进行映射,而转喻体现的是同一认知域内两个邻近事物之间的借代关系。隐喻基于事物之间的相似性(similarity),而转喻则是基于事物之间的邻近性(contiguity),此处的邻近性,不仅仅可以是空间上的邻近,更是概念上的邻近。Langacker(1993)把转喻中的一个概念实体称为"喻体",用于理解另一概念实体,即"本体"。本体通常不出现,喻体能代指本体。非常规名词中的转类名词是与本体具有邻近关系的名词、动词和形容词,作为显性表达的喻体转喻了隐性存在的本体。在具体语境下,这些喻体比本体更为凸显,也更能吸引读者的注意力,因此代替本体出现。下面我们具体从名词转名词、形容词转名词、动词转名词三类来看转喻机制在转类名词中的运作过程。

4.2.1　名词转名词

　　(5)　一篇长恨有风情,十首秦吟近正声。(白居易《编集拙诗一十五卷》)

(6) <u>一卷荃荪</u>,对影釭花明灭。(吴蓈《露华·题听秋读骚图》)

(7) 一卷离骚爱不忘,<u>一丛兰蕙</u>发天香。(于右任《远同王君世昭作屈子二千三百年纪念祭》)

(8) <u>霓裳一曲</u>千峰上,舞破中原始下来。(杜牧《过华清宫·其二》)

　　如果脱离语境看,以上例句中的名词和其前的量词搭配后都存在不同程度的语义不和谐。例(5)至(8)中的"长恨"的本义为长久的恨意,"荃荪"为贤良之人,"兰蕙"为菊科香草,"霓裳"是仙人衣裳。从名词范畴层次来看,这些名词大多属于下位层次范畴,比基本层次范畴的名词具有更加清晰可辨的完形,采用了认知识解中的精细化操作。

　　要理解这些表量结构,需在诗词语境中,结合量名的常规搭配情况来看。研究发现,这些表量结构中的名词都存在邻近转喻现象。如例(5)中的量词"篇"常与"文章""作品"等笔墨文书类名词搭配,在与"十首秦吟"对举中我们能够将"长恨"与《长恨歌》联系起来,即"一篇《长恨歌》"。以"长恨"指代《长恨歌》,以"秦吟"借指《秦中吟》即是转喻用法。例(6)中,"荃荪"原指贤士,指代作品《离骚》时,其语义表征比例(5)更显隐秘。在其识解过程中,量词"卷"起到了很好的提示作用。战国时期,文墨皆书于竹简之上,成文后以捆状编制,收集成卷,"卷"因此成为当时计量作品的量词。"荃荪"一词的妙处在于,它不光在与"卷"的组合中激活了转指的常规名词,帮助达成"一卷《离骚》"的理解,同时其本义在这一语境下也同样被激活,即荃荪也指代了屈原这位贤士。例(7)"兰蕙"与《离骚》中屈原采用美人香草指代贤士的典故有关,此处也转指贤士。例(8)中的"曲"是对歌曲计数的量词。"霓裳"在与"曲"搭配后就不再含有衣服的意思,而是指代唐玄宗创作的《霓裳羽衣曲》。

　　以量词为观照点,对名词的选择采用以部分代整体的转喻手段,能够在有限的诗行里凸显最想表达的内容。有些文学作品的名称较长,选用名称中最具代表性的字眼来代指整部文学作品不失为一种蹊径。同时表量结构中的量词又为名词指代文学作品提供了前提条件。根据量词及其与名词的搭配关系,结合百科知识就能激活相关的文学作品名称。在非常规名词代常规名词的转喻过程中,非常规名词保留了指称功能,但失去了一些原有的语义特征。这时非常规名词处于名词内部的两个次范畴之间,是一种非范畴化状态。转喻机制帮助非常规名词向常规名词范畴过渡。

4.2.2 形容词转名词

由于形容词所表示的属性依附于一定的事物,人们往往会由某一特征而联想到与该特征相关的事物,或由某一事物而联想到与之相关的特征。事物与属性之间是双向关联的。转喻视角下的形容词与名词之间为激活关系。通过形容词能够激活所修饰的名词,通过名词也能激活附属的形容词。尹洪波(2011)认为,事物能够独立存在,形容词只能依附于指称物体的名词。在"数+量+形"构式中,量形搭配受到压制,需通过转喻将形容词修饰的中心名词激活。与此同时,基于量词对名词的范畴化功能,可以寻得形容词所修饰的名词。形容词出现在名词的位置实际上亦是形容词非范畴化的过程,即形容词突破原有的范畴,进入名词范畴的过程。此时形容词具有名词的功能,能够指称事物,同时保留了形容词的语义特征。这种用法可以达到一箭双雕的效果。例如:

(9) 万木天寒冻欲折,<u>一枝冷艳</u>开清绝。(吴弘道《双调·拨不断》)

(10) <u>一枝红艳</u>出墙头,墙外行人正独愁。(吴融《途中见杏花》)

(11) 再来涨绿迷旧处,添却<u>残红</u>几片。(王沂孙《南浦·春水》)

(12) 早又是,翠荫蒙茸,不似<u>一枝清绝</u>。(王沂孙《疏影·咏梅影》)

(13) 突进! 因为我看见<u>一片新绿</u>从大地的旧根里熊熊燃烧。(穆旦《玫瑰之歌》)

(14) 别小看它是一只灯笼,还是深山中的<u>一点微红</u>。(辛笛《人间的灯火》)

(15) 生叶,终于盼来了<u>一片莹白</u>……给留下一片寥落,一片清纯。(陈敬容《致白丁香》)

例(9)至(15)中占据表量结构名词位置的"冷艳""红艳""残红""清绝""新绿""微红"和"莹白"均为形容词。常规表达下它们不被允准进入表量结构。但在表量结构常规构式义的压制下,这些形容词能通过转喻机制指代名词所指的实体,从而在理解层面还原为"数+量+名"形式。形容词能够转喻名词是以形容词对名的修饰功能为前提的。换言之,正是因为修饰语与被修饰物之间是部分与整体的关系,事物的特征才能用于指代事物本身,这也是借助转喻机制来实现表量构式义压制词汇义的结果。如"冷艳"和"清绝"指代梅花,突出梅花的清高孤冷;"红艳"指代杏花,凸显杏花的妖娆动人;"残红"指代凋残的花,描写了落花的凄美;"新绿"指代昆明湖,写出了湖水的碧波荡漾;"微红"指代灯笼的光,微弱又耀眼;"莹白"指代白丁香,突出丁香的洁白纯净。此时形容词充当了名词的角色,指代具体事物,被赋予了空间性,处于形容词范畴和名词范畴的中间状态。用形代名是为了凸显形容词的语义,突出名词的某一特征,准确表达相关信息。

事物的特性总是相对抽象,因此形容词在与量词搭配时,量词无法发挥其对形容词的范畴化功能。原型表量结构是一种用于计量事物的构式。当表量结构中出现形容词占据名词位置时,唯有在具体语境下激活形容词所修饰的名词才能使理解通达。这种形名的互相激活关系,就是以转喻机制为根基的。

4.2.3 动词转名词

动词是用来表示行为动作或状态的词类,一般在句中做谓语。作为与名词地位相当的基本词类,动词在极其频繁的使用中越发灵活多变。高航(2009)指出,许多汉语动词既具有动词的部分特征,又兼具名词的部分特征,具有两面性。在表量结构中,当动词占据名词位置时,动词就处于非范畴化状态。此时动词处于动词范畴和名词范畴之间。在非范畴化过程中,动词失去了部分动态性,一定程度上获得了名词的静态性。例如:

(16) 珠在蚌里,他有<u>一个等待</u>……(陈敬容《珠和觅珠人》)

(17) 欢笑个不停,心儿沉入了<u>一片片歌吟</u>。(唐湜《春晨·月下》)

(18) 你给我们揭示半壁天空,我们所得只是<u>一阵惊愕</u>,虽然我们也常以为懂得很多。(陈敬容《闪电》)

(19) 大街上人们漠然走过,漠然地扬起尘灰,让语音汇成<u>一片喧嚷</u>……(陈敬容《船舶和我们》)

在这些"数+量+动"结构中,动词进入名词表量结构后,受到表量结构原型构式义的压制,在转喻操作下变为与之相关的名词。如"等待""歌吟""惊愕"和"喧嚷"此时都转变为名词,与数词、量词一起构成表量结构。借用动词作名词,使得动作和状态被静化定格为照片模式。如"等待"好似可数事物,可以计数;"歌吟"在"片"的限定下,从听觉感知转变为视觉感知,音域的高低婉转、间续不断化作吉光片羽,声形皆有。同理,"惊愕"

"喧嚷"也在量词的修饰下产生了通感(synaesthesia)修辞效果。此外,例(16)(17)(19)中,动词限定的主语"珠""心儿"和"语音"不具有施事能力,这些生命度低的事物主语与"数+量+动"结构连用,能够彼此呼应,在横组合层面实现句内语义连贯和谐。总之,这些动词在非范畴化过程中"沾染"了名词的气息,也保留了动词的部分特征,表现出静中有动、动中有静的语言效果,语言的内在张力得以完美实现。

此外,刘正光(2006:208)指出:"动词原用于报告一个事件的发生,具有一定的指称功能。"但在表量结构中,动词代名词在保留原语义的情况下会产生功能转移。也就是说,动词转名词后具有了陈述功能,化身为一个抽象名词,表示一种状态或过程。当它成为抽象名词后,空间性不如具体名词强,为了使其表义清晰,须与具体量词搭配,化抽象为具体,便于人们感知和理解。

综上所述,表量结构中非常规名词的非范畴化过程以隐喻和转喻为认知动因。相较于转类形容词和转类动词,转类名词的特征更为多面而丰富,因此抽象名词和不可数名词占据可数名词槽位的情况更为常见,能够同时涉及隐喻机制和转喻机制。转类形容词和转类动词则主要是转喻机制运作的结果。需要注意的是,这些非常规名词都必须放在量名非常规搭配下考虑,一旦脱离这一语境,这些转类词就不再具有名词的性质。这也是我们判定这些词处于非范畴化阶段的原因。

5 结 语

表量结构中的量名关系以量词能够描绘名词的外部特征为基础。但在诗歌文本中,由于其文体、格律的限制,加上常规思维下的量名搭配无法实现诗歌的审美价值,诗人往往大胆用词,求新求异,以非常规搭配的方式建构表量结构。非常规名词即是偏离常规量词、常规搭配对象的语词,这些词在进入表量结构后就处于非范畴化状态。在理解层面,包含非常规名词的量名搭配会受到表量结构常规量名搭配的压制,借助隐喻和转喻机制使其解读合理化。

具体而言,隐喻通过跨域映射将两事物间的相似性凸显出来,进而展示出目标域的特征。这时作为源域的非常规名词相当于一个形容词,能够凸显目标域名词的相关特性。源域中的非常规名词临时获得了形容词的修饰功能。但由于非常规名词的形容词特征是在表量结构中浮现的,脱离这一结构和语境则不是形容词,所以将其视为非范畴化状态。转喻是在同一认知域内通过转指的方式,将事物的某一特征凸显出来。在名词转名词的情况中,非常规名词常用来代指文学作品名称或相关人物,凸显了名词的指称功能。形容词转名词和动词转名词的类别中,形容词与其指代的名词是修饰与被修饰的关系,动词与其指代的名词是动作与事件的关系,因此这些转类词虽属于非常规用法,但很容易在大脑中激活被指代的名词。当名词的位置被形容词或动词取代后,就出现非范畴化过程。在这一过程中形容词和动词突破原有的范畴,却也未进入名词范畴,处于中间状态。

第五章

以转喻为本的汉语表量结构变体研究①

1 引 言

　　表量结构中,存在"一量多物"和"一物多量"的现象(王文斌,2008)。"一量多物"指的是同一个量词可以修饰不同的名词,如汉语中的"一张椅子/白纸/车票"和英语中的 a bottle of water/milk/beer 等。这种现象体现的是量词对名词的范畴化,量词也因此可称为"分类词"。"一物多量"则是同一名词可以和不同的量词搭配,不同的量词能够凸显名词的不同方面。例如,月有阴晴圆缺,人们将自己不同时期看到的月亮描绘为"一轮明月""一弯明月""一抹残月""一钩新月"等。在不同的语境中,比如水中望月时是"一捧明月",月照梳窗可以是"一帘婉月",月明如灯又是"一盏明月",等等。以往的研究认为,"一量多物"和"一物多量"都是隐喻机制运作的结果,但实际上在更基础的层面还有转喻机制的作用力。

---

① 本章蓝本为李勇忠、刘娟:《量名转隐喻关系的认知新解》,西安外国语大学学报,2020(2):11 - 15。内容已做较大修改。

随着语言表达形式的日益丰富,表量结构的变体也日渐增多。从量词和名词的词性来看,量词中名量词占比较大,名量词往往出于特殊的修辞需要而被征用。名词通常是指称具体事物的可数名词,但也不乏从抽象名词、动词、形容词等词类中借用的非常规名词。因此,在"数+量+名"之外,还有"数+名+名""数+量+动""数+量+形",以及由成分缺省造成的变体等等,不一而足。本章探讨的表量结构变体,在显性结构上表现为非原型表量结构,在隐性语义上涉及量名的非常规搭配。这即是说,在研究对象上,本章是对第二至第四章的综合考察。就理论视角而言,目前学界有关汉语表量结构变体的认知研究,大多以隐喻机制为主,以转喻机制为辅。转喻在认知思维中的基础性地位未得到有效凸显。因此,本章着重挖掘表量结构变体后的转喻机制,并通过转隐喻现象揭示转喻与隐喻之间存在的枝叶关系。

2 表量结构变体与转喻机制

传统修辞学中,"转喻"是与指代别无二致的辞格用法。但在认知语言学中,转喻不仅是修辞格,更是比隐喻更为基础的思维方式。它普遍存在于日常交际中,影响着人们对世间万物的概念化过程。转喻的认知研究最早见于 Lakoff & Johnson(1980)的《我们赖以生存的隐喻》中。但与隐喻相比,转喻还未受到足够的重视。该书中,作者只用了一章来讨论转喻,认知转喻研究的兴起和发展是此后十年的事情。

前面章节已经提及过转喻,并做过简单的介绍。本章主要用转喻作为理论工具,因此有必要继续对转喻的本质和运作机理做更为详细的阐释,以方便读者诸君更好地理解本章的内容。

转喻以事物间的邻近性为内核,借用一事物来指代另一与之相关的事物,其中用江山代指皇位,如"爱江山更爱美人"。在当代中国语境下,江山代指政权、国家,如习近平总书记提出的"江山就是人民,人民就是江山!"

转喻实体之间为"代表"(stand-for)关系(李勇忠,2005c)。指代物在转喻中被称作"喻体",被指代物为"本体"。喻体与本体的指代操作产生了认知凸显之效,即喻体用自身的语义特征来凸显和强化本体的某些方面。如"孤帆一片日边来"中的"帆"代指船,既表达了船的信息,又将注意视线聚焦在船帆上。因此,转喻应被视为一种认知操作过程,为理解本体提供心理通道的认知触点(同上),又凸显了喻体的语义特征。本体语义信息丰富又复杂,人们在加工所需信息时不免花费更多的时间与精力。而利用一个概念来凸显另一概念的语义特征则可以节省认知时间,准确理解和把握话语信息。本体隐藏于语言符号之下,其信息由喻体通过语言符号加以表征。也就是说喻体的语义信息是最先进入大脑进行认知处理,进而得出最切合本体的语义信息。转喻的使用体现了认知表达的经济性:以最小的认知努力获得最大的语义效果。发生转喻关系的两个概念处于同一认知域中,在位置上具有邻近性,缩短了人们的认知加工时间。人们凭借某一概念在大脑中迅速搜索出与之语义相近的概念。因此在概念层面,转喻是用一个概念指代与之语义邻近的另一个概念。在常规的表量结构中,量名之间的邻近关系不仅体现在语义层面,更是在概念层面。

下面主要从表量结构的不同形态,来分析转喻在其中的运作模式。

2.1 数+量+名

(1)花间一壶酒,独酌无相亲。(李白《月下独酌》)
(2)俯饮一杯酒,仰聆金玉章。(韦应物《郡斋雨中与诸文士燕集》)
(3)似吾侪读尽万卷书,可有半块土么?(汤显祖《牡丹亭》)
(4)春色满园关不住,一枝红杏出墙来。(叶绍翁《游园不值》)

"一壶酒""一杯酒""万卷书"和"一枝红杏"中的量词为量词性量词,名词为具体可见的实体。其中"壶"与"杯"为容器性量词,用以盛放茶、酒等液体。例(1)和(2)中的名词"酒"与量词"壶""杯"存在语义关联,两者处于同一认知域,能够彼此激活。例(3)中"卷"作为量词,指一小捆或一小簇东西。名词"书"在古代由竹简编缀成册,呈"捆"状,即量词"卷"展现了"书"的外形,也可以说"卷"的语义特征属于"书"的一部分。两者为部分与整体的关系。例(4)亦如此。名词"红杏"为一种植物。"枝"作为植物的一部分,即"红杏"的一部分,也即"部分-整体"的关系。

由上述分析可知,量名为同一认知域中的邻近关系。"酒"属于液体,无形。容器性量词"壶""杯"与之搭配,化无形为有形,形成了一种承载与被承载的关系。量词"卷"与"枝"既修饰有形实体,也凸显了实体的一部分。由此可知,常规表量结构中量名为转喻关系:量词为喻体,名词为本体。量词的出现凸显了名词的外部形状,抑或化无形为有形。

2.2 数 + 量

"数+量"为名词缺省的表量结构变体。虽然名词不由语言符号加以呈现,但依然可以在大脑中补全其意义。在语境的提示和数量成分的语义刺激下,相关语义网络中的节点迅速在激活扩散中被唤醒,与之相关的名词即刻浮现。

(5) 烹羊宰牛且为乐,会须一饮<u>三百杯</u>。(李白《将进酒》)
(6) 红豆生南国,春来发<u>几枝</u>。(王维《相思》)

"三百杯"与"几枝"为"数+量"形式。"杯"为容器性量词,与液体联系密切。两者概念邻近度高,人们可以由"杯"迅速在心理层面表征出液体概念。因而表量结构的心理表征为"三百杯+(液体)",名词缺省的语义就自动填补了。同理,量词"枝"为植物的一部分,与植物概念的语义联系非常紧密,一方在召唤另一方时几乎不受阻碍。名词的语义信息在得到量词的召唤后便迅速显现。再结合上下文,"酒"和"红豆"的意象就很容易被唤醒。

表量结构形式的不完整并不意味着意义的不完整。量名的转喻关系补全了缺省的名词语义,即名词的语义转而由语义关联紧密的量词代指。在量词代名词与数词构成的表量结构中,量词为侧显,名词为基底。人们关注的焦点为量词,即凸显事物的数量或外形,实体则背景化了。

2.3 数 + 名

"数+名"为量词缺省的表量结构。语用者未采用语言符号显化量词,而是将其语义隐藏于结构内。人们需通过认知加工获得语义并建构出表量结构的"完形"。

（7）锦瑟无端五十弦,一弦一柱思华年。（李商隐《锦瑟》）
（8）一花一世界,一叶一如来。（《华严经》）

"五十弦""一弦一柱""一花一世界"和"一叶"均为"数+名"形式。"弦"为乐器上发声的线,呈细长形;"柱"呈圆柱形。两者外形相似,可由相同量词修饰并描述。"根"的语义特征与"弦""柱"的外形相符。"根"做量词时,常与"弦"和"柱"搭配。人们在识解时倾向于将它们放置在同一认知域中,并固化它们的语义关联。根据"弦"和"柱"可以迅速搜索处于相同认知域的量词"根"。"朵"的量词意义为指花或成团的东西。在人脑的记忆存储中,"朵"与"花"常被置于同一认知域中,与花的语义联系密切,距离短。因此,"朵"与"花"的心理可及度高(high accessibility)。在大脑中"花"很容易召唤出"朵"的存在。"叶"的外形薄而平,而"片"的语义为薄而平的物体,如"卡片"。当"片"做量词与"叶"搭配时,恰好描绘了实体的外形。因此,这些表量结构的完整形式为"五十根弦""一根柱""一朵花"和"一片叶"。

量词省略的表量结构亦是转喻作用的结果。因为量名处于同一认知域,且双方的心理可及度高。名词易唤醒量词的语义特征。如量词描绘名词外形时,名词具备量词的语义特征。以整体代部分的方式保证了表量结构的语义完整性,又凸显了实体语义。这时语用者的重心并不在于实体的外形或量化,而是有意突出实体所呈现的意象意义。英语表量结构中量词缺省的动因亦是如此。虽然英汉语言表达中均有表量结构,但英语属于单复数标记型语言,汉语属于量词标记型语言(王文斌、毛智慧,2009)。量词在英语中依附于名词词类。如 an apple、three flowers 中量词属于隐含信息,通过名词加以呈现。因此,以名词代量词的语义补全了英语表量结构的语义信息。

2.4 名+数+量

"名+数+量"结构形式亦偏离了常规的表量结构。名词前置虽拉开了与量词的形式距离,但语义距离不变。

（9）岁夜高堂列明烛，<u>美酒一杯</u>声一曲。（李颀《听安万善吹觱篥歌》）

（10）竹外<u>桃花三两枝</u>，春江水暖鸭先知。（苏轼《惠崇春江晚景》）

（11）恰好花园内，折取<u>垂柳半枝</u>。（汤显祖《牡丹亭》）

（12）无人之处，忽然<u>大梅树一株</u>，梅子磊磊可爱。（汤显祖《牡丹亭》）

（13）腹中贮<u>书一万卷</u>，不肯低头在草莽。（李颀《送陈章甫》）

　　根据"杯""枝""株""卷"与数词的搭配，人们很容易在大脑中建构起表量结构。量词"杯"的容器概念与液体的关联度较高，激活液体概念的阻力较小。同理，量词"枝"和"株"与植物概念联系紧密。"卷"与书籍语义关联大。因而，上述量名之间相关程度高，为同一认知域的转喻关系。那么"美酒一杯声一曲""桃花三两枝""垂柳半枝""大梅树一株"和"书一万卷"均属于名词前置的表量结构。其正常的语序应为"一杯美酒一曲声""三两枝桃花""半枝垂柳""一株大梅树"和"一万卷书"。名词前置虽然拉远了与量词的形式距离，但语义距离仍不变，即名词前置与后置并不影响量名的语义联系。因为常规关系中量名之间为转喻关系，即量名之间的语义距离在人们认知中早已固定了，并不随形式的改变而发生变化。

　　名词前置的表量结构实际上是语用者有意将数词和量词的语义焦点化。根据句子信息分布原则，位于句末的信息为新信息，是句子的语义焦点。基于表量结构中量名的转喻关系，名词前置不仅不影响信息处理，还有助于凸显数词和量词所表达的语义内容。例如，例（10）中的"三两枝"体现了初春花开寥寥的景象，例（12）"一株"与前面的"无"相对，使得此时忽现的大梅树显得"遗世独立"，灵动可人。

2.5　数＋量＋形

　　"数+量+形"为表量结构中量名偏离常规的搭配形式。形容词取代了名词，与数词、量词一起构成表量结构。名词指称的事物总带有一定的属性（李宇明，1996）。同时，形容词所代表的属性也依附于一定的事物（尹洪波，2011）。那么形容词主要用作描述事物的属性，依附于名词。在实体-形状的认知域中，实体与形状的语义联系紧密。人们可以由某一实体联想到与之相关的属性，或者由属性联想到某一实体，即实体与属性之间存在着转喻关系。

（14）<u>一枝红艳</u>露凝香，云雨巫山枉断肠。（李白《清平调·其二》）

（15）万木天寒冻欲折，<u>一枝冷艳</u>开清绝。（吴弘道《双调·拨不断》）

虽然形容词"红艳""冷艳"和量词"枝"均与名词搭配，但在"数+量+形"结构中，量词、形容词与名词的语义关联顺序不对等。根据顺序象似性原则，语言符号的描写顺序与人们的认知顺序是一致的。最先出现的符号是最先加工的对象，与之相关的信息也最先获得。根据量词与形容词的出场顺序，量词激活名词的语义优于形容词。由于量名与形名的语义联系存在于不同的认知域中，在激活先后顺序的限制下，量名建构的认知域为第一域，包含了量名的转喻关系；形容词与名词建构的认知域为第二域，包括了形容词与名词的转喻关系。由于量词"枝"召唤的实体为植物，形容词"红艳"和"冷艳"的名词搜索范围须建立在量词限定的名词范围内。随后再结合具体语境，明确"红艳"和"冷艳"分别指代"牡丹"和"梅花"。因此，"数+量+形"的表量结构中虽然存在两个转喻机制，但有先后顺序。量词转喻名词在先，起主导作用。形容词转喻名词在后，为强化作用。换言之，量词转喻名词的语义特征较宽泛和抽象，形容词转喻的名词语义特征较为清晰。因为与量词"枝"处于同一认知域的植物有各种属性，但"红艳"和"冷艳"形容词表示的属性则相对单一。因此，形容词转喻缩小了量词转喻的语义范围。简言之，在表量结构中，形名转喻是对量名转喻的细化操作，是认知搜索逐步缩小范围的过程，二者之间的关系如图5.1所示。

图 5.1　形名转喻与量名转喻的关系

综上，在"数+量+形"结构中，虽然量词与形容词都具备修饰和转喻同一名词的功能，但量词和名词的搭配是为表量结构的常规情况，形容词和名词则属于非常规。以形容词代替名词的非常规表达是语用者为取得特定的语义效果而有意为之的举措。在"数+量+形"结构中，数量成分对表量结构中名词的激活属于背景信息，而形容词对名词的激活则属于前景信息。即为了使人们关注名词的某一属性特点,将其置于信息焦点位置以达到凸显和强化的目的。

3　表量结构变体与隐转喻机制

与转喻一样,隐喻不仅是一种修辞,也是认知世界的重要思维方式。根据《我们赖以生存的隐喻》,隐喻的本质是用一事物去理解另一事物(Lakoff and Johnson, 1980: 5)。隐喻涉及源域和目标域以及源域向目标域的映射(Lakoff, 1987: 276)。映射的认知基础是概念的相似性,即两个事物在某一或某些方面拥有共同特征。语用者以相似性为前提用简单和熟悉的事物隐喻抽象和复杂的概念,凸显抽象复杂概念的特性,达到形象生动的语用效果,便于理解。

与转喻的域内操作不同,隐喻映射是跨域进行的,源域与目标域的关联度不高,源域难以激活目标域的语言信息。但转喻和隐喻不是截然不同的两种思维方式,而是交织互动的认知机制(Lakoff and Turner, 1989: 104 - 106)。Goossens(1990)指出,隐喻和转喻构成人类思维的连续统(continuum),两者恰如人类思维的两翼,彼此制衡,同根共生。转喻是更基础的思维方式,许多隐喻都以转喻为基础。为了说明隐喻和转喻的亲密关系,Goossens 创造了一个新词 metaphtonymy(隐转喻)来表示转喻和隐喻之间的中间地带。理论上讲,处于转喻和隐喻中间地带的可以是隐喻之中包含转喻,也可以是转喻内部包含隐喻。但转喻是比隐喻更为基础的意义扩展方式(Taylor, 1995: 124),因此,当我们论及隐转喻时,更多指的是以转喻为基础的隐喻。

前面几章分别探究过表量结构中的转喻机制和隐喻机制,但还未分析过隐转喻机制。下面将结合表量结构变体析之。

3.1　数 + 量 + 名

(16) 我有江南铁笛,要倚一枝香雪,吹彻玉城霞。(张惠言《水调歌头·春日赋示杨生子掞五首》)

（17）<u>一怀愁绪</u>，几年离索。（陆游《钗头凤》）

　　常规表量结构中，量词和名词通常处于同一认知域中。例（16）至（17）中"一枝香雪"和"一怀愁绪"为"数+量+名"，具备表量结构的常规形式，但偏离了常规量名搭配，创造了新奇语义。这背后是隐转喻机制作用的结果。

　　具体讲，例（16）中的"枝"属于植物概念，但"植物"属于上位范畴，概念完形模糊，其所修饰的基准范畴成员需在诗句的推进中锚定。"枝"所限定的名词短语"香雪"属于自然现象，两者语义关联小。常规表达中"枝"不用于修饰"香雪"，不能表征出"香雪"的范畴特征。但是前文"我有江南铁笛"为这一搭配的解读提供了有效线索："铁笛"暗示所指为"树枝"，而"雪"本身并不具有"香"的特性，唯有在冬雪中绽放枝头、白如雪的梅花才能暗香浮动。"枝"与"梅花"的邻近性构成转喻关系，"香雪"和"梅花"的相似性激发隐喻性表达。没有"枝"与"梅花"的组合联动作为基础，"香雪"和"梅花"的聚合理解也难以达成。因此"一枝香雪"的生成是转隐喻作用的结果（见图5.2）。

图5.2　"一枝香雪"的转隐喻关系

　　例（17）亦是如此。"怀"为身体词语，属于容器量词，与之搭配的名词应为可以抓握的实体，而"愁绪"为抽象概念，两者不属于同一认知域。结合《钗头凤》的全诗意境，从其起笔提及的"黄縢酒"可知，诗人正借酒消愁。"愁绪"虽抽象无形、如烟似雾，但在该语境下和"酒"勾连。一杯杯酒涌入愁肠，满腔的愁绪也翻江倒海。"酒"和"怀"构成"容物-容器"的转喻关系，而"酒"和"愁绪"因苦涩、涌动、难以排解等相似性形成隐喻映射，化抽象为具体（见图5.3）。

图5.3　"一杯愁绪"的转隐喻关系

可见,量词和名词偏离常规的搭配,能够求得新意,达到破旧立新的语言效果。从常规到非常规,可以是隐喻思维和转喻思维各自作用的结果,也可以是从转喻到隐喻的渐进过程。例(16)和(17)就说明了在量名非常规搭配中存在"隐转喻"的认知方式。其中转喻在表量结构变体的认知加工中比隐喻介入更早,是更基础的认知操作。在量名非常规搭配中,量名的隐喻关系经历了"转喻-隐转喻-隐喻"的一个过程。换言之,转喻和隐喻位于连续统的两端,以转喻为基础的隐转喻处于中间过渡地带(朱建新、左广明,2012)。

3.2 数+名+名

(18) <u>一道残阳</u>铺水中,半江瑟瑟半江红。(白居易《暮江吟》)

(19) 但孤坐,<u>一帘明月</u>。(吕渭老《贺新郎》)

例(18)(19)中"道"和"帘"原本为名词,指称具体存在的物体。"道"即道路,为长条形的平面。"残阳"指将落的太阳。在人们已有的认知中,两者属于语义不关联的两个概念,不在同一语义网络中。从认知角度讲,两个概念分别属于两个不同的认知域。但"残阳"洒向大地,宛如一个平面,与"道"在形状上相似,为两个概念的映射提供了认知基础。"道"作为源域向目标域"残阳"进行语义投射时,又赋予了"残阳"以"道"的长条形特征。这即是说,"道"首先与其所激活的二维空间状构成转喻关系,尔后"道"的二维特性投射于"残阳"之上,触发形貌上的隐喻关系。"一道残阳"背后是转隐喻机制作用的结果。同理,例(19)中的"帘"与"明月"也是如此。"一帘明月"其实是一帘月光,是月光洒在窗帘上。"明月"和"月光"分别为整体与部分,它们之间构成转喻关系。在这一认识的基础上,才能将"帘"与"月光"作相似性比较:月光一泻千里,平铺延展,"一帘"仿若一段截下来的月光。窗帘摆动,月光浮动。这再次证明,隐喻的理解以转喻为前提。从量词的选择上看,"片"是"残阳"与"明月"的常规搭配,"片"不如"道"能体现残阳的厚重感,也不如"帘"具有情景植入性,更有失新意。

如前所述,名量词是借用为量词的名词。相较于量词,名量词作为一个实词,具有更丰富的语义特征。因此,转喻关系可以建立在名量词与其所抽象出的上位范畴之间[如例(18)],也可以发生在名词与其所指之间[如例(19)]。转喻关系为人们把握诗词中意象的隐喻特征提供了重要的语义线索。概言之,隐转喻给我们呈现的是隐喻和转喻之间存在的枝叶关系,即在以转喻为基础的隐喻表达中,隐喻如叶,转喻若枝,叶生于枝,枝藏于叶。

4 结 语

表量结构变体中,量词与名词不限于范畴化关系,大多数情况下表现为转喻关系、隐喻关系和隐转喻关系。转喻关系体现了量名在句法分布与概念上的邻近性。从认知语言学来看,量名作为两个节点储存于同一认知域中。因此,人们可以根据其中一个节点唤醒并代指另一个节点,也即量词和名词可互相激活。表量结构中量词或名词缺省的形式,以原型表量结构为认知参照,体现了"原型-非原型"的转喻关系。但表量结构中的转喻现象不止于此。如"数+量+形"结构中涉及了两个转喻机制。量词与名词的转喻属于较低等级,形容词与名词属于较高等级。也就是说,量词、形容词均具有名词的某些属性,两者是"部分-部分"的关系,是更为隐蔽的转喻关系。

隐转喻现象则更为复杂。"数+量+名"结构中,量名间的横向组合可以构成转喻关系,而依托转喻关系中原名词的现名词,可与量词聚合形成隐喻关系。也就是说,在隐喻性表量结构中,与量词存在转喻关系的原名词通常不借助语言符号加以表征,只通过隐喻映射将现名词与原名词联系起来。这种从转喻到隐喻的转隐喻现象值得学界进一步关注。

第六章

词汇概念和认知模型理论下"数+量+形"结构的动态意义建构

1 引 言

本章先以进入"数+量+形"结构的形容词为抓手,将该结构分为客观度量和主观述量两大类,后者又包含外感型、内感型和内外感知兼有型三个次类。随后从词汇概念和认知模型理论(Theory of Lexical Concepts and Cognitive Models)视角分析了这些类别的意义建构,目的在于呈现结构中量词与形容词的互动机制,阐释概念系统和语言系统共同作用下"数+量+形"的意义建构过程。并从整体上把握结构的新创意义。

衍生自"数+量+名"结构的"数+量+形",因其搭配本身的非常规性受到学界越来越多的关注。相关研究主要可分为两大类:一是从语义、句法和语用等方面探究量词修饰形容词的可行性及量词、形容词的双向制约关系,如吕叔湘(1982)、刘焱(1997,1999)、陈秀然(2007)、余瑞雪(2009)等;二是"数+量+形"的构式化研究,如杨永龙(2011)基于历时角度探究从"形+数量"到"数量+形"的构式变化,吴春相(2015)、闫亚平(2015)将共时与历时视角相结合,分析"数+量+形"从语法构式到修辞构式的演变过程及原因。这两类研究都在一定程度上探究了"数+量+形"的成因,并对结构中量词和形容词的语义特征和语用效果进行了细致分析。但第一类研究的问题主要在于过多聚焦结构中的量词和形容词,而未关注该语言结构的整体特征,忽略了数词、量词、形容词组合后产生的新创意义和特征;第二类从宏观上把握分析,一定程度上弥补了第一类研究的不足,但由于现代汉语中"数+量+形"结构已基本固化,其形式单一、语义丰富的特点,使得有必要对其语义组合机制做深入系统的探究。

2 "数+量+形"结构分类

2.1 分类标准

　　"数+量+形"结构研究的展开,通常建立在对其分类的基础之上。目前主要有量词、形容词和结构类别三个角度的分类,此处我们选择以进入"数+量+形"结构中的形容词为抓手,对其进行分类。主要有以下两点原因:

　　首先,"数+量+形"结构衍生自"数+量+名",或者说该结构是由原型结构嬗变而来。该结构中的形容词因而继承了量名搭配中名词承担的结构重心地位,在语音、语义、语境等方面决定了数词和量词的选择;另一方面,汉语量词主要来源于名词,功能上也主要与名词产生关联,因此量词独立成类后首先讨论的就是和名词的关系(周芍,2006)。也即是说,"数+量+名"是表量结构现象中的原型,"数+量+形"与之有着家族相似性,这使得结构中的形容词从一开始就具备很强的凸显性,处于焦点位置。

　　其次,符合省力原则(Principle of Least Effort)。较之于"数+量+形"中的量词而言,形容词的特性更为突出而集中,易于分类。需要注意的是,汉语中的词在不同语境下可做名词、动词、形容词等,本章将在分类中以相关词的基本语法特征及其作为形容词的使用频率来判定主要词性。

2.2 分类的理论依据

体验哲学（embodied philosophy）认为体验是主观世界与客观世界互动的基础，是人类认识世界的本源（Lakoff and Johnson，1999）。作为认知语言学的哲学基础，它也揭示了语言生成和使用背后的体验性。人们进行体验的媒介是身体，即人类的范畴、概念、推理和心智都是经由身体经验而形成，特别是感官运动系统（sensory-motor system）（王寅，2002b，2005）。而能够进入"数+量+形"结构的形容词大多具有可视性和可感性（刘焱，1997），如"一星浅绿""一片荒凉""一阵紧张"等。根据该类形容词的特质及其与语言体验性观点的极高适切度，本章将"数+量+形"结构分为客观度量和主观述量两大类，前者体现人脑对客观世界的反映，后者体现主客观的互动。其中，主观述量类又分为外感型、内感型和内外感知兼有型。

2.3 具体类别

2.3.1 客观度量类

表示量度的形容词主要有"长-短""高-矮""宽-窄""大-小""粗-细""重-轻""远-近"等（陆俭明，1989），而能够进入"数+量+形"结构的形容词则是"长""高""宽""大""粗""重""远"等覆盖词（cover term）。这是因为该结构中的形容词说明的是长度、高度、宽度、面积、体积等具体性质，而非"量度形容词+数+量"表示的比较用法。如：

(1) ① 这竹子三米高。
　　② 这根竹子比那根高/矮三米。
(2) ③ 这袋花生十斤重。
　　④ 这袋花生比那袋重/轻十斤。

①和③句还可以表达为"高三米""重十斤"，但在非比较情况下，没有"矮三米""轻十斤"的用例。此外，比较类结构在任何情况下都不能省略

形容词,而"数+量+形"在不引起歧义的情况下可以省略形容词,如"这段路十公里(远)""这袋花生十斤(重)"。

客观度量类"数+量+形"结构中,与形容词搭配的数词无限定,量词多为度量衡类,如"米""吨""里"等,以及多与身体部位相关的量词,如"指""巴掌""抱"等。此外,"九成熟""七分饱"中使用的"熟"和"饱"虽不是严格意义上的量度形容词,但却表客观程度,且量词"成""分"表量特征极为显著,因此也可纳入客观度量范畴。

2.3.2 主观述量类

除去客观度量类中的形容词,其他进入"数+量+形"结构的多与人类感官运动系统和心理感知密切相关,据此,可将其余"数+量+形"结构统称为"主观述量类"。"主观述量类"中的"量"不是具体的度量,而是对人或事物进行认知完形后的整体量化或主观估量。以下依次阐述主观述量类中的外感型、内感型和内外感知兼有型。

首先是直接关联视觉、听觉、味觉、嗅觉和触觉的形容词构成的外感型"数+量+形"结构,该类一般只描绘外物,不指涉人。例如:

(3) 往四处看,净是山,<u>一抹白</u>。(李辉英《生与死》)

(4) 这时节两山只剩余<u>一抹深黑</u>,赖天空微明为画出一个轮廓。(沈从文《鸭窠围的夜》)

(5) 日光行云将南潮河水染成<u>一片青</u>,<u>一片灰</u>,<u>一片银</u>,波光云影交叠变幻,景色迷离。(薛尔康《大痴》)

(6) 刚坐下,<u>一团火红</u>映入眼帘,原来一面小小的国旗不知何时被人丢弃在饭厅的走道上。

(7) <u>一片嘈杂</u>之中,就这一嗓子,震聋发聩。(曹桂林《北京人在纽约》)

(8) 旅馆附近的学校打过了就寝的钟,淞沪火车的最后一班也到了;当短促的<u>一阵喧嚣</u>渐渐死灭了后,便显出加倍的寂静,风吹到皮肤上也颇觉到冷。(茅盾《蚀》)

(9) 我们把花蕊放在嘴上轻轻吮吸,<u>一丝甘甜</u>流入心田。(韩冰、许国泰《泛舟黑龙江》)

(10) 把果实和果肉含在口中,<u>一股酸香</u>便水蛇似的,从舌尖钻入腹中,在全身的血管里流动。(林清玄《百香千香》)

(11) 我俯身捡起一片放在手心里,虽然黄了,仍可闻到<u>一股清香</u>。

（乃仁《在竹林里》）

（12）悠悠<u>一缕香</u>，飘在深深旧梦中。（罗文《尘缘》）

（13）他勇敢地将手向对方伸去，对方肥厚的掌心<u>一片冰凉</u>，但却是分
外有份量地卡住了他的关节。（吴翼民《棋局》）

（14）南风天首次进入中国江南，大地回春，<u>一片湿润</u>。（天涯论坛，
20140324）

例（3）到（6）中的"数+量+形"结构激活的是视觉感官，例（7）和（8）为
听觉，例（9）和（10）为味觉，例（11）和（12）为嗅觉，例（13）和（14）则为触
觉。在收集和整理语料的过程中发现，外感类中与视觉相关的"数+量+
形"结构，要远远多于其他四种感官。这主要是因为外物给人视觉上的刺
激或冲击是最为直观的，且与量词搭配的形容词也具有很强的可视性。其
中数词多为"一"，偶尔可任取，如"几点猩红""三分白"；量词则多为摹状
类，使描绘形象生动。

其次是与内心感受或体会相关的形容词，构成的"数+量+形"结构中
的内感型，通常描述人的情感或心理状态。例如：

（15）老爹不在了，她忽然意识到失去了倚持，面对的是几个陌生的面
孔，不由得<u>一阵惶惑</u>。（映泉《百年尴尬》）

（16）实在说，听了这话，我心里曾掠过<u>一丝不快</u>：我还不至于那么浅
薄。（何西来《文艺大趋势》）

（17）夏克明想起了和李淑贞共同生活的那些事情，在<u>一片温馨</u>过后，
泛起在他心中的便是惨痛。（黄志远《痴恋》）

（18）独有刘铁生，原先<u>一片高兴</u>，顿时化为乌有。（胡万春《蛙女》）

最后，是内外感知兼有型"数+量+形"结构。该类中的形容词既涉及
感官运动系统尤其是视觉感官，又与内心感受相关。当其构成的形容词指
涉人时，多与面部表情、神态有关，如例（19）（20）；当指涉外物时，则是一
种主观情感色彩较强的描述、判断或评价，如例（21）至（23）。

（19）他是笑嘻嘻"<u>一团和气</u>"踏进了农村。（茅盾《陌生人》）

（20）太公<u>一脸庄严肃穆</u>，战胜了世间一切的胜利的庄严肃穆。（四海
《风流少年》）

（21）小朱回头望着舱里，舱里只剩下<u>一团空虚</u>。（王雪湄《江上》）

（22）坐在那儿，真是清风清水清空一般<u>一片空灵</u>。（冯骥才《阴阳八卦》）

（23）山上除一些春耕吆牛的农人也是<u>一派清冷</u>，而舅妈偏偏要拉我同去，我虽满心不高兴也还是去了，最后终于扫兴而归。（卢万成《芝果旧夕阳》）

据此，"数+量+形"结构的具体类别如图6.1所示：

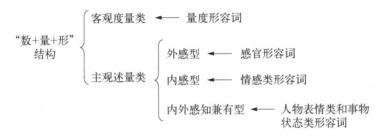

图6.1 "数+量+形"结构的具体类别

3 "数+量+形"结构的动态意义建构

基于"数+量+形"结构形式常态化、语义多元化的显著特点，下面将主要从词汇概念和认知模型理论视角探讨"数+量+形"结构的语义组合原理，探究其意义建构的认知加工过程。

3.1 对概念隐喻理论的补充

以往对非常规性语言现象的解释通常从 Lakoff & Johnson（1980）提出的概念隐喻理论出发，视语言现象为人类认知思维方式的反映，并有相关机制如跨域映射、概念整合来操控这些图式化的知识结构，以实现意义建构。

但 Evans（2010）认为，概念隐喻是储存在长时记忆之中相对固定的知识结构,与各种认知表征的性质和层次有关,这些认知表征用于建构从源域到目标域的映射。即概念隐喻关注的是协助意义建构的非语言概念过程,属于后台认知(backstage cognition),而语言则作为前台认知(frontstage cognition),为概念系统的表征提供了重要的约束机制,帮助呈现概念内容。因此,我们尝试运用 Evans(2006,2009)提出的关于语言系统与非语言知识结构的互动性假说——词汇概念和认知模型理论,突出"数+量+形"结构中语言层面的语义表征和概念知识的融合,为分析其语义组合机制提供可行范式。

> **3.2** 词汇概念和认知模型理论中的基本概念

3.2.1 词汇概念

词汇概念(lexical concept)是语言系统中语音符号单位所指的意义成分,编码一系列高度图式化的语言内容,构成语言系统中基本的语义基质(substrate)。词汇概念本质上是概念性的,通常指涉词的规约义。它反映渐变群(cline)的规约化过程,随语境的变化而变化,一旦被词汇化后便与先前的使用语境分离,固化为语言系统的一份子(Evans,2013)。

词汇概念不同于一般意义上的概念(concept),前者是专门用于符号表征的知识结构,后者则是心理学家界定的概念表征的相关内容。词汇概念也区别于意义(meaning),因为意义产生于场景化的使用过程(situated usage events),不是词汇本身具备的功能,而词汇概念则是源于词汇本身的规约义。

3.2.2 认知模型

认知模型(cognitive model)是概念系统中由词汇概念提供可及的非语言性知识结构,是理解词汇概念作用于意义建构方式的重要概念(Evans,2010)。单个的认知模型由一个特定词汇概念的不同特征以及这些特征的相互关系组成。它源自感官感知经验、本体感受等,反映人脑模态系统中多种非语言知识融合的连贯体(coherent body)。认知模型与 Barsalou 的框架(frame)、Fillmore 的语义框架(semantic frame)以及 Langacker 的域(domain)相似(张辉、杨波,2008),但词汇概念和认知模型理论中的认知模型是专用于理解词汇概念建构意义的构件。

认知模档（cognitive model profile）是认知模型的集合，可分为基本认知模型（primary cognitive model）和次要认知模型（secondary cognitive model）。基本和次要认知模型并无原则性区别，只是就某一特定词汇概念而言，规约性、类指性（generic）、内在属性（intrinsic）和特征凸显性（characteristic）较强的认知模型易于成为基本认知模型，这些参照标准与 Langacker（1987b）提出的确定中心特征的语义条件一致。词汇概念只能直接可及基本认知模型，而次要认知模型则在基本认知模型基础上进一步分解而成。

3.2.3　词汇概念和认知模型理论中的语义组合

词汇概念和认知模型理论中有两个语义组合机制（见图6.2）：词汇概念选择与融合（fusion）。"词汇概念选择"是指在语言与非语言语境的共同引导下，选择与语句处理过程中最符合相关形式的词汇概念。不同词汇概念的形式和语义选择倾向的差异，导致词汇概念之间产生区别。

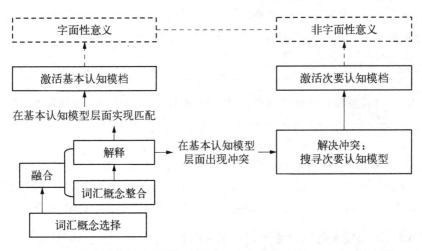

图6.2　词汇概念和认知模型理论下的语义组合机制（Evans，2013：199）

融合是词汇概念和认知模型理论下语义组合的核心过程，包括词汇概念整合和解释（interpretation）两个同时进行的步骤。即整合过程在将选定的词汇概念整合成更大的复合结构时，解释过程则尝试激活由词汇概念提供可及的部分相关语义潜势（语义潜势通过认知模档体现）。在解释过程中，特定词汇概念可及的基本认知模型，在概念连贯原则（Principle of Conceptual Coherence）和图式连贯原则（Principle of Schematic Coherence）的引导下进行匹配。若该层面的匹配得以实现，被特征化的信息即属于字面义;若相关词汇概念的基本认知模型出现分歧,则需要基于语境引导原则（Principle of Context-Induced Clashed Resolution）和有序搜索原则（Principle of Ordered Search）更大范围地寻找能够匹配的次要认知模型。其中,语境引导冲突解决的关键,在于根据语境择定源域与目标域,然后在源域的次要认知模档内搜索匹配的认知模型。这一搜寻过程越长,相关表达式的非字面性意义就越复杂。此外,词汇概念和认知模型理论不赞同字面性语义与非字面性语义界限分明的观点,而认为两者属于同一组合机制中词汇概念的不同层面,是同一意义建构连续统上不同的点。

词汇概念和认知模型理论框架下的意义建构是较为精细化的程序性过程,其运作原理类似于认知心理学家 Collins & Loftus（1975）提出的激活扩散模型（Activation-Spreading Model）,该理论认为我们的知识结构是不同认知域以知识节点的形式串联而成的巨大网络体系,任何一个节点的激活都可能带动与之相连的其他节点,如同电流一样,从直接相连到间接相连扩散开来（参见李勇忠,2005c）。只不过词汇概念和认知模型理论下的分析是自下而上的,强调从语言系统的组成成分出发。

3.3 词汇概念和认知模型理论与"数＋量＋形"结构的动态意义建构

总体上看,"数＋量＋形"结构属于非常规性搭配现象,但其不同类别存在着非常规性程度的差异。下文将主要基于词汇概念和认知模型理论体系,逐个分析客观度量类与主观述量类"数＋量＋形"结构中的典型例句。

3.3.1 客观度量类"数＋量＋形"的语义组合

客观度量类"数＋量＋形"结构中,与量度形容词搭配最多的是度量衡量词和与身体部位相关的量词,例如:

（24）这张桌子<u>两米长</u>。
（25）这道缝有<u>一指宽</u>。

在现代汉语中,"长"可以作为或与其他字词组合成名词、动词、形容词和副词,在例（24）中"长"为量度形容词。基于"长"作为形容词的常规用法,与之对应的词汇概念[长],至少可及两个基本认知模型:"空间距离长/远"和"持续时间长"。与"长"组合的度量衡量词"米",不属于开放性词类中的词,其词汇概念对应的认知模型固定为"空间范围内的单位计量",不随语境而变化。在与"长"的基本认知模型进行匹配时,受到概念连贯原则和图式连贯原则的引导,被信息特征化的是"空间距离长"这一基本认知模型。

在词汇概念和认知模型理论的意义建构机制下,"两米长"的语义组合完成于基本认知模档层面,属于字面性语言。然而,有学者认为"两米长""四尺宽""五米高"等同类表达中的形容词是转喻用法(吴春相,2015),尤其是当"数+量+形"结构所指涉的名词事物的维度大于一时,其转喻性更强。但这并不意味着词汇概念和认知模型理论与概念转喻理论相左。词汇概念和认知模型理论涉及的更多是在线(on-line)冲突的解决过程(Evans,2010),"两米长"的日常使用频率又极高,在零语境情况下也能被理解,属于死转喻(dead metonymy)。此外,也并非所有转喻都是非字面义的,Dirven(2002:81 - 83)就曾分析了线性转喻、联结转喻和包含性转喻的非字面义等级性,其中线性转喻的非字面义程度最低。同理,与例(25)中的"一指宽"类似的搭配也是死转喻,它们已经经历了去语境化过程,不涉及在线冲突解决。

3.3.2 主观述量类"数+量+形"的意义建构

下面的例(26)至(28)依次是外感型、内感型和内外感知兼有型中最具典型性的例子:

(26) 夕阳把<u>一抹橙红</u>贴到了窗纱上。(曹桂林《北京人在纽约》)
(27) 兰凌心里<u>一阵温暖</u>,但还没有说什么,只是略带羞涩地朝她点点头。(肖云星《天幕下的恋情》)
(28) 在我们的欢笑中,他带着一身风雪,<u>一脸快乐</u>,一阵歌声冲了进来……(李秀峰《永不消失的记忆》)

例(26)中的"橙红"属于颜色形容词,一般激活的是视觉感官。就其语义潜势而言,该词汇概念至少可及三个基本认知模型(见图6.3):"形状""颜色属性"和"所指"。形状上,呈现出来的橙红可以是点状、条状或片状;颜色属性方面则和所指密切相关,即由于"橙红"可以修饰人、物或事,因而它反映的是被修饰项的内在属性、外因致使还是内外因共同作用的结果很难确定。与"橙红"搭配的"抹"是借用量词,其作为动词时的基本语义"涂抹"仍占据主导。在匹配过程中,[橙红]与"抹"产生语义冲突,要求进行更大范围的认知模型搜索。在该语境中,可知"橙红"是夕阳光芒的颜色,与词汇概念[橙红]的基本认知模型"颜色属性"和"所指"相关。因此,"一抹橙红"中的"橙红"是话语焦点,应当设定为目标域,而搜索则在作为源域的"抹"的次要认知模型(见图6.4)中进行。依据常识,涂抹动作产生的痕迹通常是横条状或竖条状,与"橙红"组合便体现夕阳投射到窗户上的橙红是成条状的。此外,"抹"相对于"擦""涂"等相似动作而言,更为轻缓柔和,描绘出了夕阳如文人墨客般温文尔雅。即[抹]的次要认知模型"痕迹"和"力度"被激活,体现这一"数+量+形"结构的非字面性意义。

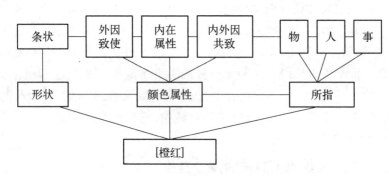

图6.3　[橙红]的部分认知模档

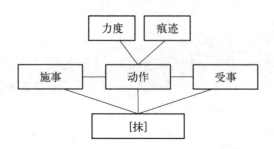

图6.4　[抹]的部分认知模档

与例(26)相比,例(27)中"数+量+形"的形容词"温暖"属于抽象的内心感受,其体验因人而异,主观性极强,因而其非字面性程度更深。基于百科知识,[温暖]主要包括两个基本认知模型(见图6.5):"生理感觉"和"内心感受"。与之搭配的"阵"在"一阵温暖"中被限定为量词,且其作为量词的用法已规约化,因而词汇概念[阵]至少可及"动作"和"事件"两个基本认知模型(见图6.6)。[温暖]与[阵]在基本认知模档层面进行匹配时,出现了语义冲突,因而需要展开在线冲突解决过程。在该例的特定语境下,[温暖]可及的认知模型"内心感受"被激活,这一心理状态涉及持续时间的长短,因此其次要认知模型"持续时间"与[阵]间接可及的"时间"认知模型相匹配,完成"一阵温暖"的意义建构。

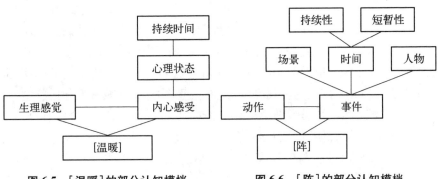

图6.5 [温暖]的部分认知模档   图6.6 [阵]的部分认知模档

例(28)中的"一脸快乐"属于内外感知兼有型"数+量+形"结构,因而可以假定其非字面性程度介于外感型和内感型之间。该例中的形容词"快乐"与例(27)中的"温暖"同属于状态形容词,其认知模档可参照图6.5。与之搭配的"脸"是名词借用为量词,但其基本名词义仍然活跃,词汇概念[脸]的基本认知模型因而包括了"脸型""面部"和"面子"(见图6.7)。[快乐]与[脸]的基本认知模型在融合阶段出现语义冲突,次要认知模型搜索便在作为源域的[脸]中展开。最终,[脸]的次要认知模型"表情"与"快乐"相匹配,"一脸快乐"即是例(28)中的"他"喜笑颜开的表情或舒缓放松的神态,让人一眼就能看出他的快乐。

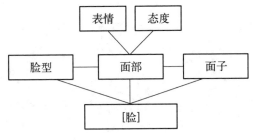

图6.7 [脸]的部分认知模档

4 结 语

　　本章主要从词汇概念和认知模型理论角度分析了"数+量+形"结构类别的动态意义建构,其组构机制充分反映了量词与形容词的动态匹配过程,呈现了两者的互动性。具体以"从语用中来,到语用中去"的词汇概念的选择为起点,自下而上地提取认知模型,其中是否需要搜索次要认知模型以解决在线冲突,是区分"数+量+形"之字面性与非字面性的关键。但字面性与非字面性"数+量+形"并没有绝对清晰的界限,而更多的是非字面性程度的差异。根据上文的分析可知,"数+量+形"结构类别的非字面性程度由浅入深,依次为客观度量类、外感型、内外感知兼有型和内感型。

　　词汇概念和认知模型理论实际上是对概念隐喻和概念整合的补充,这些认知机制的结合使得"数+量+形"结构的认知语义分析较全面地反映了前台认知(语言系统)与后台认知(概念系统)的互动。本章只分析了词汇概念和认知模型理论对特殊表量结构"数+量+形"的阐释力,并未详细对比词汇概念和认知模型理论与概念隐喻、概念整合的密切关系,相关研究也还有待进一步展开。但我们完全有理由相信,该理论的运用非常广泛,与认知语言学的诸多理论皆有兼容的可能性。

第七章

"V+一下"构式的认知新解①

1 引　言

　　前面章节提到过,汉语中的量词大体可分为名量词和动量词两大类。顾名思义,名量词就是指具有名词属性的表量结构,具有更多的名词静态成分,而动量词则是用于动作描述的表量结构,偏动态性和动作性。前六章讨论的语料都是名量词的大范畴,并未涉及动量词范畴。而不可否认的是,语言中存在着大量的动量表达,口语表达中几乎俯拾皆是,因此这一章将重点讨论这种语言现象。

　　日常交际中,人们常常会说出"打一下""弄一下""用一下"等句子,"一下"作为一个数量词,其使用频率之高,令人惊叹。这类语料,抽象出来可以看成一个"V+一下"结构式,是使用频次极高的语言表达形式,具有独特的语法意义。学界对该构式的研究主要围绕语义、句法、语用等多个层面展开,但认知层面的研究却鲜有涉足。为此本章借鉴构式语

---

① 本章蓝本为李勇忠：《V+一下的认知解读》,收录于刘国辉等主编的《当代语言认知理论与应用研究》,上海：学林出版社,2012：106－115。内容已做部分修改。

法、有界理论和范畴化理论,运用认知范式剖析数量词"一下"在这一特殊构式中的作用,目的在于分析该构式的认知加工机理和对表量结构研究的意义。

"V+一下"是现代汉语中"动+数+量"表量结构,其中量词为动量词。相原茂、沙野(1984)在研究"V+一下"构式时,提出"一下"在不同的情形下有两种不同的意义和用法:其一,数词"一"+量词"下",强调动作的次数,可以有"两下、三下、四下直至 n 下",这种情形,标记为"一下₁";其二,"一下"虽置于动词之后,却不表次数,而是表示时间的少量,语感上带有轻微或轻松的意思。此时记为"一下₂"。本章研究的正是第二种情形,即"一下₂"。为行文方便,下文的"一下"均指"一下₂",但不再采用下标数字。

2 "V+一下"的构式意义

传统语法和生成语法把许多语法成分看成没有意义的单位。认知语言学却反其道而行之,认为大多数语法成分实际上是有意义的,只不过这种意义是概念性的,也就是说,它代表了编码过程中语用者对经验的概念化(Croft,1999:77)。构式语法理论正是基于这样的认识发展而来。

前面章节已提及构式语法,但为了读者能更好地理解本章内容,有必要重复相关论点,进一步阐释该理论。构式语法的核心观点为:句子都是构式的体现,构式是形式和意义的结合体(Goldberg,1995;李勇忠,2005a)。构式的整体意义无法从其组成成分中推导出来。影响意义的因素不仅有词汇项,而且有更大的语言单位,即"语法构式"。"语法构式"是独立于词汇语义规则之外的语法事实,有独立的语义。一个句子不是一堆句子成分的堆砌,而是一个完形"格式塔"(gestalt),整体大于部分之和。在一个构式里,各成分意义相加不一定能得出这一构式的整体意义。组成成分的意义固然对构式的整体意义的形成有很大影响,但构式的整体意义也制约着组成成分的意义。一个构式中存在着两种互相对立又互相依存的意义:构式义和词汇义。两种意义有时和谐共处,有时则互相竞争,产生压制,大有"不是东风压倒西风,就是西风压倒东风"的架势。当词汇义顺应构式义,则会被允准进入构式,共同和谐生成句子的整体意义;若词汇义与构式义发生冲突,则压制介入,词汇获取构式义的部分语义内容;若完全不兼容,压制失败,则生成不合语法的句子。

用构式语法理论研究某一特殊句式,首先得弄清该构式的原型意义(prototypical meaning)。比如祈使句作为一种常见的构式,其原型意义就是说话者通过话语策略指使或命令听话人根据自己的意愿去完成某任务。回到"V+一下"的话题,对于这个常见的语言构式,学者们普遍认同这一观点:该构式的原型意义是"量小、时短"。从下面例句中的"看一下""等一下""说一下",不难看出这一原型意义。

(1) 我不大在乎自己穿什么,<u>看一下</u>我的衣橱就知道了。
(2) 叫她<u>等</u>我<u>一下</u>,我马上下来。
(3) 老板是个女的,我把自己的条件<u>说了一下</u>,她便让我唱一首歌试试。

不是所有的动词都能进入这种构式。马庆株(1988)认为,自主动词是进入该构式的不二选择。如:"看一下""办一下""等一下""问一下""洗一下""联系一下""休息一下"等等。陆俭明(2003)持同样的观点,他认为"一下"表示不定的短时量时,只能出现在自主动词后面,不能出现在非自主动词后面。请看例句(转引自陆俭明,2003:183):

自主动词:

你来一下	你喝一下	你看一下	你说一下
你写一下	你研究一下	你讨论一下	你参观一下
你考虑一下	你帮助一下	你休息一下	

非自主动词:

*你病一下	*你蔫一下	*你噎一下	*你呛一下
*你忘一下	*你看见一下	*你听见一下	*你发抖一下
*你忽视一下	*你感染一下	*你知道一下	

甘智林(2004)的研究也证实了这一点。大部分进入"V+一下"构式的动词都是持续性自主动词。这类动词的语义特征是[+自主]、[+动作]、[+持续],其动作的持续性往往需要表示时量的"一下"予以加强和凸显。非持续性自主动词一般不具备进入该构式的条件,如:"超过""出版""出发""打算""发明""加入""结婚""开除""生产""养成""组成"等。

但是,这种情况不是绝对的。他发现,有些非自主或非持续性的动词也能进入该构式。这类非自主动词有:"输"(输一下球没关系)、"丢"(丢一下车算什么)、"病"(病一下有什么大不了的)、"醉"(醉一下反而心里好受些)、"冻"(冻一下不会感冒的)等等。这类非持续性动词如:"表决"(一下)、"参加"(一下)、"请教"(一下)、"认识"(一下)、"起来"(一下)、"提议"(一下)等等。

甘智林(2004)认为,非自主动词不具有[+动作]的语义特征,非持续性动词没有[+持续]的语义特征,本来不具备进入该构式的条件,然而这两类动词依然有例外。他通过语料的对比分析,指出非自主持续性动词进入该构式后会生成"弱化动词的动作性"的语法意义,从主观上减弱动作的量,使之达到主观上易于接受的程度。于是他认为,无论是自主还是非自主、持续性还是非持续性,动词进入"V+一下"构式的允准条件是:动作的时量和强度允许改变。该构式要么从客观上凸显动作自主的短时量,要么从主观上减弱或增强动作的量。故"V+一下"构式的最根本的语法意义是:控制动作的量。

甘智林的结论不难从构式语法中找到答案。有关构式语法的研究表明,构式义和词汇义之间存在着彼此依赖又相互制约的关系(李勇忠,2005a)。一旦两者意义发生冲突,彼此压制,结果有二:要么其中一方屈从另一方,接受对方的部分语义特征;要么彼此互不屈服,生成不合语法的句子。笔者认为,部分非自主非持续性动词进入"V+一下"构式中,动词的词汇义受到构式义的压制,压制的结果使得动词获得了进入构式的允准条件,句子成立。由于词汇义对构式义的压制,"一下"实际上成了一个语用调节开关,无论何种语境,它对意义的调节总是以适量为目标。

3 "V+一下"的语用功能

"V+一下"构式固有的"小量义",可以调节动词本身的动作强度,使语气舒缓,达到委婉表达的目的,这一点契合语言的礼貌原则。特别是在祈使句中,该构式的礼貌用意尤其突出。

"一下"作为语用调节开关,能表达"动量小,时量短"的语法意义。动词进入构式,必须允准"一下"的语力调节。把动作的强度和时量调节在适度的范围内是"一下"的主要语用功能。通过它的控制,语用者能使语气更婉转,语力接受度更大,礼貌程度更高。比如,祈使句本身的原型意义包含着命令的口气,为了软化话语的语气,恰当地使用"一下"这个语用开关,在实际的语用环境中异常重要,如:

(4) 挂电话前,他抱歉地对我说:"我现在有急事,咱们下回约个时间<u>见一下</u>吧。"

(5) 正想着,见一位老者拎着鸟笼向我走过来。我满脸堆笑,叫住他:"大爷,向您<u>打听一下</u>,这一带有房子出租吗?"

例(4)的"见一下",是说话者通过弱化自己的动作量,来委婉地给建议,让对方感受到他真诚的歉意和礼貌。例(5)"打听一下",符合语言礼貌原则中的损益(cost-benefit)次则,语用者尽可能减少对方的损失,使话语的礼貌度增加。

这一特点也可以从跨语言比较中看出。例如,"等我<u>一下</u>。"译成英语是"Wait <u>a minute/second</u>.",法语是"Attends <u>une minute/seconde</u>.",此处的"一分钟(a minute/une minute)"或"一秒钟(a second/une seconde)"是时间虚指。说话人因耽误听话人时间而感到抱歉,故而尽量在言语表达中将等待的时长缩短,让对方听着舒服些。这也从侧面证明了汉语中的"V+一下"具有"时量短"的语法意义。再如,"打扫<u>一下</u>房间吧!"的法语译句是"Donnez <u>un coup de balai</u> dans cette pièce.",把打扫卫生表达成稍稍动下扫把("un coup de balai")的事。这说明即便是表命令和要求的祈使句,也可以通过"V+一下"来增加话语的礼貌度,提高话语的可接受度。此外,日本学者守屋宏则(2000)指出,汉语中的"一+动量词"在翻译成日语时多译作副词,其中"一下"就往往用表示"动作时间短,动作完成较轻松"的副词对译。这些跨语言证据,都表明"V+一下"具有很强的软化语气、调节人际关系的语用功能。

研究语际之间的蕴含共性,这些正是语言类型学探讨的重要内容。

4 "V+一下"的词汇化倾向

Givón(1971)提出了一个著名的观点：今天的词法曾是昨天的句法。这种从句法到词法的转化被学界称为"词汇化现象"(董秀芳,2002)。从历时视角分析"V+一下",我们有理由相信,这个结构式业已固化为一个具有固定语法意义的高能产性词法。该构式中的动词也有向其他词类转化的趋势。

在当今网络语言迅猛发展的语境下,手机短信、电子邮件、微博等通信手段越来越多地占据了人们的交际疆域,语言的口语化倾向越来越突出。"V+一下"构式也在口语倾向中呈现出了强大的生命力。语用者不再拘泥于构式原有的范式,而是对其固有的词汇、语义和语用进行了革新,仿拟出全新的语法构式,如："百度一下""谷歌一下""阿 Q 一下""轻松一下""Happy 一下""晚上我们微信一下"等等。名词、形容词、副词似乎都能进入该构式,从而使"V+一下"变为了"X+一下"了。在"X+一下"结构中,X主要为名词或形容词。根据邵敬敏、马婧(2009)的研究,X 有四种可能：新兴工具名词、动量动态名词、特色名词和可变形容词。这些名词和形容词无一例外地都具有动态性。

年轻人的口语体倾向还体现在"X+一下下"中(包晗,2010)。在"一下"后再加一个"下",除了表达时量更短、动量更小的意思外,还可以使语气更委婉、更亲切、更俏皮,从而创设一种轻松的语境氛围,缩短语用双方的社交距离。请看例句：

(6) 让我们彼此认识<u>一下下</u>。
(7) 昨天,晓夏被室友<u>恶搞了一下下</u>。
(8) 对不起,<u>麻烦你一下下</u>。
(9) 请您一定<u>通融一下下</u>,好吗?

这种新潮又极具个性的语言在年轻人中极有市场。由此还衍生出"小X+一下下"的新变体,如：

(10) 考了一天的试,我们晚上去 KTV <u>小疯一下下</u>吧。

值得注意的是,"X+一下"仍然保留着"动量小、时量短"的构式义。笔者认为,V 被 X 取代的背后,反映的正是词语间的再范畴化,诸如名动转移、形动转移等词性动态变化的语言活用现象。

5 "V+一下"的有界论与认知范畴机理

对"有界"(boundedness)和"无界"(unboundedness)的认识是人类基本认知能力的必然,动词有"有界"和"无界"之分。沈家煊(2002:170)认为,"动作虽是在空间中进行的,但也离不开时间维度"。没有时间维度的动词几乎没有。在时间上,动作有"有界"和"无界"的特点。有界动作在时间轴上有起始点,无界动词则没有起始点。比如,"我跑到学校"和"我爱你"。"跑到学校"有起始点,而"爱"相对而言却没有起始点。

"有界"和"无界"对应于"离散"和"连续"。"'离散'是指词语所代表的对象能够切分出界限明确的单位,对动作来说,就是要有明确的起始点。"(石毓智,2001:21)

有必要指出的是,无论是"有界"和"无界",还是"离散"和"连续",两者之间都不存在绝对的、泾渭分明的界限,有时甚至可以相互转化。

(11) a. 他忽然皱了一下眉头。
　　 b. ? 他忽然皱眉头。
(12) a. 咱们进去参观一下实物展览吧。
　　 b. ? 咱们进去参观实物展览吧。
(13) a. 好不容易走到了这一步,就让他们庆祝一下吧。
　　 b. ? 好不容易走到了这一步,就让他们庆祝吧。

"一下"把"时量短"的意义强加到了动词身上,使动词的连续性破解为离散性,"无界"变为了"有界"。此处的"无界"和"有界"当然是指动作的相对时长,"一下"使得动作时长的不确定变得确定起来了。"皱眉头""参观""庆祝"都是持续性行为,调节开关"一下"使无定的界限变成有定,连续的动作变成离散的、可分割的了。具体看,例(11)中"忽然"强调变化的一瞬间,因此例(11a)比例(11b)自然。例(12)和(13)都是表建议的祈使句,加上"一下"显得所用时间不多,更能让对方接受建议。

沈家煊(2002:175)的研究发现,"一下"只能用于事件动词(即有界动词),指向终止点,如"我一下就写好信了"。由"一下"固有的语义可以推断,"一下"包含了指向终点的语义潜势,与动词结合,"时间终点"的语义被压制到了动词身上,使动词时间界线明确,"无界"亦可转化为"有界"。例如,无界动词"安慰""思考""使用""研究""认识""出去"等等,它们本身是无界的,具有非离散性的特点,一旦进入该构式,"一下"的固有语义便要压制进动词语义当中,"时间终点"的语义凸显出来,"无界"转变成了"有界"。

语言形式、意义和个体经验是互动的一个整体,句法结构反映语义结构,同时又受制于语义结构,而语义结构是个体经验概念化的结果,因此识解语义结构所包含的内容要通过考察个体经验(Croft,1999:88)。

说到底,"一下"的调节功能来源于语用者基于语用目的对事物做出的识解(construal)。或者说,语用者对事物的范畴化认知加工决定了语言的句法和语义组配。

根据认知范畴理论,范畴一般分为三个层次:上位层次(superordinate level)、基本层次(basic level)、下位层次(subordinate level)。上位层次的词汇,语义更为模糊抽象,下位层次则特别具体,基本层次词汇介乎二者之间,是日常语言最为常用的部分,为其他层次的词汇提供认知参照,属于语言的无标记表达。以 move、walk、run、stroll、amble、saunter 等表"位移"的动词为例,这些动词同属一个范畴,但在范畴内的地位不同,构成上、中、下的层次关系。上位层次有 move(移动),基本层次有 walk(走动)、run(跑步)。而 stroll(溜达)、amble(漫步)、saunter(闲逛)属于 walk 的下位层次。

在实际语用中,有时出于委婉含蓄的考虑,人们会有意选择上位层次的词汇,而不会用基本层次或信息量更大的下位层次词汇。许多模糊的表达和委婉表达都是采用这样的语用策略,比如在委婉的语境中,下位层次词汇常常可能是禁忌语。比如提及生病,人们习惯用上位层次范畴的词汇表达,如"不舒服"或"病了",而不说属于下位层次的具体的病名,如"阑尾炎""肝炎"等。

Levinson(2000:101)认为,基本层次范畴与上位层次范畴可以构成语用学上的荷恩等级(Horn Scales)。若语用者使用上位层次范畴的表达,表

明说话者要么不能提供更详细的、信息量更大的下位表达,要么不愿意合作。如:

(14) I just saw a horrid <u>animal</u> in the larder.

此句 animal 一词是上位层次范畴词,说话者选用这个词只能说明两种情况:要么是没看清这个动物的真实面目;要么是有意不合作,使信息变得模糊,从而带来语用含义。

Haiman 指出,语言中有一种强烈的倾向,熟悉的、可以预见的东西往往采取简单的表达(转引自 Levinson, 2000:113)。汉语"V+一下"正是如此。如:"打了他一下""看了一下"。"打"和"看"都是我们人类的基本能力,一般含义推导的缺省推理能自然地补全两者的工具格,分别为"手"和"眼"。因为这种缺省推理的存在,人们可以用一个模糊的上位层次范畴词"一下"来取代"一巴掌"和"一眼"。又如:

(15) 富裕中农龙富贵,眼望着正在装车的测量员,狠狠地踢了木桩一脚。(转引自李兴亚,1980)
(16) 我听说这孩子打了金八爷一巴掌,金八爷火了。(同上)
(17) 在追捕逃犯的途中,他被砍了一刀。
(18) 连这件事我也得告诉小妞子一声儿!(同上)
(19) 章易之这才琢磨出味道来,悠悠地看一眼周挺杉,拂袖而去。(同上)

以上的"一脚""一巴掌""一刀""一声""一眼"与本章讨论的"一下"可构成上下位关系(或基本层次跟下位层次的关系)。下位层次范畴的词语提供更详细更清楚的信息,上位层次(或基本层次)"一下"更含糊,图式化程度更高。

由此,我们有理由相信,"一下"是"一脚""一回""一眼"等等诸多具体数量结构的图式化表达,其语义特点是更简单、更抽象、更模糊。

根据语言的标记理论,有标记的表达总是具有特殊语用含义,需要付出更多的认知努力进行加工。无标记表达则没有特殊的语用意义,是常规表达,不需要付出额外的认知加工。例如:

（20）当然，我也会赶赶时髦，去网上<u>体验一下</u>"冲浪"的快感。

（21）伏羲氏根据这种图像画出八卦，以后有人又将图像的意思<u>变化了一下</u>，写成《周易》《洪范》两本书。

（22）将一把银光闪闪的小刀，放在水中<u>浸一下</u>，再放在火上烤。

（23）音乐号称"世界语言"，不需要翻译就能被全世界人民所理解。如果把它的功能<u>扩展一下</u>，不是可以成为"宇宙语言"吗？

（24）朱镕基<u>环顾一下</u>四周的粮仓，微笑了。这时，俞水华恰到好处地作了一个欢迎总理进仓视察的手势。

以上各例中的"一下"是无标记的表达，均可兑现为有标记的下位层次词语。但语言的简洁性和人类天生的缺省推理能力决定了语用者对无标记语言的优先选择，这也符合语言的省力原则。

6 结 语

对"V+一下"构式，汉语语法学界在厘清其语义结构的同时，也开展了句法和语用的研究。对其基本的构式意义——"动量小、时量短"，人们已没有异议，但对构式背后的认知机制，却鲜有探讨。本章运用认知语言学的构式语法、有界理论和范畴化理论，分析了这一常见构式的运作机理，认为语义压制和范畴化是非自主动词进入该构式的先决条件。

动量与名量，作为人们对世界进行范畴化的重要手段，是表量结构研究不可回避的内容，"V+一下"是动量表达的最典型结构，其研究可以有不同的视角，笔者采取的是认知和语用的路径。"一下"这个常见的含动量数量词，是重要的语用调节开关，词语虽小，能量却不可小觑，属于语言研究中典型的"微言大义"现象，相信会有更多学者聚焦此类微观研究。

汉英表量结构的认知类型学研究

第二部分

数量范畴普遍存在于人类概念中，但具体到语言表达则有异有同。在第一部分专门审视了作为母语的汉语后，此部分还需要拉开距离，比照群峰，跳出汉语看汉语，才有可能看清汉语的表量特征，捕捉到汉语自身的语法特点，同时揭示人类语言的一些共性。

汉语是量词型语言，量词特别丰富，我国的许多少数民族语言，如苗语、壮语、布依族语、傣语等也是如此。英语不是量词型语言，它有形态的变化，如有名词的单复数变化。汉语没有单复数，要表示复数概念时，常借助数量词来补足。正因为如此，汉语演化出了许多功能丰富的量词。

英语虽然没有专门的量词词类，却有着可与汉语表量结构类比的结构式"a(n)/num. +N_1+of+N_2"。因此，第二部分主要以汉英对比为切入点，借助语言类型学中的相关佐证语料，探究以汉语和英语为首的两大语系在语言类型和认知结构上的异同，探索认知类型学可能的研究范式。

第八章

汉英量名非常规搭配的认知修辞分析①

1 引 言

　　创新是人类思维的高阶表现。在认识世界和改造世界的过程中，人类总是力求稳中求变，推陈出新。语言生活也如此。"语不惊人死不休"不是文学家的专利，普通如你我，也会有意无意地追求语言的变化和创新。新奇表达几乎充斥人们每一天的语言交际。表量结构极为常见，新奇的用法自然是每个语用者的修辞追求。本书认为，名词与量词的非常规搭配属于隐喻性搭配，是一种新奇表量结构。

　　量词是计量人、事物或行为动作的单位词。汉语量词历史悠久，表量结构丰富多样。英语中虽没有量词词类，却不乏表量结构的存在。在诗歌和散文中，量词与其所修饰名词的新奇搭配往往产生点石成金的效果，为作品增色不少。以往对量名非常规搭配的研究倚重传统修辞学，涉及如比喻、比拟、夸张、反复、摹状等修辞格（梁关，1992）。何杰（2000）

① 本章蓝本为李勇忠、白黎：《汉英新奇表量结构的认知修辞分析》，西安外国语大学学报，2016（2）：1-5。内容已做部分修改。

将量词对中心名词的修辞作用称为"量词迁嫁"。然而语言中的修辞现象必受制于一定的认知方式,一切辞格都是认知加工的结果(王寅,2010)。认知语言学渐趋成熟后,人们开始关注表量结构背后的认知理据。本书在第二章中分析了汉语中的量名非常规搭配,本章将基于认知修辞视角,指出汉英中的量名非常规搭配是再范畴化的结果,并从识解操作下的凸显、形象类比映射和概念整合方面阐释这一再范畴化现象。

2 量名非常规搭配与隐喻性量词的分类

2.1 量名非常规搭配

表量结构是一种量名搭配,其中量词对名词起修饰描述作用。无论是在日常交际还是文学话语中,表量结构都广为运用。量名非常规搭配看上去不合逻辑,但实际上使话语"脱俗",超越了常规表达。从认知修辞的角度看,这种非常规量名搭配主要指隐喻性量名搭配(毛智慧,2011)。在该类量名搭配中,量词的非常规选择往往造就了新奇的量名搭配。下面将对隐喻性量词做具体分类。

2.2 隐喻性量词的分类

汉语中关于量词的分类问题,一直存在争议。较常见的是将量词分为三类:名量词、动量词和形量词。一般而言,分类因对事物本身属性的侧重和分析视角的不同而相异。基于量词的原始词性,王文斌、毛智慧(2009)将非常规量名搭配中的隐喻性量词分为量词性量词、名词性量词和动词性量词。本书基本同意这种观点,但认为需要注意以下几点:其一,汉语中的量词是在名词、动词等基本词类形成之后出现的,所有的量词实际上都是语法化的结果,但因各种量词的语法化程度不同,其分类是相对于特定词作为某一词性的使用频率而定的;其二,英语作为单复数标记型语言,没有量词词类,但也有不少国外学者对英语中表达量的词做了分类,如 Allan(1977)、Adams & Conklin(1973)、Friedrich(1970)等(参见宗守云,2012:135-139),本章更多是基于汉英表量结构的共性,从英语表量结构中抽离出相当于量词的词;其三,王文斌、毛智慧的分类还不够完善,本书在借鉴的基础上对其大类下的次类进行了调整和补充。

2.2.1 量词性量词

量词性量词是高度语法化了的量词,可大致分为度量衡量词、容器性量词、个体量词和集体量词。汉语语法著作《马氏文通》一书中,将量词视作计数的别称。而主要用于度量事物的重量、体积、长度等的度量衡量词与计数关系最为密切,因而也是最典型的量词性量词。常用于表量结构的度量衡量词有"寸""里""斤"、gallon、inch、mile 等,例如:

(1) 春心莫共花争发,一寸相思一寸灰。(李商隐《无题·其二》)
(2) 更吹羌笛关山月,无那金闺万里愁。(王昌龄《从军行七首》)
(3) To turn each ounce of solitude into tons of fortitude.
(4) An ounce of prevention is worth a pound of cure.

容器性量词是借用某种容器表示大概数量的计量单位,有"杯""盒""袋"、box、barrel、bag 等,例如:

(5) 一壶漂泊浪迹天涯难入喉,你走之后酒暖回忆思念瘦。(周杰伦《东风破》)
(6) 一杯判袂,出门烟水空阔。(葛长庚《酹江月·念奴娇十一首》)
(7) We'll take a cup of kindness yet, for auld lang syne. (Robert Burns "Auld Lang Syne")
(8) We had a barrel of fun.

个体量词和集体量词与数词关系密切,前者强调人或事物的单个性,如"张""丝""点"、piece、slice、dose 等;后者描述人或事物的集体性,如"群""队""簇"、pair、flock、group 等。

（9）那一夜/听一宿梵唱,不为参悟/只为寻你的<u>一丝气息</u>(仓央嘉措《那一世》)

（10）喜欢一个人,就剩下<u>一粒</u>简单的心了……(雪小禅《浅喜深爱》)

（11）灵魂像苗壮的黝黑枝桠,<u>一簇一簇</u>,开满即将被大风吹熄的白色花朵。(安妮宝贝《清醒纪》)

（12）They've given you <u>a bit of advice</u>.

（13）<u>A bunch of women</u> were chatting and laughing all the time.

（14）<u>A flock of laborers</u> strode back home in the dead of night.

2.2.2　名词性量词

名词性量词是指临时借用为量词的名词。汉语中量词与名词关系最为密切,甚至可以说量词是从名词中独立出来的词类。相比之下,英语表量结构中的表量名词一直未独立成类,如 Quirk 等人(Quirk et al., 1985)将这类词归为名词,Collins(Sinclair, 1990)将 of 结构中表达数或量的词称为"开放类量化词"(open-class quantifier),但其借用名词的现象同样存在。请看以下几例:

（15）<u>一道</u>残阳铺水中,半江瑟瑟半江红。(白居易《暮江吟》)

（16）君看<u>一叶</u>舟,出没风波里。(范仲淹《江上渔者》)

（17）空<u>一缕</u>余香在此,盼千金游子何之。(徐再思《蟾宫曲·春情》)

（18）Higher still and higher/From the earth thou springest/Like <u>a cloud of fire</u>;(Percy B. Shelley "To a Skylark")

（19）<u>A heavy weight of hours</u> has chained and bowed/One too like thee: tameless, and swift, and proud. (Percy B. Shelley "Ode to the West Wind")

（20）Habit is a cable; we weave <u>a thread of it</u> every day, and at last we cannot break it. (Horace Greeley)

由于名词性量词只是对名词的临时借用,当处于表量结构中时,其作为名词的外延和内涵意义仍影响表量结构的识解。例(15)中"一道残阳"的"道",作为名词最基本的意思是"道路"。当"道"与"残阳"搭配时,其属性特征(如呈延伸的长条状、平整均匀的表面、附着于大地等)投射于中心名词"残阳"之上,让人不禁想象水面清圆、余晖平铺江上的唯美画面。在例(18)的 a cloud of fire 中,cloud 的名词义"云"投射到了 fire 上,使读者认识到"火"有如云一般的形状、如云一般的变幻莫测且可望而不可即。

2.2.3　动词性量词

与名词性量词一样,动词性量词也是临时借用动词作量词,在表量结构中,其动词义仍起主导作用。比如,若将下面例(21)中"几回寒暑"的"回"改成"次"或"个",诗人着意表现的四季交替轮回、光阴循环往复之意便无影无踪;再如例(24)中 the brown waves of fog 中的 wave 使人联想到如潮水般涌动的浓雾,将动态美赋予 fog。这类词还有"垂""流""掠"、drop、pinch、flow 等。

(21) 天南地北双飞客,老翅几回寒暑。(元好问《雁丘词》)
(22) 娶了红玫瑰,久而久之,红的变成了墙上的一抹蚊子血,白的还是"床前明月光"……(张爱玲《红玫瑰与白玫瑰》)
(23) Or to our end like way may have/By a flash of lightning, or a wave;(Ben Jonson "Though I Am Young, and Cannot Tell")
(24) The brown waves of fog toss up to me/Twisted faces from the bottom of the street(T. S. Eliot "Morning at the Window")

表量结构除了借名词、动词做量词外,还借用其他词类,如"遥望齐州九点烟,一泓海水杯中泻"(李贺《梦天》)中的"泓"常见为形容词,本义为下深貌,在此用作量词,呈现出海水的深广。但因其他借用现象不典型,在此不将其纳入分析。

3　量名非常规搭配的认知修辞分析

上述量词分类涉及了临时借用型量词和量名之间的异常搭配现象,这两种现象都经历了再范畴化过程。临时借用型量词是名词、动词、形容词等词类范畴成员临时充当了量词,是词类的再范畴化,而这种再范畴化又是语法转喻作用的结果(李勇忠,2005b)。本节将重点探讨的是量名异常搭配中语义的再范畴化问题,而非词类再范畴化。在简要介绍认知修辞分析方法后,本书将从凸显、形象类比映射和概念整合三方面具体展开论述。

3.1 认知修辞分析

认知修辞分析是以认知修辞学为理论视角的分析。认知修辞学在传统修辞学的基础上产生,随着认知语言学、认知心理学等相关学科的兴起而逐步发展壮大。传统修辞学只从语言层面观照隐喻、通感、双关(pun)等修辞手法,忽视了认知主体在概念层面对语言修辞的识解和建构。认知修辞学弥补之,强调概念和语言的互动共变关系,挖掘修辞手段背后的认知机制,再现语言处理的心理加工过程。

具体而言,修辞本身具有认知性,Scott(1967,1976)就曾指出修辞是一种认知方式,是人类了解自身的潜在手段(夏士周、林正军,2022)。修辞学和认知语言学都是关注语言理论与应用的学科,二者在哲学基础、学理基础、学科设置、分析方法、研究内容等方面具有很大的兼容性和互补性(王寅,2010)。交叉学科"认知修辞学"中的"认知",主要有两层含义:一是修辞本身离不开认知主体,具有认知性质和认知功能;二是研究方法上运用相关认知学科理论,描写、阐释修辞现象(陈汝东,2002)。接下来对非常规量名搭配的语义再范畴化分析就旨在展示认知与修辞的水乳交融关系。

3.2 范畴化与再范畴化

范畴化研究是认知语言学研究的基础之一,是人类思维、感知、言语和行为的最基本能力(Lakoff,1987)。原型范畴理论认为,在人类大脑中每一个范畴都有一个最典型成员,即原型。原型是范畴化的认知参照中心,范畴化基于原型,从个别中寻求一般,其基本作用在于减小认知努力,与省力原则一致。潘震(2010)认为范畴化是一个动态过程,包括了无范畴、范畴化、非范畴化、次范畴化或再范畴化四个阶段。此处关注的量名非常规搭配,主要涵盖了非范畴化和再范畴化两个阶段。概括地说,即是量名非常规搭配中的量词和名词,在各自的语义范畴内有着最具典型性的含义。当看似存在语义冲突的量名搭配在一起时,量名旧有的范畴便被临时突破,继而人们基于自身知识、经验和该话语所处的语境等因素来识解这种表达,使其经历一个非范畴化过程。与此同时,量词与名词之间相互映射、动态交融,逐渐形成新的认知范畴,实现再范畴化。下文将具体分析量名非常规搭配是如何通过凸显、形象类比映射和概念整合来实现再范畴化的。

3.3 量名非常规搭配的再范畴化

3.3.1 凸显

在认知语言学中,识解操作中的凸显与人们关注事物所需的注意力密切相关。每一个词都有一个语义网络,而每一种具体的使用会将受众的注意力聚焦于其中某一部分,使该部分含义得以凸显(Hamilton,2003:55-56)。

当文学作品中出现量名非常规搭配时,凸显操作与陌生化艺术手法有异曲同工之妙。量名非常规搭配使语义陌生化,达到修辞效果。例如,王昌龄《芙蓉楼送辛渐》中"一片冰心在玉壶"的"一片冰心",偏离常规表达"一颗心",用"片"修饰"心"造成表面的语义冲突,带来陌生感和新鲜感。它以"片"所在的常规表量结构为参照,结合诗文语境,凸显其形象摹状并投射到"冰心"上,形成新的认知范畴,呈现"澄澈明亮的心有如玉壶中一片纯洁通透的冰"的隐喻义。再如 a flower of smile,将临时量词化的名词 flower 用于描述 smile,比 a smile 要奇妙生动许多。因为它不仅表达了"一个微笑"的基本含义,还使 flower 外延意义"花儿"和内涵意义"娇美、鲜亮、灿烂或妩媚"得以凸显并投射到 smile 上,这个微笑便瞬间有了形象感和画面感。此外,flower 是属于视觉上可观的具象实物,使 smile 本身可能兼具的视觉和听觉两重感官感受得到强化,表现了通感的修辞效果。

3.3.2 形象类比映射

文学话语中量名非常规搭配的再范畴化还可从隐喻的基本作用方式之一——类比来理解。类比是一种传统修辞格,从认知的角度看又是一种思维方式。类比思维是将两个或两类相似的事物加以比较,由此及彼、"从同推同"的思维方法(王文斌,2008)。基于类比进行推理可使人对事物的认知从熟悉拓展到陌生,从具体延伸到抽象,类推因而是概念隐喻映射的基础。

文学话语中的隐喻不仅有相似性的思维,还有类比思维之上的形象相异思维。"文学隐喻是形象、相似性、类比、想象、感性综合思维的结果,即是形象类比映射的结果。"(朱全国,2011:181)形象类比映射与一般性类推的最大区别在于其突出了文学作品中的"形象"因素,注重结合人们普遍具有的感知经验与个人情感体验,使建立在形象基础上的话语极具张力。因此,量名非常规搭配中的形象类比映射,并不是量词指涉的源域形象和名词指涉的目标域形象的机械相加,而是在相似性类推思维基础上,糅合普遍经验和作者个人体验,在凸显艺术形象的两域映射中生成新奇形象,实现量名非常规搭配的再范畴化。

清代文学家陈沆的《一字诗》中有一联为"一俯一仰一场笑,一江明月一江秋",其中"一江秋"将名词性量词"江"与"秋"搭配,构成新奇表量结构。这一表达之所以能让人眼前一亮,就在于其不仅运用类推思维从具体域拓展到抽象域,将具象之"江"与抽象之"秋"搭配,更在于"江"与"秋"这两个艺术形象之间的类比映射。作为目标域的"秋"被赋予了"江"的特征,例如江水的清冷是秋夜的寒凉,江面上的粼粼波光是柔美灵动的秋光,加上诗人彼时的心境和个人感受,江水的深广浩渺也宛如秋思的意味深长;同时,"江"也不再是一般意义上的江,而是秋色笼罩、秋意甚浓的江。由此可知,两个艺术形象已在"一江秋"这一搭配下相互渗透,不分彼此,产生了"一加一大于二"的文学效果,实现了再范畴化。

再如英国诗人 Percy B. Shelley 的"Ozymandias"一诗中的"Two vast and trunkless legs of stone/Stand in the desert",在类比映射的作用下,临时借用名词 leg 的语义和属性特征投射到物质名词 stone 上,使人认识到诗句中描述的石头是如人腿一般的长条状,有立体感,源域 leg 也不是常规语义范畴中的"腿",而是僵直仁立的石腿。这首诗中,诗人是以游客的视角讲述其所见(李勇忠,2014:161),因此在选用 leg 作为临时量词修饰 stone 时,除了基于普遍意义上的认知脚本外,也投射了他个人对雕像的印象,突出了文学作品中的形象特征。

3.3.3　概念整合

量名非常规搭配中再范畴化的实现标志在于既不属于源域也不属于目标域的新奇意义的生成,这一意义即是量词与名词隐喻性搭配下概念整合的结果。

概念整合作为一种跨空间运作机制,涉及两个或多个输入空间的部分投射和匹配,心智空间是其最基本要素。"心智空间是人们在理解语言意义和组织结构时所建立起的认知域,与长期图式知识和特殊知识紧密相连。"(王正元,2009:13-14)在概念整合过程中,具体涉及的心智空间主要有四个:两个输入空间、一个类属空间和一个合成空间。两个输入空间分别代表源域与目标域,在表量结构中量词充当源域,中心名词充当目标域。在类比思维的作用下,量词和名词各自所在的输入空间之间产生跨空间映射,两者共享的属性特征皆归入充当"信息中转站"的类属空间,再通过组合和匹配有选择地整合到合成空间。投射到合成空间的信息经过组合、完善和精制加工步骤产生新显结构,即具有新奇意义的量名搭配,实现再范畴化。

　　例如,例(16)"君看一叶舟,出没风波里"的"一叶舟"中,名词性量词"叶"所代表的源域输入空间和名词"舟"所代表的目标域输入空间激活了概念整合机制的认知推理,使读者结合自身知识经验发现两域范畴中部分成员所具有的相似性或关联性,如小舟由树木制成,叶子也属于树木的一部分;舟的窄小似树叶的狭长;小舟在波浪滔滔的江上四处漂泊,犹如脱落树枝的叶子随风飘零;等等。两域共享的这些属性特征在跨空间映射的作用下归于类属空间,但此时仅相当于识解该量名非常规搭配的非范畴化阶段。生成新奇意义的关键在于合成空间内信息的加工整合,将"叶"与"舟"的共性于同一语境背景下合并和完善,并在内涵丰富的新显结构中形成对"一叶舟"的完整性概念识解。结合该句诗的语境可知,诗人选择的是远距离观察视角,表现的是"小舟随烟波逐江上,如同叶子为狂风所卷噬"的画面。其概念整合过程如图8.1所示:

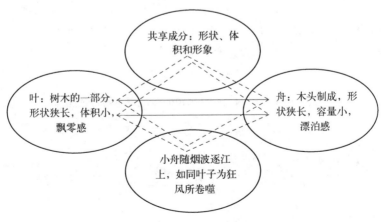

图8.1　"一叶舟"的概念整合过程

又如 William Wordsworth 的"I Wandered Lonely as a Cloud"中的几行诗:"When all at once I saw a crowd, / A host, of golden daffodils, / Beside the lake, beneath the trees, / Fluttering and dancing in the breeze."其中,处在量词位置的 crowd 与 host 日常作为名词和动词的使用频率相当,因而可视为临时借用的名词或动词。用作名词时,crowd 和 host 的常用义分别为"人群"和"主人"。诗句中诗人将 crowd 置换成 host 来计量 daffodils,表面上似乎在斟酌水仙花是成群还是成片,但从心智空间运作所关涉的日常图式知识和个人情感体验来看,诗人在将 crowd 和 host 作为量词的同时也充分激活其名词义,即换 crowd 为 host 也是在换"宾"为"主"。再加上 crowd 和 host 作为动词所特有的动态感也投射到 daffodils 之上,量词和名词之间的共性连通整合于合成空间,得出其新奇意义:"这些在微风中摇曳生姿的花儿是水中仙,她们是浩瀚苍溟中以万象为宾客的主人",该表量结构的再范畴化得以实现(见图 8.2)。此外,daffodils 在诗中具有象征意义,喻指高洁自由的灵魂,crowd 和 host 作为名词和动词的双重语义又形成双关,概念整合则是该修辞效果得以实现的认知理据之一。

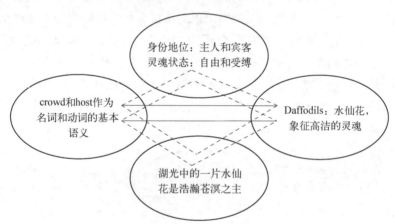

图 8.2　a host of golden daffodils 的概念整合过程

4　结　语

量名非常规搭配是一种隐喻性量名搭配,无论是有量词词类的汉语还是以名词单复数标记表量的英语,都存在着这一语言现象。基于此,本章首先对隐喻性量词进行了分类,继而在分类的基础上观察到量名异常搭配中的再范畴化现象:词类借用中的再范畴化和量名搭配语义上的再范畴化,本章分析的是后者而非前者。从认知修辞的角度看,文学话语中量名非常规搭配的再范畴化,与识解操作下的凸显、形象类比映射机制以及概念整合有着密切的关联。

对汉英量名非常规搭配的再范畴化分析还可从多个角度、用多种理论进行阐释,比如图形-背景分离、认知框架理论、将词类代表的时空关系和隐喻、转喻机制相结合等。这也带来启发:在做此类研究时,应注意理论之间的相通性、整合性,通过界面交叉研究来取长补短,以期更全面透彻地解析语言现象。

第九章

汉英形状表量结构界限灵活性的认知建构研究[①]

1 引 言

语言中的界限是人类主观能动地认知世界的产物,是对认知客体有无边界的感知。汉英两种语言中形状表量结构的特征之一就是将客体名词有界化。该结构对认知客体的赋界有明显的灵活性和多样性特点。

Langacker(1987b：204-205)对有界事物和无界事物进行了比较,认为两者的主要区别体现在如下几个方面:

(1) 无界事物具有同质性,有界事物具有异质性。

(2) 无界事物可伸缩,有界事物不可伸缩。

(3) 无界事物不可重复,有界事物可重复。

数量词对事物产生制约作用,可以令事物在无界和有界之间转换。这点正是数量词对语法结构产生影响的具体表现。

---

① 本章蓝本为李勇忠、尹利鹏:《英汉形状表量结构界限灵活性的认知建构研究》,外语学刊,2020(3)：33-37。内容已做部分修改。

本章旨在探究汉英形状表量结构的赋界灵活性,分析该现象的认知建构成因。成因主要体现在三方面:形状表量结构的构式意义、形状量词的概念潜能以及被赋界主体的概念识解方式。

第二代认知科学鲜明的特点是高扬体验哲学的大旗。作为第二代认知科学的产物,认知语言学亦是以体验哲学为基础。体验哲学观认为,认知是不能脱离身体的感知活动,认知是身体与环境的交互过程,是基于体验的感知,我们依赖于具身体验(embodied experience)来认识客观世界。对事物有界和无界层次的划分是人作为认知主体能动地参与并实现认知活动的典型特征。在"有界"和"无界"问题上,学界基本达成了这样的共识:在对名词界性的划分上,英语主要有可数和不可数名词之分,而汉语则表现为数量词对名词的制约。本章基于体验哲学观,考察"赋界"现象在汉英两种不同语言中的表现,并发现,事物的界性是灵活且多样的,客体"界"的形成存在一定的认知建构理据。

2 名词的有界与无界

"有界"与"无界"的划分是人类对外界事物认知的基本特征,是人类对客观事物感知的产物。人们在认识客观世界时,发现事物所占空间的大小总会导致有界和无界之分。例如,人们倾向于把桌子、杯子等有一定边界的事物视为有界,而把水、空气等无确定边界的事物视为无界。对事物的这种认知方式体现在语言中即表现为名词的可数与不可数(沈家煊,1995)。

Bloomfield 最先提出"有界"与"无界"这一对概念,他使用"能否再分或合并"的标准将名词分为有界名词和无界名词两类(谢应光,2002)。随后,认知语言学将其运用到语法范畴内的一系列问题研究中。Langacker(1987a)指出语义实体(semantic entity)意义的形成主要是概念的凸显过程。对任何语义实体的认知都牵涉多个认知域构成的域矩阵(domain matrix),其中对事物"界"相关意义的判定主要依据基本辖域(basic domain)的概念凸显。名词是认知域中的子域(region),可数名词是这一特定辖域内有界的子域(bounded region),不可数名词则为无界的子域

(unbounded region)。

　　Langacker(1987b：204 - 205)、沈家煊(1995)等将有界与无界事物的基本区别主要归纳为异质性与同质性、伸缩性、可重复性三方面。这三种特征的辨析亦可用于区分可数与不可数名词。可数名词建构的子域内部是异质的(heterogeneous),如 flower、table、box、watch 等事物,其内部组成部分性质各不相同,不可任意地扩展或收缩,但它们可以重复,数量上可叠加。不可数名词标示的子域则为同质的(homogeneous),如 water、air、milk、wind 等事物,从中抽取出的任何一部分仍然可以用该名词表示,且该类事物可任意扩展或收缩而不影响其属性,因此不具备可重复性特点。

　　Talmy(2000：50)提出名词的数量以物质(matter)的方式存在于空间(space)中,体现出离散性和连续性的特征。Talmy(2000：55)指出,具有离散性特征的名词在其构成的整体概念中有间断或分离的现象,而具有连续性特征的名词表示的事物在空间上是连续不间断的整体。前者如自行车、花,后者如土壤、天空等。在这一认知模式下,离散性和连续性便与"有界"和"无界"的概念形成相互照应的关系。因此,有界的名词呈现出离散性的特点,通常以个体的形式出现;无界的名词则是连续的,所表示的事物通常是无间断的,可无限延伸。

　　名词"界限"的认知和设置,依据的不只是认知实体的内在特征和属性,更重要的是作为认知主体的"人"的感知和主观判定。视角是影响人们对事物认知的重要因素。观察视角的变化会导致大脑中所激活基本域的变化,直接影响对事物的主观认识。事物的有界与无界并非客观规定的,而是取决于人们看待事物的角度,因而打上了认知视角的烙印。比如"水"这一无界事物,置于杯中便可视为有界了。同理,"树"这一有界事物在表量结构"一片森林"中则获得了无界的性质。名词的界限往往是模糊的,而且在特定语境下还是抽象的(Langacker, 1987a),认知主体对事物的赋界因而是灵活多样的。

　　诸多学者对名词以及名词词组的有界和无界现象进行深入研究,分析有界名词词组与无界名词词组在形式和句法层面的差异。名词词组的特殊形式之一——表量结构的赋界功能已被广泛接受,但鲜有学者对表量结构界限设定的灵活性或界限范围的变化进行阐释。本章将以形状表量结构为例,探讨汉英表量结构界限灵活性的突出表现形式,深究识解变化多样的名词界限设定所需的认知加工手段。

3 形状表量结构中赋界的灵活性

英语"数"的范畴和汉语"量"的表征都是人类对事物进行"界性"设定的显著特点。如英语可数名词 key 表示"钥匙"这一独立个体,可用定冠词 the 或不定冠词 a 进行限定;若在其后添加复数标记"-s"时,其界限便有所扩大。将不可数名词置于"a(n)/num. +N₁+of+N₂(N₂ 为所修饰的名词)"构式中时(如 a strip of paper),无界的事物会被有界化。汉语名词虽无可数与不可数之分,但有独立的词类——量词对名词限界。量词是汉语有别于英语的一大突出特征,主要由名词、动词等实词语法化而形成,用于限定所修饰名词的特征和数量。如量词"本"在修饰"书"这一事物时,"一本书"则标记出"书"的界限,而"一堆书""一摞书"所标记的界限相对于前者则更为宽广。

对名词所代表的事物进行度量,汉英两种语言均有表量结构这一特定的语言形式(孟瑞玲、王文斌,2017),这种结构可用于对所认知客体限界。较之上文提及英语相对稳定的表量结构"a(n)/num. +N₁+of+N₂",汉语多半采用固定的语法结构"数+量+名"。据观察,语言中表量结构对事物界限的设置灵活多样,不拘一格。

3.1 形状表量结构

形状是事物最为明显的感知特征,因此常成为认知焦点而被凸显(马永田,2014)。表形状的词汇在计量事物的同时,也对事物进行限界。汉英语言中有诸多表量结构用于描述客观事物的形状,这也是二者在该语法结构中的共性之一。Foley(1997)对形状表量结构进行过维度的分析,认为该结构表征事物形状主要体现在三个维度:一维、二维和三维(参见虞娇霞、毛智慧,2016)。石毓智(2001)进一步指出各维度之间的比例是形状量词的认知基础,物质性是第二认知基础,并佐以数学的函数和坐标轴阐释二维和三维形状表量结构的变化特征。这也印证了"界"理论中"事物的边界是模糊的"这一观点。

借用几何学的"点""线""面"以及"立体图形"的概念,形状表量结构

第九章　汉英形状表量结构界限灵活性的认知建构研究

可归为四大类别：（1）零维形状表量结构，即认知实体所占空间呈点状，如"一点泥迹"（a speck of mud）、"一颗麦粒"（a grain of wheat）、"一滴蜂蜜"（a drop of honey）；（2）一维形状表量结构，即认知实体有长度的特征，但其宽度和高度的特征可忽略不计，如"一条布"（a strip of cloth）、"一根丝线"（a line of silk）、"一缕头发"（a strand of hair）、"一线月光"（a ray of moonlight）；（3）二维形状表量结构，即只考虑认知实体长度和宽度的特征，无明显高度的特征，如"一片枫叶"（a blade of maple leaf）、"一片菠萝"（a slice of pineapple）、"一层黏土"（a layer of clay）、"一张砂纸"（a piece of sandpaper）；（4）三维形状表量结构，即认知实体为立体图形，在长、宽、高上均占有一定的比例，在空间中占有一定的体积，如"一块冰"（a chunk of ice）、"一团灰"（a cloud of ash）、"一摞书"（a stack of books）等。

以上实例通常被视为形状表量结构的原型。除此之外，还有大量的临时表量结构（temporal classifier structure）借用其他名词（如身体名词）表事物的形状，将两种看似无关联的意象图式进行类比，运用隐喻、转喻等认知方式激活二者的相似性或相关性从而形成新奇搭配，以更进一步凸显认知实体的某些形状特征。如汉语的"一面旗帜""一眉月""一眼泉"等，英语的 a body of water、pockets of cloud、a head of garlic 等，都属于临时量词结构。

3.2 形状表量结构中赋界的灵活性

在名词词组中，中心名词所扮演的角色是给所描述事物的名称进行定位，而对所指事物划定界限的是限定词或量词（谢应光，1996）。表量结构作为名词词组的成员，因为量词的存在，其本质应是有界的。这一将事物相对有界化的特殊语言结构实际上是人类对事物进行完形识解的结果，为语言交际划定表达式的结构和边界（刘辰诞，2007）。Langacker（1987a）指出语言所描述的事物是人对客体感知的产物，具有强烈的主观性，有界名词界限的划分并不明确，即便在凸显域中也是模糊的。正因其边界的模糊性，有界名词的界限也就不会一成不变。因此，表量结构对名词界限的设置有一定的灵活性，形状表量结构也不例外。请看以下例句：

（1）我走过去摘下一片叶子是圆的，只有叶脉上微微透出点红意。

（杨朔《香山红叶》）

（2）希望在它的周围，能滋生<u>一片浅草</u>，几棵小树。（孙犁《尺泽集·后记》）

（3）整个大地呈现出<u>一片紧张忙碌的景象</u>。（陆桑《跃虎山下》）

（4）可堪回首，佛狸祠下，<u>一片神鸦社鼓</u>。（辛弃疾《永遇乐·京口北固亭怀古》）

（5）想到这里，<u>一片淡淡的悲哀、自责和后悔的思绪</u>充满欧阳教授的心头。（韩冰《朋友》）

作为限定二维事物的量词时，汉语形状表量结构中的"片"，如例（1）中的"一片叶子"，是用来指涉有明显界线、薄而成片状的具体事物。对于"成片状"这一特征而言，例（2）中的"一片浅草"（相似的还有"一片土地""一片森林""一片人群"等），对"片"的空间限界，比例（1）的界限明显有所扩展。量词"片"可以对具体事物进行限界，也可以对抽象事物限界，后者是量词的隐喻性用法。隐喻的基本原理是运用具体去认知抽象，选择具体的形状量词对无形的抽象事物界限正是人类隐喻思维的体现，可以使认知对象直观化、具体化。如例（3）中"一片紧张忙碌的景象"将景象、气象等抽象概念置于形状表量结构中，类似的有"一片春光""一片秋色""一片大好形势"，其中的物质名词都被有界化了。但在这一界限的设定过程中，与具体事物相比，物质名词的边界愈加模糊不清。人们在认知声音、言语时，有时也会选用形状量词，如例（4）的"一片神鸦社鼓"，又如"一片沸腾""一片嘈杂""一片真心话""一片夸奖"等。更甚者，还有用形状量词来对心情、心意、神情等情感域的概念进行认知，如例（5）中的"一片思绪"，或如"一片好心""一片痴情""一片恋情"等。用形状表量结构为这类听觉域、情感域的概念设定界限时，表面上看似将事物有界化，实则为突出认知实体范围之广，影响之深远，而且在其有界化的认知过程中，人们视觉方面的认知也被无意识地激活了，从而增强了抽象概念的画面感。

在一维和三维表量结构中也有类似的量词，如一维量词"股"，可对长条形事物（如"两股线""一股金钗"）限界，也可对成批的人（如"一股敌人""一股保守势力"）限界，还可对股状的气流、水流（如"一股清泉""一股热气"），以及对气味、风气或神态等（如"一股异味""一股歪风邪气""一股情绪"）进行限界。三维量词"团"用于对具体成团的事物（如"一团碎纸""一团柳絮"）限界，也可对抽象事物（如"一团漆黑""一团和气"）进行限界。汉语中关于形状表量结构限界灵活性的例子不胜枚举。

形状表量结构界限设定在英语中亦具有同样的灵活性,例如:

(6) Julia sat in my studio, her brown eyes examining the changes, while I slapped a lump of clay on my wheel.

(7) He went cold just thinking about it, unable to shake the horrible feeling sitting like a lump of cold porridge in his belly.

(8) I sat in the dark with my ears burning and a lump of rage in my throat.

(9) A lump of grief swelled in her throat, cutting off her breath, and she veered into a diner parking lot.

名词 lump 本义指 a piece of something hard or solid usually without a particular shape,意即"(通常为无定形的)块"。在形状表量结构"a lump of+N"对所指事物划定"块"的界限过程中,lump 的基本词义虽然未变,但被限界的客体不同时,所设置的界限却有所变化。当客体为具体事物时,则表明该事物有明显"块状"的界限(在长度、宽度和高度上都占有一定比例),如例(6)中的 clay,类似的客体还有 coal、gold、ice、meat、sugar、pudding、cheese 等。类似例(7)中 porridge 之类的流质物质,虽无棱角分明的边界,但大致还是给人以块状的感知特征。lump 还可对抽象名词限界,如例(8)(9)的 rage、grief,以及其他物质名词,如 white、dirt、sunlight 等。在对抽象事物限界时,lump 又被赋予了"面广、量大"的感知特征。

形状表量结构赋界的灵活性现象体现了人类的类比思维能力。将同类事物的共性或不同类事物的相似性进行类比的认知机制不受通常推理模式的束缚,具有很大的灵活性和多样性(王文斌,2008)。这种对客观事物"或然性"的逻辑思维方式也致使表量结构的限界对象具有相当大的扩展空间,如由 drop 构成的形状表量结构即可通过类比对 perfume、honey、oil、rain 等具体事物限界,也可对 information、truth、ability 等物质名词限界,还可对 hope、humor、pleasure、modesty 等更具抽象性质的名词设置界限。在这一系列建立类比关系并对认知客体设置界限的过程中,必定有认知加工的参与。下面对这类语言现象的认知建构成因进行分析。

上述对形状表量结构界限设置灵活性的分析表明,对客体的灵活赋界并不是任意的,而是通过多种认知建构手段调节而成。本书认为,形状表量结构赋界灵活性的认知建构成因大致有三:形状表量结构的构式意义、形状量词本身的概念潜能以及被赋界主体的概念识解方式。

3.3.1 形状表量结构的构式意义

形状表量结构的界性特征变化过程实际是调节事物认知域矩阵中某个基本域的凸显过程,调节过程中表量结构的相关构式意义所发挥的作用不可小觑。构式是形式和意义的结合体,却又独立于具体的词汇,有其自身的语义和语用功能。句子意义的形成是构式义和词汇义相互作用的结果(李勇忠,2005a)。在形状表量构式中,当名词进入这一特定构式时,其词汇义特征必然因量词而受到限制,产生构式压制现象。该构式对名词语义的压制作用使得被赋界的客体类别繁多,因此客体边界的形状特征和清晰程度也受到影响,界限的设置灵活多样。如上一节提到的形状表量构式"一片+名词"及其对应的英文表达"a piece of+N",若名词(N)的词汇义与该表量结构的构式义(平而薄的片状)一致,则构式为界限清晰的常规搭配(如"一片树叶"、a piece of leave);若名词为无界的物质名词或抽象名词,在进入形状表量构式时,会与构式义产生冲突并受到压制,无界的语义特征被迫做出改变,在保留一定的词汇义的同时被赋予该结构的构式义,如"一片土地"、a piece of land,其中土地(land)乃物质名词,无明显界限,但受形状表量构式义的影响,被给予了"平、片状"的特征,因此有了界限的设置,虽然边界并不清晰。构式压制赋予了名词特殊的构式意义。

3.3.2 形状量词的概念潜能

形状量词虽在一定程度上已被语法化,但其自身仍带有相对固定的语义特征。将形状量词与被赋界名词的语义特征相匹配是形状表量结构意义形成的前提(Langacker,2008:340),形状量词的概念潜能是导致形状表量结构赋界灵活性的第二大认知成因。石毓智(2001)借助坐标轴和数学函数表明,对形状量词的认知在二维或者三维方向具备延展性特征,不同的形状量词所表示物体的形状在各维度上所占的比例有所不同,即便是同一形状量词在赋界事物的过程中也是一个模糊量。这也说明形状量词的语义概念具有模糊性,在对物体限界时带有不确定性色彩。如量词"面""块"可以有"一面镜子""一块饼干"等表较小形状的结构,也可以有"一面峭壁""一块宅基地"等在几个维度中都占有相对较大比例的表述。再如"条"(strip)通常被视为一维形状量词,赋界如"蛇"(snake)、"发带"(hair band)等在二维方向无明显特征的事物,但该形状量词在第二个维度的延展未有明确限定,因此它赋界的对象还可以是"毛巾""船""道路""江河"等在形状上大致保持条状的事物,英语当中的形状表量搭配 a strip of 亦是如此,可修饰限制 bacon、crepe、wood、land、beach 等,虽然这几类事物长短、宽度不一,但在 strip 的界限设置之下,大体都呈条形。

基于语言类型学视角,再来看韩语和日语。韩语和日语的形状量词同样有着较为模糊的辖域,和汉语相比,甚至有过之而无不及。韩语中的"조각"既可以修饰三维事物名词[如"케이크 한 조각"(一块蛋糕)],又可以和二维事物名词连用[如"수박 한 조각"(一片西瓜)]。这主要是因为"조각"的本意为"从整体中分离出的一部分"(金任顺,2019:213),无论是汉语中所指的块状物还是片状物,都可以用它来笼统概括。再如韩语中的"가닥",大致可对应汉语中表长条形状的量词"根""道""条""丝",如"밧줄 한 가닥"(一根绳子)、"한 가닥의 주름"(一道/条/丝皱纹)。日语中形状量词"枚"的用法类似于汉语中二维量词"张""片"和三维量词"条""块"的用法,如"一枚の写真"(一张照片)、"一枚の瓦"(一片瓦)、"スカート一枚"(一条裙子)、"一枚の板"(一块木板)(郭蓉菲,2014)。

可见,形状量词在一定程度上普遍存在语义概念模糊性,这使得其有更大范围的限界潜能,为形状表量结构界限设置的灵活性和多样性提供了必要前提。

3.3.3 被赋界主体的概念识解方式

对客体概念的识解很大程度上受认知视角的影响。认知主体具有主观性,选取的认知视角不同,观察到的客体事物的形状就会有所不同,因而所用的形状表量结构也不同,对同一事物不同的形状表量结构所设置的界限也随之产生差异,从而形成了形状表量结构赋界的灵活性现象。王文斌(2009)提出的汉英表量结构的"一物多量"现象及其意象的不定性,在一定程度上阐释了被赋界主体概念识解方式不同所带来的界限灵活性。例如,具体事物"绳子"(rope)、"面包"(bread)、"草地"(grass)等概念可以从多种视角进行识解,所形成的表量搭配有"一段/条/根/卷绳子"(a piece/coil of rope)、"一块/片/条面包"(a lump/cake/piece/slice/loaf/bar of bread)、"一片/块草地"(a blade/strip of grass)。同样对于抽象的情感名词如"心意""深情"等,根据情感的深度不同,有"一点心意""一段深情"及"一片心意""一片深情",前者的"点"和"段"分别从零维和二维的视角解读"心意""深情",其设置的界限范围显然比根据后者二维形状量词"片"的视角所设置的界限小,后者所传达的情感更为深厚。

由上述分析可得出结论:形状表量结构对不同认知事物赋界的灵活性可构成一个连续统,其参数主要依据名词和形状量词而定。该连续统从对具体名词的赋界,中间对物质名词的赋界过渡状态,到最后对抽象名词的赋界,其边界的清晰和确定程度逐渐弱化,表现的效果却逐步增强。

4 结 语

本章主要基于体验哲学观,考察汉英形状表量结构中对客体事物界限设置的灵活性现象。人作为认知主体,对事物的认知具有主观性,对事物的限界也不例外。形状表量结构在发挥表质和量作用的同时,也对客体发挥限界作用。研究中,本书发现汉英形状表量结构界限设定具有灵活性和多样性:形状量词不仅可对有具体形状的客体赋界,还能对抽象不定的物质赋界;同一形状表量结构修饰不同事物所呈现边界的范围和清晰程度也各不相同。同时,形状表量结构界限灵活性这一特征的形成需要一定的认知加工和识解操作手段,主要涵盖形状表量结构的构式意义、形状量词本身的概念潜能以及被赋界主体的概念识解方式三方面。

第十章

认知类型学视角下汉英表量系统的互补关系研究①

① 本章蓝本为李勇忠、尹利鹏：《语言类型学视角下英汉表量的认知对比研究》，江西师范大学学报，2018(4)：140‐144。内容已做部分修改。

1 引 言

以认知类型学为视野是本书的研究特色，前面已经提到，认知类型学是认知语言学与语言类型学相融合的产物，具有很强的跨学科性质。本章从认知类型学的视角出发，指出汉英表量系统的繁简之间存在着对立互补的辩证关系。具体而言，汉英表量系统的类型学差异表现为：个体量词体现汉语独特的认知观，"数"的范畴标记是英语表量系统的一大特色。在具体的类型学描写后，本章通过举例验证了汉英表量系统的认知建构机制：转喻-隐喻连续体的互动机制和具身认知(embodied cognition)机制。本书期望通过这一部分的研究，为汉英表量系统的建构性研究提供新视角、新方法，为认知类型学研究提供可能的研究范式。

2 语言类型学

语言类型学作为一门新兴的语言学分支,近年来发展迅速,它是一种跨语言结构的分类研究,主要是根据语音、词法和句法对语言进行分类(Greenberg,1974:13;李韧之,2008)。语言类型学的研究往往采用跨语言的研究视角,可以是不同地域的语言研究,也可以是不同种类的语言研究;主要研究方法是在大量搜集语言数据后,对语料进行共时或历时对比分析,归纳并阐释跨语言背后的蕴含共性。蕴含共性是类型学关注的主要问题之一,是揭示不同语言之间关系的切入点。近年来,语言类型学的发展越来越倾向于对语言特征背后起制约作用的社会、地域、文化和认知等各因素进行探究,描写和解释不同的语言背后所隐藏的共性和规律。作为当代语言学的一门分支学科,语言类型学备受学界重视(金立鑫,2006)。

关于语言类型学的研究,最经典的范式当属 Greenberg(1966)对蕴含(implication)普遍现象的研究,他创建了一套全新的语言分析方法——格林伯格方法(Greenbergian approach)(参见李韧之,2008)。随后,Croft(1900)、Alexandra(1999)、Song(2001)等学者将类型学理论从分类向解释性质的方向发展(参见张延成,2004)。而国内学者对语言类型学的关注盛行于 21 世纪,刘丹青(2003)、石毓智(2004)、金立鑫(2006)、陈勇(2007)、李韧之(2008)、吴春相(2009)等多位学者对类型学在语言各个层面的应用颇有研究,并积极将成果应用到汉语的解释与比较之中。

人类的语言具有可比性。在语言类型学中,语言的可比性是确定跨语言语法相似现象的重要前提(Croft,1990:11)。跨语言对比既能凸显出各语言的独特魅力,又可找寻人类语言共有的特性,甚至能使人们对某种语言产生新的认识。

3 汉英表量系统的对比

量词是汉藏语系的显著特点之一。汉语作为汉藏语系的一个分支,亦包括量词这一独特的语言范畴。学界普遍认为,以英语为代表的印欧语系没有独立成类的量词词类。将汉语的量词置于语言类型学视角下,与英语中的表量结构进行对比分析,有助于探究二者之间的共性与个性,进一步探索对汉英表量结构的认知识解机制。

"在汉语中,量词主要是作为数量单位用以计量人、事物或动作,凸显计量对象'数、量'的性质。"(步连增,2016:9)从词类演变的角度看,汉语的量词基本上可分为两大类:名量词(又称物量词)和动量词。这一点在前面已提到过。名量词是表现人或事物数目的单位,与名词的词源关系密切;动量词则是表示动作行为的单位,绝大多数源自动词。本章所涉及的量词主要是名量词,其主要作用是对名词进行范畴化量化,将无界的事物有界化。量词与名词的基本搭配是"数+量+名"结构。英语的名词本身可根据自身的变化表示事物的数量,没有量词这一特殊词类,但它却有类似的表量结构。常见的表量结构是"a(n)/num. $+N_1+of+N_2$"。为方便比较,本章将这两种汉英结构皆称为表量结构。在汉英表量系统中,二者存在一定的共性,但更多的是各具个性。

3.1　个体量词:汉语独特的认知观

个体量词是汉语拥有的独特语言范畴,而英语没有个体量词,这也是汉语量词异常丰富的因素之一。汉英表量系统中都包含集体量词或表量结构,如"一群人(a group of people)""一盒烟(a pack of cigarettes)""一束花(a bunch of flowers)";度量衡量词或表量结构,如"一米布(a meter of cloth)""一寸领土(an inch of territory)";容器量词或表量结构,如"一瓶酒(a bottle of wine)""一桶油(a can of oil)""一罐奶粉(a jar of milk powder)";临时量词或表量结构,如"一货车苹果(a truck of apple)""一屋子人(a roomful of people)"。但汉语中的个体量词,如"一颗珍珠""一本书""一只猫",在英语中直接以"a(n)/num.+N"的形式呈现,即 a pearl、a book、a cat 并没有特别的表量结构。个体量词又被称为"类别分类词"(sortal classifier)(Aikhenvald, 2000:32),它是为适应事物本身的属性而形成的,因此具备一定的定性功能。相较之前的几类量词,个体量词虽然没有计数功能,但从性质上来看与名词之间的关系更为密切。后者所体现的是名词具有的认知特征,如在"一条蛇"中,个体量词"条"表明蛇有[+长

条状]、[+柔软]、[+可弯曲]的特征。这些显著特征也反映了蛇在人类心理空间中的认知属性。个体量词与名词的接近度高,所以具有很强的预测性,由它可以推断出名词的特性,反之亦然。

在人类语言中,形态标记和词汇标记通常不共现于同一语法范畴的表征中,形态手段和词汇手段呈互补关系。如前所述,在形态上,汉语名词体现事物的属性,不可直接与数词连用,需借助中间成分(量词)进行量化。而在英语中,名词有可数与不可数之分,可数名词可直接与数词连用,不需要进一步量化来表达数量。因此,在显性类型学中,汉语属于"量词型语言",英语则属于"数标记型语言"(尚新,2010)。

对英语可数名词进行量化时,可直接通过形式的变化,如添加词缀"-s"作为复数标志。但对不可数名词进行量化或对名词类别加以区分时,还需采用表量结构,如对 bread、furniture、milk 等不可数名词量化时,可表达为 a piece of bread、a set of furniture、a bucket of milk。

汉英两种语言对可数与不可数名词的认知不完全对等。汉语的名词无明显的可数和不可数之分;而英语中不仅有可数与不可数之分,有些词还处于"两可"之间,如 people、paper、snow 既可作可数名词又可作不可数名词。汉英两种语言的结构和形式体现了特定社会文化背景影响下的世界观和认知观。根据萨丕尔-沃尔夫假说(Sapir-Whorf Hypothesis)有关"语言决定/影响思维"的论断可以得知,人们在判定名词可数与不可数时,汉语母语者是以对客观世界的直接感觉为基准,而英语母语者则以语言形态为准(朱晓军,2007)。

3.3 汉英表量系统繁简辩证关系

在语言系统的组织方式中存在这样一种辩证关系:当语言中一个要素简单时,必定会有另外一个复杂的要素对其进行补充(朱晓军,2007)。这一互补分布显性地体现在汉英语言对数量范畴的表征上。

　　汉语以其独特丰富的个体量词著称,而英语中表征集体概念的表量结构却胜过汉语。如表示"群"这一集体概念时,汉语中大体只有"帮""批""伙""班""窝"等集体量词,而在英语中则有诸多表示该集体概念的表量结构,其形式受计量事物属性的影响,如表示人的群体有 a group/band/bunch of people,表示动物的群体有 a flock/cloud of birds(一群鸟)、a pack of owls(一群猫头鹰)、a (n) colony/army of ants(一群蚂蚁)、a herd of elephants(一群象)、a school/shoal of fish(一群鱼)、a gam of whales(一群鲸)等。此概念的表量结构还因对计量对象的认知和感情色彩而异,如 a crowd of people 表示一群无组织无秩序的人,a swarm/throng of people 表示一群蜂拥而至的人,a troop of visitors/fans 表示一群参观者/狂热爱好者,a bevy of ladies/young women 表示一群女士/年轻女人,a galaxy of talents 表示一群精英,a mop of blackguards、a horde of swindlers 中的表量结构则表示带有贬义、轻蔑色彩的"一群"①。英语表量结构通过多样的集体量词传达人类对计量事物微妙的心理感受,个体量词的缺失使得集体量词非常丰富。

　　当然,这种分布上的繁简辩证关系不仅仅体现在不同语言的对比中,单一语言内部也可能有这种情况:在 Truquese 语(美拉尼西亚地区的语言,属马来-波利尼西亚语族)(Benton, 1968: 115 - 117)中,词缀重叠可以用作量词。

（1）únú-ŋaf　　　　　ŋaaf
　　 three　　　　　　 fathoms
　　 三　　　　　　　 英寻
　　 三英寻

　　Mahapatra(1979: 120)的研究显示,在 Malto 语[属于印度南部和斯里兰卡地区的达罗毗荼诸语(South Dravidian)]中,当数词为"一"和"二"时,数词会附着于量词,如下所示:

（2）maq-ond　　　　o：ydu
　　 Classifier-one　　cow
　　 头-一　　　　　　牛
　　 一头牛

---

① 参见百度文库 https：//wenku.baidu.com/view/b8be2d71a417866fb84a8e92.html.

但当数词为"三"及以上时,数词独立于量词是独立的词汇,呈现"数+量+名"结构:

(3) tini　　　　　maq　　　　　oːydu
　　 three　　　　Classifier　　 cow
　　 三　　　　　 头　　　　　　牛
　　 三头牛

虽然这些语言内部形态手段和词汇手段并存,但仍旧呈现对立互补分布的状态,这也从侧面证实了语言中辩证关系的存在。不过总体而言,基于人类在认知上大体相当的概念范畴,不同语言在进行概念表征时所体现的繁简辩证关系要比单一语言内部突出得多。

4 汉英表量系统的认知建构理据

"从历时的角度来看,语言形式是基于人们的经验方式、认知规律和概念结构而形成的,是人们对世界的具身体验和认知方式的体现。"(王寅,2007:14)表量系统亦是如此,其与人的认知方式和经验结构必然存在一定的联系。而人的认知方式和经验结构会受社会、经济等时代因素的影响,因此,英汉表量系统的演变和发展具有时代韵味,也有理据可循。

4.1 转喻-隐喻连续统的互动机制

4.1.1 转喻-隐喻相互作用连续统

Lakoff & Johnson 在《我们赖以生存的隐喻》一书中提出我们可以依据一个经验领域去理解另一个经验领域,隐喻的实现机制是源域向目标域的映射(1980:5)。基于事物之间的相似性,人们注重用自身熟知或具体的一类事物的属性来理解相对陌生或抽象事物的属性。之后,Grady(1997)

将隐喻分为两类：基本隐喻（primary metaphor）和复合隐喻（compound metaphor）（参见 Evans and Green，2006：304）。基本隐喻是基于人类直接经验和感知所形成的简单隐喻，其最明显的特征是体验相关性；而复合隐喻是以基本隐喻为基础，将两域中多个具有相似性的概念进行映射。

转喻是认知机制的另一方面，亦是一种概念映射现象，但与隐喻又有不同之处：转喻是存在于单个认知域中的概念映射。Croft 认为转喻是为了凸显一个概念域矩阵中某个特定的认知域（参见 Evans and Green，2006：315）。转喻是基于概念之间的邻近性，找出处于不同层级的两个概念之间暗含的联系。转喻在语言的认知识解操作方面与上文提及的基本隐喻有异曲同工之处：二者都基于对世界的直接体验。因此，隐喻和转喻二者之间存在一定的联系。

隐喻和转喻的相互关系已被学者们证实。二者都是通过概念映射产生新显结构，许多概念隐喻源自概念转喻，部分概念隐喻包含概念转喻，在相互作用的过程中逐渐形成了转喻-隐喻连续统。本书认为，在这一连续统中，转喻和隐喻的相互作用为表量结构的演变和发展提供了充分的认知理据。

4.1.2　汉英表量系统中转喻-隐喻连续统的互动机制

汉语量词是在名词、动词等基本词类形成后出现的。汉语量词主要源自各类名词和动词的语法化。在该语法化的过程中，起主要作用的是转喻-隐喻连续统的互动机制。唯有通过这一互动机制，才能实现由名词、动词向量词词性的转变。

隐喻的映射来源于转喻，并以转喻映射为先决条件。如量词"根"，《说文解字》中将其释义为"根，木株也"，做名词表植物之整体的重要部分，在人们对树木这一概念的识解中较为凸显。当人脑中"根"这一部分被激活之时，对整体的认知也会立刻被激活。"根"最初语法化为量词是通过"部分-整体"的关系触发转喻机制，用以计量树木等植物，如"一根树枝/藤条"。再者"根"具有条状的属性，因此可用于量化条状物，如"一根竹竿/筷子/灯芯"，这一层面"根"量化范围的扩散是基于相似性的隐喻映射。有关其另一层面的隐喻映射有："根"是从土里生长而出，而人与动物的毛发也是从皮肤里生长出来，根据二者的相似性，"根"又可计量非植物之物体，如"一根胡须/头发/羽毛"等。

在语法化的过程中，"根"通过转喻操作，可凭借整体与部分的关系指代"树"当中的某些属性,为隐喻提供可进行类比的相似性特征,使得其语法化程度不断加深,逐渐形成一个独立的范畴体系,中心成员是具有[+长条状]、[+细长]属性的物体,之后再不断扩展。所计量的事物可扩展到"一根稻草/竹子/秸秆"等草木类,"一根面条/针/蜡烛/油条"等生活用品类。这一认知过程亦可说明量词的演变和发展是转喻生成隐喻扩散的一个过程。

再如量词"枝",其本义为树木主干或大枝上长出的细枝条。在量化过程中,根据"部分-整体"的转喻认知机制用其指代整体,如"桃花三两枝""一枝玫瑰",之后通过相似性的概念隐喻将量化范围扩散至杆状的事物,同"支",如"一支步枪/毛笔/蜡烛"等。

在隐喻扩散的演变过程中,量词语法化通常是从量化具体事物转变为量化抽象事物,由有形物体的量化扩散到无形物体的量化。"股"原为名词,指人体胯部至膝盖的部分。在宋元时期,人们将其次范畴化,然后进一步语法化为量词,用以计量呈条状的事物,如"一股泉"。明清时期,其计量对象的范围有所扩大,可以量化"水""烟""气"等抽象、长条状的事物,如"一股水/仙气/恶烟/火星子"。直至现代,人们将"股"这一量词的计量范围进一步扩展,以至可量化"气味""力气""勇气"和"情绪"等无形事物,如"一股寒香/压力/豪气/冲动"等。由此化无界为有界,量无形于有形,使得人们在认知识解的过程中有更多的想象空间,使表达更耐人寻味。

在英语表量系统中,虽然没有明显的转喻-隐喻连续体的互动机制,但转喻和隐喻机制在表量结构的语用固化过程中发挥的作用同样不可小觑。如"a stream of+N"这一表量结构中,stream 作为名词有 a small narrow river 之意。"溪水""河流"是有[+流动的]、[+带状]的属性,将 stream 这一层面的特征与所修饰名词进行相似性类比,可计量 smoke、steam、blood 等流体物,凸显这类名词[+带状]、[+流动]的特征;还可将其与表征人的名词进行隐喻映射,如 a stream of soldiers/immigrants/customers。因隐喻的促动作用,该词的概念进一步语法化,计量的范围不断扩展,如之后又赋予其[+不间断]、[+连续性]的属性,形成了 a stream of discoveries/ideas/memories/sound 等量化抽象、无形之物的表量结构。

在表量系统中,常可见一些约定俗成的固化结构,其生成机理人们已习焉不察。但这类固化用法均存在一定的认知理据。如表量结构"a flood of+N",flood 作为名词意为 an overflowing of a large amount of water beyond its normal confines,给人的直接印象是泛滥成灾的河水。若用来计量"水"(water),表面上看二者意义有所重复,实际上是运用了转喻机制:"洪水"(flood)将"水"的[+水位高]、[+水量大]等认知属性凸显出来,a flood of water 便有"一片汪洋"之意。a flood of tears 则将"水"[+多]、[+不间断]的属性与泪水类比,形象生动地表现出人泪流不止之状。flood 还可扩展到计量 light、boast、terror 等抽象事物,将朦胧的事物、情感具体化、真切化。

4.2　具身认知机制

　　具身认知是指人的认知会受身体经验与感知的影响,注重人自身作为主体在概念形成过程当中的重要性,强调人的具身体验是大脑意象图式中基本概念、语义结构形成的基础。认知的具身性认为人类是以体认(embody)的方式认知世界、他人和自己的(叶浩生,2014)。人作为认知的主体,在认知概念形成过程中不可或缺。认知被视为一种基于主体适应环境、积极体验的活动。

　　具身认知机制在汉英表量系统的形成和发展过程中也起着不可替代的作用。在认知经济原则的驱动下,人们在量化认知客体时,优先选择用身体属性或构造的具身认知去感知、体验具体或抽象事物的数量。为了使计量更为简洁明了,越来越多的身体名词被语法化为量词用于计量事物。身体量词的数量不断增多,计量范围逐渐扩大。这样的量词有"一头秀发""一脸汗""满眼泪水""满嘴食物""一鼻子灰""一身新衣服""一腿泥巴""满手油污"等,此类身体量词被用来计量附着在身体部位的具体事物。另一类用法是计量与其具有相关性或相似性的事物,如"一眉新月""一口枯井/锅""一面镜子"等;还可用以计量相关抽象事物,如情感、技艺等,如"一脸无奈""秀了一脸恩爱""烧得一手好菜""一拳儿好买卖""一肩重担""一身本领""一头雾水""满嘴脏话""一肚子坏点子""一腔热血"等。

　　在英语表量系统中,具身认知机制最为典型的体现是"a(n)+身体名词-ful+of"结构,如 a fistful of coins、a handful of stones、an armful of plants、a mouthful of choppers、an eyeful of tears;也可通过相似性特征的联想和类比建立与事物之间的联系,如 a coat of painting、a flush of love 等,该类量词计量的范围也是由具体事物逐渐扩展到抽象事物。用人的身体名词计量具体或抽象的认知对象,产生了在真切中呈现朦胧,为适切而诉诸模糊的效果,从而扩大了认知解读中的信息量。

5 结 语

在语言表达中,表量结构扮演着重要的角色,其使用及演变皆有据可依。汉语属于典型的"量词型语言",个体量词是汉语所特有的,而英语则为"数标记型语言",英语和汉语的各种语法手段和词汇手段在语言中是互补的。汉语没有数标记,只能通过增加量词来弥补,而英语有丰富的数标记形式,量词的存在似无必要,从这层意义来说,汉英表量系统的繁简之间存在一定的辩证关系。

这一章主要从认知类型学的视角,分析了汉英表量系统的异同。研究发现,转喻-隐喻连续统和具身认知这两种认知机制在表量结构的生成与理解中起着重要的作用,语言类型学和认知语言学的结合为表量系统的理解和学习提供了一种新的视角。

第十一章

汉英跨类表量结构的
认知类型学对比研究[①]

1 引 言

　　本章基于认知类型学视角探究汉英跨类表量结构间的辩证关系。汉英跨类表量结构在通用度和浮游性两方面存在共性与差异。跨类表量现象有着双重建构机制："再范畴化-去范畴化连续统"是其现实化机制；"提取-激活-扩散模型"是其认知机制。

　　在汉英语言系统中，均不乏跨类表量现象。量词语言的多功能性是跨类表量结构产生的内在根源。对汉英跨类表量现象的考察，能够帮助阐明量词的更迭性发展规律，是探析汉英语言动态性差异的新视角。迄今，已经有相当一部分学者注意到跨类表量结构的存在，并进行了不同视角、不同层面的研究。魏兆惠、华学诚（2008）注意到量词"通"具有度量名词、名量词和动量词的语义交叉功能，但并未明确指出其跨类表量这一特性；高亚楠、吴长安（2014）基于对量词

---

① 本章蓝本为李鑫颖、李勇忠：《体认语言学与语言类型学互动性视角下的英汉跨类表量结构对比研究》，解放军外国语学院学报，2021（2）：40－47。内容已做部分修改。

"趟"的研究,首次提出了"跨类量词"这一概念;随后,李强、袁毓林(2016),李小军(2016),冯赫(2018)等开始从多个视角深入发掘某些特定的跨类量词,但仍然局限于个别跨类量词的研究;高亚楠、郑氏永幸(2018)则对汉语语言系统中的跨类量词进行了较为完善的梳理和历史成因探析。

经过梳理,本书发现以上研究均未涉及英语跨类表量结构。英语跨类表量结构的特殊性导致其相关研究付之阙如。基于这一思路,这一章将围绕三个研究问题进行相关阐释。具体问题如下:

(1)英语语言系统中是否存在跨类表量结构?
(2)汉英语言系统中跨类表量结构间的辩证关系有何具体表现?
(3)跨类表量结构的认知机制和现实化机制是什么?

2 认知类型学视角

认知类型学是基于认知语言学与语言类型学融合性视角的一门显学。认知语言学关注语言与人类感知之间的互动关系(束定芳,2018),试图透过语言的形式发掘人类思维之间的共性与差异。"语言类型学关注跨语言现象的对比和描写,探究多种语言之间的蕴含共性。"(金立鑫,2017:2)基于语言研究模式,认知类型学包含两大研究范式:一是"语言类型学+认知语言学";另一为"认知语言学+语言类型学"。"语言类型学+认知语言学"研究以语言类型学为理论框架,认知语言学为阐释框架,遵循自下而上的归纳性原则,代表学者有 Greenberg(1974)、Hawkins(2004)、Dryer(2009)、Boye(2012)等;相反,"认知语言学+语言类型学"研究以认知语言学为基本框架,语言类型学为辅助框架,遵循自上而下的演绎性原则,这一研究范式的代表学者包括 Uehara(2006)、Sinnemaki(2014)等(参见于秀金、金立鑫,2019)。

认知类型学关注语言表征形式和认知概念结构之间的互动关系。这两者间的互动具有镜像性。一方面,认知概念结构蕴含具身体验性,在客观世界的不同语言族群中现实化为不同的语言表达,在这一过程中,语言的现实化机制起重要作用;另一方面,以不同语言族群中的语言形式为出

发点,在人类思维中抽象化为不同的认知模式,这一环节的关键在于语言的认知机制。两者之间的互动关系如图 11.1 所示:

图 11.1　现实化机制和认知机制之间的互动关系

3　汉英跨类表量结构对比

跨类表量现象是指同一表量结构兼具多种子范畴表量功能。在语言环境进化的过程中,表量结构的功能特性不断细化,发展成为多种子范畴表量结构。从某种程度上来说,表量结构子范畴现象的产生是基于语言环境对语言本身依据"适者生存"的原则做出的选择。当然,表量结构子范畴存在着竞争力强弱的程度问题。部分竞争力强的表量结构子范畴逐渐发挥自身的"入侵功能",与某些具有一定契合度的其他表量结构子范畴相互融合,最终形成跨类表量结构。

3.1　跨类表量结构表征

3.1.1　汉语跨类表量结构表征

高亚楠、郑氏永幸(2018)认为,汉语跨类量词可以分为四大类:名动交融型量词、个体集合交融型量词、度量交融型量词和多重交融型量词。这一范畴化具有一定的原则性和系统性,但也存在一些遗漏和范畴混淆的问题。首先,名量词和动量词的划分是量词在基本层次范畴化的结果;而名量词可以进一步再范畴化为个体量词、集合量词和度量量词。可见,名动交融型量词是基本层次范畴跨类表量结构,而个体集合交融型量词和度量交融型量词是下位层次范畴跨类表量结构。因此,名动交融型量词、个体集合交融型量词及度量交融型量词之间存在着范畴化层次差异的问题。同样,多重交融型量词将名量词中下位层次范畴的个体、集合、度量量词与基本层次范畴的动量词进行融合,也存在范畴化层次不同步的问题。

宗守云(2014)指出,量词的范畴化存在着程度问题。在基本层次范畴里,名量词范畴化功能最强,其次是动量词,而时量词并不具有范畴化功能;在下位层次范畴里,个体量词范畴化功能最强,其次是集合量词,而度量词不具有范畴化功能。基于这一观点,既然基本层次范畴的时量词和下位层次范畴的度量词不具有范畴化功能,也就不具备跨类表量这一功能。因此,本章提出,在跨类表量的视域下,将汉语量词初步范畴化为名量词和动量词,名量词可进一步再范畴化为个体量词和集合量词;同样,动量词可进一步再范畴化为事件动量词和动作动量词(于立昌,2018)。

在名量词范畴内部,子范畴表量结构中的个体量词和集合量词两者相互融合,形成个体集合交融型量词;在动量词范畴内部,子范畴表量结构中的事件量词和动作量词两者相互融合,形成事件动作交融型量词;在名动交融型量词范畴中,名量词子范畴表量结构和动量词子范畴表量结构进行组合式融合,可以形成个体集合交融型、事件动作交融型、个体事件交融型、个体动作交融型、集合事件交融型、集合动作交融型、个体事件动作交融型、集合事件动作交融型、个体集合事件交融型、个体集合动作交融型、个体集合事件动作交融型表量结构等(见表11.1)。

表 11.1　汉语跨类表量结构交融类型

跨类交融类型	示　　　例
个体集合交融型	**股(个体)**:有**一股泉水**从山腰涌出,汇成清溪。 **股(集合)**:孙传庭本来打算先将刘宗敏的**一股人马**歼灭,亲自督战,悬出赏格,围攻很久,竟难如愿。
事件动作交融型	**次(事件)**:这是当年江总书记**两次视察**该镇时,镇长、全国人大代表朱咸来当面表的态。 **次(动作)**:《红旗谱》1957 年初版,共**修改三次**。
个体事件交融型	**轮(个体)**:夜色更深,**一轮圆月**已慢慢地升起,风也渐渐地凉了。 **轮(事件)**:在 2000 年之前,攻击工具需要人来发动新**一轮攻击**。

跨类交融类型	示　　　例
个体动作交融型	**面（个体）**：有人说，五四精神的**两面旗帜**是民主和科学，当今的中国依然需要呼唤德先生和赛先生。 **面（动作）**：毛泽东与白求恩仅**见过一面**，而林迈可在革命圣地延安却和毛泽东、朱德、周恩来交往频繁，结下了深厚的友谊。
集合事件交融型	**批（集合）**：这时，涌现了**一批科学巨匠**与伟大的发现……奠定了近代自然科学的基础。 **批（事件）**：侨资企业家们通过此次对积石山县的考察，纷纷表示希望在帮助积石山县改善生产和生活条件上有所作为，很快达成了**一批投资**、捐赠意向。
集合动作交融型	**堆（集合）**：床上只有一块很薄很破的棉被，再加上床底下那**一堆稻草**，就是孩子的御寒之物了。 **堆（动作）**：乡村旅馆房间设备太差，比我们的车厢还不如，大家宁愿**挤在一堆**。
个体事件动作交融型	**场（个体）**：他那**三场球赛**以前都买了啤酒。 **场（事件）**：正从这种意义上说，改革是**一场革命**，是权力与利益格局的重大变更。 **场（动作）**：队里虽不断鼓励我，但是我还是**哭了好几场**。
集合事件动作交融型	**串（集合）**：他的眼睛时湿漉漉了，**两串珍珠**似的东西滴在妻的秀发上。 **串（事件）**：下意识地脱口答过，却引来**一串赞叹**："可是大吉大利的吉？这姓好呀！吉星高照，先生总归啥事都会胜意哟！" **串（动作）**：蛋白质由各种各样的氨基酸按一定顺序**连成一串**。
个体集合事件交融型	**笔（个体）**：这不仅仅是**一笔交易**的仪式，更是中国银行与经贸部门携手合作、共同繁荣的情结。 **笔（集合）**：虽然国家通过发行国债集中了**一笔资金**，但在制度上造成某种刚性。 **笔（事件）**：中国文化应该值得保护的，中国文化不能够**一笔抹杀**的。
个体集合动作交融型	**圈（个体）**：不一会就看见窗台上露出一个脑瓢，**一圈头发**。 **圈（集合）**：此刻，他旁边围了**一圈人**。 **圈（动作）**：记者在整个展厅**转了几圈**，发现点子卖主差不多有近200位，而买主不过三四家。

跨类交融类型	示　　　例
个体集合事件 动作交融型	阵(个体)：宋耀如的一席话,像**一阵清风**吹开了宋蔼龄眼前的云雾。 阵(集合)：文工团几个人坐在吉普里打盹,被**一阵人马**杂乱声先后惊醒。 阵(事件)：我感到飞机**一阵摇摆**,耳际传来一阵奇怪的气流响声。 阵(动作)：自从你走后,我们**大吵了一阵**。

3.1.2　英语跨类表量结构表征

　　英语无量词之名,却有量词之实,其量词属于名词的范畴(邵军航,2012)。英语表量结构的特殊性在形式上表征为"a(n)/num. +N_1 +of+ N_2",具体包括三种均属于量名结构范畴的形式:"a(n)+N_1 +of+N_2""num. +$N_{1(pl)}$ +of+N_2""$N_{1(pl)}$ +of+N_2"。在这三种形式中,可范畴化介词of起到了规范名词 N_1 和 N_2 有界性的作用。N_2 通常为有界性名词,而 N_1 为可虚化的有界性词语。因此,N_1 的可虚化性是英语表量结构可跨类的重要因素之一。

　　本章尝试聚焦 N_1 的中心名词作用,依据 N_1 的范畴属性进行量名结构的再范畴化。通过对语料库中表量结构语料的收集与整理发现,"N_1 of N_2"可囊括的再范畴化子类包括:集合表量结构、度量表量结构、容器表量结构、数量表量结构、事件表量结构和形状表量结构等(英语表量系统中无个体表量结构)。在语言更迭的过程中,各子范畴表量结构间相互融合,形成集合事件交融型、度量容器交融型、度量事件交融型、容器事件交融型、数量事件交融型、事件形状交融型、度量容器事件交融型、数量事件形状交融型表量结构这八大范畴(见表11.2)。

表11.2　英语跨类表量结构交融类型

跨类交融类型	示　　　例
集合事件 交融型	**group**(集合):Therefore, **a group of international experts** developed the Lower-Risk Cannabis Use Guidelines(LRCUG). **group**(事件):Therefore selecting **a group of methods** that highlights different types of structures in the signal's morphology over time …

续　表

跨类交融类型	示　　　例
度量容器交融型	**teaspoon**（**度量**）：... feet 4,210 pounds, shoulders as broad as an SUV and only **a teaspoon of body fat**. **teaspoon**（**容器**）："These are children who could have died from **a teaspoon of milk** before", Wood said.
度量事件交融型	**sip**（**度量**）：She had **a sip of cold coffee**. **sip**（**事件**）：Georgia took **a sip of her wedding punch**.
容器事件交融型	**packet**（**容器**）：I didn't notice her efforts until she had removed my helmet and poured **a packet of water** over my head. **packet**（**事件**）：His secretary said she had **a packet of information**.
数量事件交融型	**piece**（**数量**）：We did it by hand on **pieces of paper**. **piece**（**事件**）：The discovery was largely **a piece of luck**.
事件形状交融型	**lump**（**事件**）：That was my marriage, **a lump of depression**, lying inside. **lump**（**形状**）：Mother Artemis reached to it with her hands and shaped it like **a lump of clay**.
度量容器事件交融型	**tons**（**度量**）：... world's estimated 25 million metric tons of spiders eat between 300 and **800 million metric tons of food** per year, ... **tons**（**容器**）：It's a long road to getting that better VR experience, but there's **tons of room** to grow, ... **tons**（**事件**）：There's **tons of evidence** that women face a gender bias in the STEM fields.
数量事件形状交融型	**cloud**（**数量**）：My cousins and the aunts became queen bees who trailed **a cloud of workers** and drones behind them. **cloud**（**事件**）：I had come a long way, conveyed upon **a cloud of unreality**. **cloud**（**形状**）：**A cloud of smoke** rushed the air.

3.2　汉英跨类表量结构辩证关系

　　基于认知类型学视角,不同语言之间具有可比性。对于汉英表量结构而言,跨类现象的产生具有普遍性和必然性。观察两种语言结构中具有同一性的现象,能够以小见大,反观两种语言结构间的辩证关系。

3.2.1　跨类类型与通用度

汉英跨类表量结构的本质是一量多用,即使用某一特定的表量结构表达多个子范畴表量概念。汉英跨类表量结构的跨类类型之间具有对比性。跨类类型的表征体现了跨类通用度的强弱。"通用度"是指跨类表量结构语义泛化的程度,其本质是思维的认知经济性。强通用度跨类表量现象能够融合更多的子范畴表量结构;弱通用度跨类表量现象则通常表现为有界性表量结构。

在汉语表量系统中,各表量子范畴之间均能找到可共用的元素,跨类类型囊括的范围更广泛。汉语跨类表量结构的通用度更强,涉及的跨类语义范畴包括[+2]型(如个体集合交融型)、[+3]型(如个体事件动作交融型)、[+4]型(如个体集合事件动作交融型)。从思维的认知经济性视角来看,汉语跨类表量结构的认知经济程度更高,更具集约性。

而在英语表量系统中,各表量子范畴之间的共用元素不多,跨类表量类型存在着较大程度的缺省情况。例如,度量数量交融型、度量形状交融型、容器数量交融型、容器形状交融型、数量形状交融型、度量容器数量交融型、度量数量事件交融型、度量数量形状交融型、度量容器形状交融型、容器数量形状交融型、容器事件形状交融型、度量事件形状交融型、容器数量事件交融型在英语表量系统中均找不到相对应的表量结构。英语表量结构的通用度相对较弱,涉及的跨类语义范畴仅包含[+2]型(如度量容器交融型)和[+3]型(度量容器事件交融型)。相比于汉语跨类表量结构,英语跨类表量结构认知经济程度更低,更具离散性。

3.2.2　跨类分布与浮游性

语言不是任意性的,而是象似性的,即语言形式与意义之间存在一定的理据性(王天翼,2011)。语言形式与跨类分布间互相映射,具有正向互动性。汉英跨类表量结构在跨类分布上具有差异性。在汉语表量系统中,跨类表量现象分布于名量词范畴内部、动量词范畴内部及名动交融型量词范畴中,且以名动交融型量词占绝大多数;在英语表量系统中,跨类表量现象仅存在于名量词的范畴内部。

跨类表量结构具有浮游性,这一特征在跨类分布上呈现具象表征。量词的浮游性属于主题化移位(吴庚堂,2013)。主题化移位有横向和纵向之分。横向主题化移位源于跨类结构的改变。例如,在"两次视察"和"修改了三次"中,量词"次"的浮游性体现在同时充当事件量词

（数+量+动）和动作量词（动+数+量）①。量词对动词的修饰性关系变化产生了横向主题化移位。纵向主题化移位源于跨类类型的变换。例如，在"一轮圆月"和"一轮碰撞"中，量词"轮"的浮游性体现在同时充当个体量词和事件量词。基于相同的语言结构"数+量+X（名/动）"，量词所修饰的成分 X 的变化产生了纵向主题化移位。在"一轮圆月"中，X 为名词，"轮"为个体量词；而在"一轮碰撞"中，X 为动词，"轮"为事件量词。从 X（名词）到 X（动词）的变换导致了从"轮（个体）"到"轮（事件）"的纵向主题化移位；再如，基于相同的语言结构"a cloud of+X"，从 a cloud of workers 到 a cloud of unreality，再到 a cloud of smoke，实现了从 cloud（数量）、cloud（事件）到 cloud（形状）的跨类类型转换，产生了纵向主题化移位。

表 11.3　汉英跨类表量结构分布与主题化移位②

跨类表量结构	跨类分布	横向主题化移位	纵向主题化移位
汉语跨类表量结构	名量型	—	+
	名动（事件）交融型	—	+
	名动（动作）交融型	+	+
	动量型	+	—
英语跨类表量结构	名量型	—	+

4　汉英跨类表量结构现实化机制和认知机制探析

4.1　现实化机制

　　汉英跨类表量现象是表量结构在现实世界中经过"再范畴化-去范畴化

---

① 箭头的指向表示量词对动词的修饰性关系。在事件表量结构中，量词对动词的修饰关系是从左向右；在动作表量结构中，量词对动词的修饰关系是从右向左。
② 表格中的"+"表示产生了位移；"—"表示未产生位移。

连续统"动态转化机制现实化后的结果。范畴化是人类思维、感知、行为和言语最基本的能力(Lakoff，1987：5)。人类范畴化能力的"意识性"与范畴化程度成正比。最原始的范畴化是非意识的产物(Lakoff and Johnson，1999：18)。俞建梁(2011)指出，范畴具有"自组织性特征"。也就是说，基于语言内部的竞争协同作用，使范畴自身始终处于动态调整状态，范畴内部成员之间相互进行同化和被同化。随着人类与外界事物的不断接触，对外界事物的认识不断加强，范畴化能力的意识性也不断增强。这就促使人类思维能够有意识地对已经接触或者是即将接触的事物进行再范畴化。然而，再范畴化具有动态不稳定性。同一范畴内部的各个成员之间并不是所有成员特性的全局性共享，而是通过家族相似性联系在一起。因此，范畴与范畴之间的界限是模糊的。这也就为非范畴化提供了充分有利的环境。可以说，"再范畴化-去范畴化连续统"是跨类表量结构实现从认知结构到语言结构的现实化机制。

在汉语跨类表量结构中，以量词"堆"为例。关于量词"堆"的常见表达有："一堆/柴/纸/人/石块/肉酱/茅草/铜钱"等。基于思维有意识性地整合，名量词"堆"对事物集体性特征的归纳作用得以凸显，因此，"堆"被再范畴化为集合量词。接着，基于连续统的动态不平衡作用，思维在动量领域内不断进行"堆"的运用尝试，逐渐固化某些表达，如"挤在一堆""哭做一堆""乱做一堆""揪做一堆""砍做一堆""盘做一堆""攒着一堆"等。由此，量词"堆"的动作动量特性在非范畴化的作用下得以凸显。因此，形成集合动作交融型表量结构。

同样，在英语跨类表量结构中，以表量结构 a packet of 为例，已经固化的常见表达有 a packet of nuts/seeds/cigarettes/crisps/sugar 等；表量结构 a packet of 在思维有意地整合中进行再范畴化，凸显为容器表量结构。接着，在连续统的动态不平衡作用下，a packet of 被非范畴化，事件表量结构特性得以凸显。由此，形成容器事件交融型表量结构。

4.2 认知机制

语言不是大脑中独立的认知机制，而是人类一般认知能力的一部分。从发展的角度来看，在人类基于自身认知能力与客观世界互动的过程中，语言得到不断的进化和优化。对于表量系统而言,跨类表量现象是语言形式优化的重要表征之一。"提取-激活-扩散"语义模型有助于阐释汉英跨类表量现象形成的原因。语言表达具有动态性特征。"提取-激活-扩散"语义模型的本质在于彰显语义结构的认知加工方式,能在很大程度上阐释非形式组合意义,如语境意义、百科意义、隐喻意义、转喻意义等,还有助于阐释表量结构的"跨类"。

语法组构为概念层面提取激活的涌现结果,削弱了层级结构在句法理论中的基础地位(张翼,2018)。也就是说,语言的表征形式会在很大程度上影响认知主体对语义概念的提取度和激活度。因此,同样的语言表征形式,基于不同的语义提取度和激活度,会形成不同的语义概念,再通过"扩散"环节达到多层面跨类。在这一过程中,隐喻的相似性和转喻的邻近性发挥同质性扩散作用,而总体扫描和顺序性扫描发挥异质性扩散作用。

在汉语名量词所在的跨类表量结构中,认知思维促使中心量词实现对所修饰成分"名"的提取和激活,完成语义成分的匹配组合。再在隐喻机制的作用下,实现同质性扩散,形成跨类表量结构。以名量词"股"为例,在《说文解字》中,"股"一词本义是指胯至膝盖的部分。在量化的过程中,基于范畴间的相似性原则,通过触发隐喻机制,"股"用于描述具有"呈条状"特性的个体性事物,认知主体最先提取与自身身体感受相关的概念,如"一股鲜血""一股真气""一股怨气"等;接着,通过心理可及性的作用,认知主体激活非身体部位概念,用以计量一些具有不可分割性的个体性事物,如"一股清泉""一股黑烟""一股寒风"等;再者,在隐喻相似性机制的作用下,用以计量个体性事物的量词"股"发挥同质性扩散作用,用来计量集合性事物,如"一股人马""两股土匪""一股敌军"等。在"提取-激活-隐喻扩散"语义模型的作用下,量词"股"表征为个体集合跨类表量结构。

在汉语动量词跨类表量结构中,事件动量词的基本架构为"数+量+动作事件",而动作动量词的基本架构为"动+数+量"。以动量词"次"为例,在《说文解字》中,"次"最早用于表示"不前不精"的含义;在南北朝时期,"次"作为动量词的用法被提取和激活,用来计量"动作行为的次数",如"一次反抗""一次整理""两次谈话""三次派遣"等。在进一步量化的过程中,认知主体基于邻近性原则,触发转喻机制,对量词"次"完成"动作事件-具体动作"的同质性扩散。量词"次"不仅可以用来描述动作事件;还可用来计量具体的动作,如"考察一次""击鼓三次""鼓掌二十多次"等。在"提取-激活-转喻扩散"语义模型的作用下,量词"次"表征为事件动作跨类表量结构。

在汉语名动交融型跨类表量结构中,基于"提取-激活"环节,同质性扩散和异质性扩散共同发挥作用。以量词"回"为例,在《说文解字》中,"回"表示"绕着转圈、曲折环绕"的动词含义。在进行量词语法化的过程中,认知主体完成量词"回"对相关概念的提取,用以计量表示具有"折返性过程"的动词,如"雁飞南北三两回""翱翔上下几回""往返几回"等;接着,在心理可及性概念的激活作用下,"回"被用于计量"具有一定过程性"的动作,如"哭了几回""驳斥了几回"等;基于语言的邻近性原则,触发"动作-事件"转喻扩散机制,"回"作为用以描述具体动作行为的量词,可被用来计量动作事件,如"几回旋绕百花台""几回搔首意踟蹰"等;最后,在作为事件动量词的基础上,异质性扩散发挥作用,激发了量词"回"从事件动量词到名量词的转换。"回"作为事件动量词时,认知主体倾向于进行顺序性扫描识解,对动作在不同时间段的连续变化状态进行凸显。如"几回旋绕"凸显表征了"旋绕"这个动作事件的过程性。在异质性扩散的作用下,认知主体通过总体扫描将量词"回"概念中的动作时间进程泛化,凸显出动作整体所呈现的结果事件。如"几回事""几回明月夜""几回官司"中,"回"被用以计量个体性事件,表征为个体量词。因此,在"提取-激活-转喻扩散-顺序性扫描-总体扫描"语义模型的作用下,"回"表征为个体事件动作交融型量词。

在英语跨类表量结构中,"提取-激活-同质性扩散"语义模型更为普遍。以数量事件形状交融型表量结构 a cloud of 为例,无论是作为数量表量结构、事件表量结构,抑或形状表量结构,这三者的基本框架相同,为"a cloud of+N"。首先,cloud 作为名词的基本含义是指 a visible mass of condensed watery vapour,强调"堆积性"和"块状性"。在量化的过程中,认知主体基于"堆积性"和"块状性",对 N 成分进行提取和激活,固化为形状表量结构表达,如 a cloud of smoke/dust/white blossoms 等;接着,在隐喻相似性扩散机制的作用下,其"聚集性"和"大量性"的特性得以凸显和激活,形成如 a cloud of workers、a cloud of seagulls 等数量表量结构;再者,在语言的不断使用中,认知主体再次对其"聚集性"和"大量性"特性进行由具体性描述向抽象性描述的扩散,涌现出如 a cloud of suspicion/controversy/information 等表达,形成事件表量结构。因此,"a cloud of+N"在"提取-激活-隐喻扩散"语义模型的作用下,形成数量事件形状交融型跨类表量结构。

5 结 语

在汉英语言系统中,跨类表量结构颇为丰富。基于不同的语言形式,汉英跨类表量结构间存在着纷繁复杂的辩证关系。汉语跨类表量结构间具有更好地融合性和集约性,通用度更强,认知经济程度更高;而英语跨类表量结构融合性更弱,跨类类型更具离散性,通用度不强,认知经济程度更低。此外,汉语跨类表量结构的跨类分布更为多样化,在浮游过程中产生横向主题化移位和纵向主题化移位;相比较而言,英语跨类表量结构的跨类分布则颇具单一性,在浮游过程中只呈现纵向主题化移位。在认知类型学视角下探析两者,可以发现,"再范畴化-去范畴化连续统"动态转换机制具有现实化作用;"提取-激活-扩散"语义模型能够较为全面地阐释表量结构"跨类"的缘由。

第十二章

汉英表量结构句构差异的认知类型学研究

1 引　言

　　本章以"汉英表量结构在句子层面能否做谓语"为切入点,探讨了汉语语法和英语语法的一些差异,及其所体现的汉英母语者认知方式的不同。具体而言,汉语表量结构在句中所体现的指称性、意合性、对举性反映了汉语母语者的空间思维导向;英语表量结构在句中的述谓性、形合性、延伸性表现了英语母语者的时间思维倾向。基于此,本章还概括了这一研究的语言类型学价值。

　　先看以下两个英汉对译例子(参见王文斌、崔靓,2019):

(1) Confucius had three thousand disciples.
　　孔子<u>弟子三千</u>。(陈满华,2008:72)

(2) There is a lake in front of the woods.
　　树林前边<u>一个湖</u>。(吴为章,1990:14)

　　从这两个例子可以看出,英语句子中主谓结构明晰,动词做谓语,对应的汉语句子则没有动词,成分均为名词语块(chunk)。不同于英语动词谓语句,汉语可以没有动词做谓语,体现了汉语在句构上的区别性特征,赵元任(1968:56)据此提出了"汉语体词谓语句"的概念。

所谓"体词谓语句",即是由名词、代词、数词、量词等体词充当谓语的句子。尽管学界对何谓"体词"存在较大争议,但对于"名词、数词、量词及其相关结构可以做句子谓语"(魏在江,2017:14)的观点,基本达成共识。如例(1)(2)所示,名词、数词、量词往往以组合的方式出现,即表量结构。据笔者观察,汉语各类文本体裁如古文典籍、诗词、俗语、现当代小说、日常话语等,都存在表量结构做谓语的现象:

(3) 老僧面前一踏草,三十年来不曾锄。(《祖堂集·索引》)
(4) 惆怅东栏一株雪,人生看得几清明。(苏轼《东栏梨花》)
(5) 一个师傅一把尺;忍字头上一把刀。(俗语)
(6) 那男的将肉乎乎的手伸过来,我只觉得那家伙一脸浊气。(迟子建《晨钟响彻黄昏》)
(7) 我们这组九(个)人。(日常话语)

再来看英语的表量结构和谓语槽位:

(8) We'll take a cup of kindness yet, for auld lang syne. (Robert Burns "Auld Lang Syne")
(9) An ounce of prevention is worth a pound of cure. (proverb)
(10) In the orchard bush they found a herd of impala … (Ernest Hemingway "The Short Happy Life of Francis Macomber")
(11) (Give me) a glass of beer, please. (daily utterance)

和汉语不同,英语各类文本中的表量结构不能做谓语,只能位于谓语动词之后,发挥最本分的名词性功能。就句子的构成成分而言,汉英表量结构都可以做主语、宾语、表语、定语、状语、补语,唯独做谓语汉语表量结构可以,而英语表量结构不能。

目前学界针对汉英表量结构的研究较多地从词法入手,对其语义选择和词项组合进行比较,进而发现汉英表量结构的异同。但句法上的对比研究,却付之阙如,似乎也难以进行对比。本章将在汉英大语法的背景下,重点探讨汉英表量结构在句构中关于"做谓语"的差异问题。围绕这一焦点,将观察、描写两者的差异,尝试揭示这些差异所体现的汉英语言类型和认知方式的不同,并概括这一研究的语言类型学意义。

2 类型学中的汉英表量结构

汉语表量结构由数词、量词、名词组成。从排列组合来看,三个词类成分,可以有六种组合方式。Greenberg(1972)基于语言类型学考察结果,列出了表量结构中四种可能的语序:(1)"数+量+名"常见于汉语、苗族语、越南语、乌兹别克语、匈牙利语等;(2)"名+数+量"常见于汉语、泰语、高棉语(柬埔寨官方语言,属孟-高棉语族)等;(3)"量+数+名"常见于 Ibibio语(尼日利亚东南部的尼格罗种人的语言,属于尼日利亚-刚果语系);(4)"名+量+数"在 Bodo 语(属于汉藏语系)中可能存在。其中前两种比后两种更常见。无论是哪一种情况,数词和量词都句法位置相邻,语义关系密切。也就是说,数词和量词在表量结构中形成了稳定的、具有强制性的句法关系,两者必须紧挨在一起。一种语言中可能存在两种表量结构语序类型,对于汉语来说是前两种,即"数+量+名"和"名+数+量"。

数词和量词虽不可分割,但当计数为一时,句中的数词常被省略(如"从前有<u>座</u>山,山里有<u>个</u>庙,庙里有<u>个</u>老和尚。");通用度高的量词,也常被隐去(如"弟子三千"就略去了量词"个"或"名")。一般情况下,"数+量+名"的结构中名词为语义重心,数量与名词的关系类似于向心结构中修饰成分与中心词的关系,突出表征的是量词与名词之间的语义选择和语义融合;"名+数+量"的结构中数量为强调部分,以计量为主。在有界事物的具象表达中,两者可以互换(如"弟子三千"可以写作"三千弟子"),无界事物则通常不能(如"一个湖"一般不写作"湖一个")。

英语没有量词词类,往往通过数标记来实现表量功能,也就是说,"a(n)/num. +N$_{(pl)}$"是计量的常态表达式,"a(n)/num. +N$_1$+of+N$_2$"属于非常态,"弟子三千(个/名)"和"一个湖"分别对应的 three thousand disciples 和 a lake 就属于前者,在英语中最为常见。在词法对比层面上,学界通常只将形式上相似的英语表量结构"a(n)/num. +N$_1$+of+N$_2$"和汉语

"数+量+名"进行类比,但在句构层面上,"a(n)/num. +N$_{(pl)}$"和"名+数+量"也都在汉英对比中有所涉及。

3 汉英句构中的表量结构

3.1 指称性与述谓性

宗守云(2012:164)指出,汉语"数+量+名"为定中修饰关系,"名+数+量"为主谓陈述关系。词法上这种理解不构成问题,可放到句构层面上,就难以成立。比如例(2)中的"一个湖",如果数词和量词之于名词只被看作修饰与被修饰的定中关系,那么按理说将"一个"略去也不会影响句子的完整性,事实却并非如此。将例(2)中的"一个"删去变成例(12)后,就读不通了,不符合汉语表达规范:

(12) *树林前边湖。

(13) a. 盛碗里两条鱼。

　　 *b. 盛碗里鱼。

　　 c. 碗里两条鱼。

　　 *d. 碗里鱼。

陆俭明(1988)曾探讨过例(13a)(13b)的情况,认为例(13a)成立而例(13b)不成立,是数量词对句法结构制约作用的表现之一,即有些句子如(13a)这种双宾语结构句,如果间宾是"给予"的对象,则直宾要带数量词(参见沈家煊,1995)。沈家煊(1995)对此做了进一步解释,将其归为有界和无界的问题。此处,"盛"表示的是动作的起点(无界),而鱼到碗里才是动作的终点(有界)。更为重要的是,"鱼"只是无指性或通指性的名词(无界),不指示单个的具体事物(有界),因此需要数量词来有界化。有界的"盛碗里"和有界的"两条鱼"才能搭配构成可以接受的句子。

本章在此讨论的问题,不涉及动词和双宾结构,例(13c)成立而例(13d)

不成立,才是例(2)成立而例(12)不成立的同类问题,但两位先生的分析仍具有启发意义。例(2)中的"前边"是对无界事物"树林"的界限化,使其定位明确,而光杆名词"湖"无界,用以通指而非具指,不能和有界化的"树林前边"搭配,加上数量词"一个"才行。下面,例(14)又说明了另外一个重要问题:

(14) 树林前边有/是/隔着/横着湖。(王文斌、崔靓,2019)

例(12)中"湖"前除了"一个",还可以添加如例(14)中一类的字词。"有""是"表存在、判断,"隔着""横着"表存在状态,带有方位指向性,它们并没有将"湖"有界化,而是发挥了指称功能。

"指称性"是汉语语块的重要特征,而这又源于汉语词类的包含关系。沈家煊(2012,2016)认为,汉语的动词包含于名词之中,"名动包含"的实质是"指述包含"。名词往往具备指称性,动词则多用于陈述,指称语因此包含了述谓语。与此同时,汉语的用法也包含语法,主谓关系即是话题-说明的关系(沈家煊,2012,2017a)。"一个湖"在本质上属于名词性词组,既是对"树林前边"的陈述又是指称,体现着话题-说明的关系。这样表示空间方位的存现句其实很常见,例如:

(15) 湖中央一个亭子。
(16) 树下一辆自行车。
(17) 院子里一股香气。
(18) 天上一团乌云。

而英语在大格局上是"名动分立"的语言(沈家煊,2017a),名词和动词在句构中分工较为明确,主谓关系是指称-陈述关系,指称和陈述功能分离。因此,英语表量结构不能单独做谓语,而是和谓语动词一起实现述谓性。

3.2 意合与形合

汉语以名词为重,主谓之间是话题-说明的关系,这使得句子成分之间的语法关系松散,意义的可理解大于所谓的形式完整。汉语表量结构形成的整体义,加上其对主语的指称性,可以使整个句子达到意合完形,形成表量结构谓语句,不需要再加上谓语动词。英语则以形为役,在主谓结构的基础上通过并列、嵌入等来完成句子的线性递归,每一个句子都有一个必不可少的核心动词。

更进一步看,汉语重意合、英语重形合的特点还体现在句内连贯和衔接的手段上。汉语句子成分之间的语义连贯,通常是草蛇灰线,隐而不显,少用英语的衔接手段。例如:

(19) 一句话,一辈子,一生情,一杯酒。(周华健《朋友》)

例(19)中没有谓语动词,以并置的方式串连成句,但这丝毫不影响我们对句子的理解加工。首先,"一句话"和"一辈子"形成对照。根据歌曲的主题"朋友"可知,这里的"一句话"是转喻用法,指代朋友之间的约定。这两个表量结构的并置,生成了"友人之约,一诺千金"的语义;"一生情"和"一杯酒"对举,又构成了隐喻"好友如醇酒,愈久愈浓香"。不仅如此,"一辈子"和"一生情"的语义重叠部分突出了时间概念,强调了"友谊经得起时间考验"的内涵义,"一句话"和"一杯酒"也在首尾呼应中体现出挚友间的"语虽短,情却长"。再次,这些表量结构都具有指称性,每两句可构成一个话题-说明关系:"一句话,(就是)一辈子;一辈子,(就是)一生情;一生情,(就是)一杯酒。"

如果尝试将这句话译成英文"The commitment between friends lasts for a lifetime, and a lifetime friendship lies in a glass of wine.",那么形合的特征将使其无法避免使用衔接手段,比如会出现并列连词 and。但汉语本身的干净洗练、含蓄自持等特点却无法在线性英语句中得到很好的体现。此处不妨将例(19)中汉语表量结构的并置式和其对应的英语复合句看作电路的串联和并联。汉语句子里的每一个语块都有着平等的地位,一条路径,语义相互关联,类似于串联电路中的首尾相连,没有分流,一处断路,全线断路(见图 12.1);英语中两个小句并列,语义上有分有合,多条路径,正如并联首首并连,拆除其中一个组件不影响另一个通电(见图 12.2)。

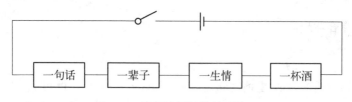

图 12.1 汉语表量结构的串联式

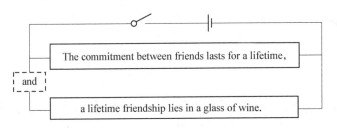

图 12.2　英语表量结构的并联式

就英语表量结构本身来说,要在句子中实现语法衔接和语义连贯,还可使用指称、替代、省略等方式,例如:

(20) It was her hair. She had <u>mountains of it</u>, twisted this way or that, clipped or beaded, braided or swirled. (Wendelin Van Draanen *Flipped*)

(21) There are many <u>sorts of books</u>; but good ones are <u>the sort</u> for the young to read. (Mark Twain "Advice to Youth")

(22) The bars, revolting to some, may appeal to <u>the herd of weekend triathletes</u> who want to eat like cave men. (*The Economist*)

例(20)中,代词 it 替代了前文中的名词 hair,实现了对 hair 的回指。例(21)中的 the sort 是对 sorts of books 的指称,不仅省略了表量结构中的 of books 成分,还使用了定冠词 the 来进行专指。例(22)中同样使用 the 来进行专指,不过此处不是指向文内,而是文外("那些铁人三项爱好者")。在一些情况下,the 还可以用 this/that 和 another/the other 替换。而汉语表量结构在回指时,往往是省略核心名词(如"我吃了<u>一碗饭</u>,还想再来<u>一碗</u>。"),或使用指示代词"这/那",其内部可以进行的变化相对要少得多。这也间接反映了汉英表量结构在句构中分别具有的隐性意合倾向和显性形合表现。

3.3 对举式与延伸式

如例(19)所示,汉语的流水句,尤其是无谓语句,往往以对举的方式呈现。例(12)在没有数量词对名词进行限定说明时,句子就不成立,把它

放到对举句式中,又可以接受:

（23）树林前边湖,高山背后村。

这么表达可以接受是因为尽管这不是诗句,但又太像诗句,这种形式为汉语母语者所熟悉,看着感觉亲切,读来觉得通顺。同样,汉语表量结构谓语句,也常常如此:

（24）<u>一分钱</u>,<u>一分货</u>。
（25）<u>一分耕耘</u>,<u>一分收获</u>。
（26）台上<u>三分钟</u>,台下<u>十年功</u>。
（27）一个篱笆<u>三个桩</u>,一个好汉<u>三个帮</u>。
（28）<u>一个人</u>,<u>一盏灯</u>,<u>一本书</u>,一整夜。

例（24）至（28）中这些句子如果只有上半段,那就都只是语义上不完整的语块,算不上句子。即便没有动词做谓语,也在前后并置对举中实现了语义的完形。这种表达方式可谓源远流长,从《诗经》（"关关雎鸠,在河之洲"）,到《千字文》（"天地玄黄,宇宙洪荒"）,从《三字经》（"人之初,性本善"）,到《弟子规》（"弟子规,圣人训"）,再到专门教授儿童骈偶之体的《声律启蒙》（"云对雨,雪对风,晚照对晴空"）,此外还有诗词歌赋、对联、歇后语等等,都是两两对举的对称句,不一而足。历朝语言形式一脉相承,简洁利索,符合儿童语言发展规律,也符合人脑处理短时记忆的限度（字数7±2个）,因而逐渐成为汉语中约定俗成的表达形式。

对举式也是汉语追求语言节奏的表现。对举之中以逗号为标记进行停顿,并通过控制字数、综合考虑韵律、语法、语义、语用来把握节奏（沈家煊,2017b）。对举句的上下两段通常字数相等,常见的有三言、四言、五言、七言。四言格是汉语最典型的对举形式,既是"2+2"也是"2×2",在此基础上衍生出三言、五言、七言（沈家煊,2017a,2017b,2019）。对于表量结构来说,三言多于四言及其以上,三言中"2+1"比"1+2"自然。也就是说在现代汉语中,"数+量+名"比"名+数+量"常见。历时考察亦表明,唐朝以后,"数+量+名"就基本上成为表量结构中的优势语序（吴福祥、冯胜利、黄正德,2006）。

汉语是声调语言,阴阳上去,平仄变化,使节奏感在对举中得以凸显。赵元任的三篇奇文,就充分运用拼音同、声调不同的异形汉字,夸张地表现汉字可凭声调成文的独特现象：

《施氏食狮史》：石室诗士施氏，嗜狮，誓食十狮。氏时时适市视狮。十时，适十狮适市。是时，适施氏适市。氏视是十狮，恃矢势，使是十狮逝世。氏拾十狮尸，适石室。石室湿，氏使侍拭石室。石室拭，氏始试食十狮尸。食时，始识十狮尸，实十石狮尸。试释是事。

《季姬击鸡记》：季姬寂，集鸡，鸡即棘鸡。棘鸡饥叽，季姬及箕稷济鸡。鸡既济，跻姬笈，季姬忌，急咭鸡，鸡急，继圾几，季姬急，即籍箕击鸡，箕疾击几伎，伎即齑，鸡叽集几基，季姬急极屐击鸡，鸡既殛，季姬激，即记《季姬击鸡记》。

《熙戏犀》：西溪犀，喜嬉戏。席熙夕夕携犀徙，席熙细细习洗犀。犀吸溪，戏袭熙。席熙嘻嘻希息戏。惜犀嘶嘶喜袭熙。

这三篇习作，每句字数少，句内语块用逗号隔开，语块以三言、四言为主，最长七言，最短二言，无论是字数控制还是音形义韵的结合，都恰到好处。当然，这是极端的例子，对举并不要求上下片段所有字都声母、韵母相同。就汉语表量结构的对举式而言，多数情况下是结构同、尾韵异，如例（24）的"一分钱（qián 阳平）"和"一分货（huò 去声）"，例（25）（28）同理；少数情况是结构和尾韵皆同，如例（26）中的"三分钟（zhōng 阴平）"与"十年功（gōng 阴平）"，例（27）同理。

那么英语呢？前面笔者曾论及汉英衔接手段的使用度问题，英语常使用关联词来实现形式衔接和语义连贯，其多数的同组逻辑关联词如 because 和 so、（al）though 和 but 不能共现，否则视为语法错误。汉语虽少用关联词，但如果用，总是以对举的方式同现["因为……所以……""虽然……但（是）……""尽管……还是……"等]，这也从侧面反映了英语句构的非对举性。但英语中也有表量结构并置的情况，例如：

(29) Breakfast at six-thirty. Skim milk, crusts, middlings, <u>bits of</u> <u>doughnuts</u>, wheat cakes with <u>drops of maple syrup</u> sticking to them, potato skins, leftover custard pudding with raisins, and <u>bits</u> <u>of Shredded Wheat</u>.

　　At four would come supper. Skim milk, provender, leftover sandwich from Lurvy's lunchbox, prune skins, <u>a morsel of this</u>, <u>a</u>

bit of that, fried potatoes, marmalade drippings, a little more of this, a little more of that, a piece of baked apple, a crap of upside down cake.（E. B. White *Charlotte's Web*）

这两段的第二句,都没有出现主语和谓语,有的只是一系列并列的名词或名词短语,分别说明前一句中主语 breakfast 和 supper 的内容。每一段的前后两句有着类似"主题-说明"式的表述,名词短语之间都用逗号隔开,乍一看很像汉语的流水句,实则不同。

例(29)选自 *Charlotte's Web* 的第四章"Loneliness",为了突出表现小猪 Wilbur 因计划落空后失落孤寂的感觉,作者费尽心思,尽量不用散发生气的动词,多用表达静止事物的名词类短语铺陈,将 Wilbur 每日三餐吃着残羹冷炙、一成不变的生活呈现在读者眼前。常态的表达至少是"Breakfast is at six-thirty, which contains ..."或者"Breakfast at six-thirty contains ...",不断的停顿,恰恰是为了和英语中的常态表达形式相对,以衬托出 Wilbur 的有气无力、沉闷孤独。也就是说,这种非常态的行文方式,是作者的叙事策略。

另外,主体部分运用了排比(parallelism)的修辞手法。排比虽要求并列成分词性一致、字数大体相当,却区别于汉语表量结构中的骈偶式对举。对举不仅突出对称性,还构成一组意群,使一句话语义完备。和汉语表量结构中的对举情况不同,英语往往是在延伸中明义,所有的表量结构和非表量结构共同构成 breakfast 和 supper 的内容。

英语表量结构在句中颇具节奏感。例(29)中的表量结构排比就着意渲染了小说场景的单调乏味,也使整体句式语气连贯,节奏均匀而有力。但修辞领域包罗万象,本书仅在句构层面探究英语表量结构对句子节奏的调控作用。

要论及英语的节奏感,就要提及重音(stress)这一概念。在词汇层面,单音节词无所谓重读,双音节及其以上的词才有重读和非重读音节。在句子层面,通常实词重读,虚词弱读。英语表量结构,无论是"a(n)/num. + N$_{(pl)}$"的"虚词+实词"式,还是"a(n)/num. +N$_1$+of+N$_2$"的"虚词+实词+虚词+实词"式,都是虚实词相间,轻重匀称。因其不能做谓语,其前通常都有主语名词和谓语动词这些实词,与之一道构成句子"虚实相生,轻重相间"的匀称节奏(加粗为重读音节),例如:

（30）At first **all** we **hear** is a **bunch** of **fea**thers **fla**pping ...（Wendelin Van Draanen *Flipped*）

（31） I was **ho**ping for **herds** of **tea**chers to a**ppear** so they could **see** the **real Shelly Stalls** in ac**tion**, but it was **too late** by the **time** anyone a**rrived** on the **scene**.（Wendelin Van Draanen *Flipped*）

倘若英语表量结构中的 N₁ 和 N₂ 又押尾韵,那就更是锦上添花,流露出诗行般的韵律美,例如:

（32） … at **least** I dis**tin**guished a **cha**tter of **tongues**, and a **cla**tter of **cu**linary uten**sils**, **deep** within … （Emily Bronte *Wuthering Heights*）

（33） I'll **turn** each **ounce** of solitude into **tons** of **for**titude.

可见,无论是对举式的汉语表量结构,还是处于延伸句式中的英语表量结构,都各有其诗性。

4 认知方式的不同:空间思维导向与时间思维倾向

语言表征人脑中的概念,是重要的认知手段和概念工具(王馥芳,2014:53)。更直白地说,语言是思维的产物,反映着人类的认知方式。汉英表量结构在句构中的差异,不仅体现着汉英大语法的差异,更体现着汉英母语者认知方式的差异。

人类的一切行为活动都离不开时空,我们所生活的"世界"(世为迁流,界为方位。——《楞严经》)、"宇宙"(往古来今谓之宙,四方上下谓之宇。——《淮南子·齐俗》)就是由时间和空间组成。任何语言都反映着人类的空间思维和时间思维,只是存在侧重差异。汉语是以空间立体思维为导向的表意符号,英语则是推崇时间性线序的表音符号(王文斌、崔靓,2019)。

根据语言类型学家的考察发现,人类语言中最先被确立为一个词类的,很有可能是动词,其次是名词,再次是形容词,最后是副词(Hengeveld,1992:68)。这也就是说,名词和动词是人类语言中最基本的词类。如前所述,汉语是以名词为本的语言,名词指称静态存在的人、事、物,空间性特别强;英语是以动词为重的语言,动词指向事件活动过程,体现时间性。这一区别也正是思维层面的映照。

此外,我们还可以从语言的层级体系(hierarchical scale)来看语言是如何反映人类的认知思维的。认知语言学的概括性承诺认为,语言的词汇、词法和句法层次构成连续统,并通过人的一般认知能力得到形成和发展。从语言的整体观看语言的各个部分,才能更好地建构语言的总体机制,反映人类的概括性认知方式(Evans and Green,2006:28-40)。基于此,下面简要从汉英字词句层面,探究其折射出的不同认知思维。

从文字形态上说,汉字由偏旁和部首构成,英文单词由词根和词缀组成,两者似乎具有相似性,但汉字的构造是从空间方位来讲的:上下结构(如"李")、左(中)右结构(如"词""撇")、包围结构(如"国")、半包围结构(如"匦")等;而英文单词是由字母线性排列组合而成,词缀只能位于词根的前、中、后方,远不及汉字的多方位性。此外,汉字还能进行同字叠加,构成多叠字,如"木、林、森""月、朋、朤""又、双、叒、叕""火、炎、焱、燚"等,反映着汉字结构的空间性思维。

从组词构句上看,汉语语块具有较强的可回文性,也是空间性思维的表现。如"语言"和"言语"、"弟子"和"子弟"、"情感"和"感情"、"现实"和"实现"、"隐退"和"退隐"等等。表量结构中"名+数+量"可转换成"数+量+名",也体现着回文性,如"桌了一张"和"一张桌子"、"美酒一瓶"和"一瓶美酒"等。甚至在句子层面也存在回文,如"壶空怕酌一杯酒"和"酒杯一酌怕空壶"。英语中虽然也有回文现象,但总体局限于词汇层面,如are 和 era、part 和 trap、god 和 dog,而 eye、refer、level 反过来写还是同一个词。句法层面则受时、体、态等语法约束,还需要拆分单词才能做到,如"Was it a bar or a bat I saw?"。表量结构中 N_1 和 N_2 限于修饰关系而难于对调,就几乎不存在回文现象了。英语的不可逆性如同时间的一维线状,在组词构句层面和汉语的空间可逆性形成鲜明对比。

5 语言类型学意义

针对以上的汉英表量结构句构差异对比,本节从更为宏观的语言类型学角度做进一步概括。

语言类型学家认为,语法规则不是自主的,他们主张用语义、语用等语法之外的因素去解释(陆丙甫,2006)。就汉英表量结构在句构层面的表现来说,互补关系和蕴含关系能较好地阐释汉英两种语言在语法上的形式各异。

首先,数范畴是语言中普遍存在的概念范畴,基本功能在于区分实体的单复数,明确指称类别等。数范畴在语言中的具体表现大体分为两类:"数"的形态标记和词汇标记形式。根据语言的经济原则和语用实际,通过形态手段标记"数"的语言,在词汇手段上就会相对缺乏,反之亦然。以英语为首的印欧语系就是用形态标记"数"的典型语言,而以汉语为首的汉藏语系缺乏形态变化,采用的则是数量词形式。这种相对的关系,可视为互补关系,共同完成了数范畴在语言中的表征。当然,这并不是说"数"的形态标记和词汇标记在一个语言系统中是不兼容或相互排斥的。事实上,它们甚至能在一个语句中并存。例如,日语和韩语都是量词型语言,但两种语言中都存在"名$_{(pl)}$+数+量"的结构,韩语中还可以省略量词,其复数标记"-tul"能用于可数名词之后表示复数,如 sakwa-tul(apples)(伍雅清、胡明先,2013)。这也说明量词型语言内部呈现"中心-边缘"原型范畴现象,就量词型语言的典型程度而言,呈现"汉语>日语>韩语"的顺序。

再次,从蕴含共性的角度看,我们发现语言中的"表量结构"能否做谓语,和"名词"能否做谓语,存在蕴含关系。根据语言类型学的功能解释原理之一——可能性等级可知,可能性较小的形式的存在蕴含着可能性较大的形式的存在(陆丙甫、金立鑫,2010)。在汉语中,表量结构具有名词短语性质,名词做谓语的情况远远多于表量结构做谓语,因此我们可以说,汉语中名词谓语句的可能性要大于表量结构谓语句。据此,可以假设存在这样的蕴含关系:"表量结构能做谓语"蕴含着"名词能做谓语",前者是后者的充分条件。倘若这一假设为真,那么其逆反命题"'名词不能做谓语'蕴含着'表量结构不能做谓语'"也成立。高航(2020:19;2021:5)在观察柬埔寨语、越南语、泰语、印尼语等语言后发现,这些汉藏语系语言都广泛使用名量词,且名词谓语句也出现率高,类型多样,受到的限制远远小于形态语言。他举了以下例子予以佐证:

(34) bɔntɔb neh 20 000 dhollaar.(柬埔寨语)
　　房子　这　20 000 美元
　　这套房两万美元。

（35）Xe này ba bánh.（越南语）

　　车　这　三　轮子

　　这辆车三个轮子。

（36）Lan chai hok khuap.（泰语）

　　侄子　　六　岁

　　侄子六岁了。

（37）Buku ini 5 000 Rupiah.（印尼语）

　　书　　这 5 000 卢比

　　这书 5 000 卢比。

　　这一蕴含共性也可以用交际需要程度和信息处理难度两个因素来证实。汉语以名词为重，动词也具有名词属性，既然名词短语性质的表量结构都能做谓语，那么更为简单的名词形式当然也能做谓语。英语以动词为句子核心，名词与动词总体上是分立状态，在句构上需要动词而不是名词来做谓语，因而也就不需要名词短语类的表量结构来做谓语。越不需要的表达形式，就越不具有可接受度，运用的难度也就越高，这也在一定程度上解释了为什么英语中没有表量结构或名词做谓语的现象。

6　结　语

　　自《马氏文通》出版以降，汉语语法研究基本上都是以英语为首的印欧语系的语法作为参照。汉语表量结构可以"做谓语"的说法，其实就是这种参照的结果。近现代以来，许多汉语学家致力于建立汉语本身的大语法，在语言对比中探究汉语与其他语言的共性和个性。

　　本章通过对比汉英表量结构在句构层面扮演的不同句法角色，发现汉语表量结构之所以能做谓语，不仅有汉语表量结构本身的原因，更在于汉语大语法的个性特征。而唯有比较，才有鉴别，我们也因此更进一步认识到了汉英的异同。

　　赵元任（1968）在探讨体词谓语句的表义功能时，指出汉语表量结构做谓语时往往是为了凸显某事物的状态、属性或程度。本书认为，赵先生所论只涉及了汉语表量结构谓语句的单句式,除此之外,还有对举式。这两种汉语表量结构谓语句都在一定程度上体现着汉语的指称性、意合性、对举性,而英语表量结构不能在句中做谓语,发挥的是述谓功能,在与句子其他成分的形合、延伸中明义。这之中还不乏修辞手法、语言节奏的差异对比。这些区别归根结底,源于汉英两种语言所反映的认知方式的不同。汉语以名词为重,汉语表量结构谓语句中的名词语块构句现象,体现了汉语母语者的空间思维导向;英语以动词为重,表现了英语母语者的时间思维倾向。

　　本章突出探讨的是汉英表量结构在句子层面能否"做谓语"的问题,并尝试挖掘出汉英两种语言的不同语言类型特征和认知方式差异,以及这一研究的语言类型学价值。

汉英极性义表量构式的认知类型学阐释[①]

1 引 言

所谓"语义极性",指的是意义的极大值或极小值。极性义是语言表达的一个基本特征。人们在交际中为了达到某种语用效果,常常会采取特殊的语法手段来实现夸张修辞。本章以汉英极性义为研究对象,描写了汉英极性义表量构式的构件及构式的整体特征,并尝试性地从认知类型学的角度对汉英极性义表量构式的异同做出解释。本书认为,在共性方面,汉英极性义表量构式的主观性和修辞性,反映了汉英母语者认知事物的主观识解方式和思维的喻性。在个性方面,第一,汉语极性义表量构式中借用为量词的名词和动词多与身体部位有关,英语的多和自然现象有关,体现了汉英母语者各自的主体意识倾向和客体意识倾向;第二,汉语极性义表量构式有许多对举式而英语没有,透露了汉语母语者重整体综合而英语母语者重逻辑

---

① 本章蓝本为白黎、李勇忠:《体认语言学视域下汉英极性义表量构式的认知类型阐释》,辽宁师范大学学报,2022(2):24-30。内容已做部分修改。

分析的思维方式。

　　程度范畴是语言的一个重要的语义范畴(周敏莉,2016)。就最高程度而言,英语中形容词、副词的最高级,汉语中"最""顶""满""独"等黏着副词与其他词语的组合,都是最典型的表达方式。国外关于极性义表达的研究,以 Israel(1998,2004,2011)的极性词语梯级模型(Scalar Model Polarity)为代表,侧重命题逻辑和梯级推理。国内则多将语言本体研究与认知语言学结合进行分析,如蒋勇(2008,2013),蒋勇、龚卫东(2011),蒋勇、翟澍、刑雪梅(2011),廖巧云、蒋勇(2013)在极性词语梯级模型的框架下运用认知图式、关联理论等分析汉英量化最高级的词语表达,温锁林(2010,2012)、储泽祥(2011)、赵琪(2012)、赵彧(2012)、魏在江(2015)、周敏莉(2016)等基于认知语法对各种汉语极性义构式进行探究。其中,将程度范畴和数量范畴相结合的极性义构式研究屈指可数,专门针对汉英极性义表量构式的对比研究更是少见。

　　本章将在前人对极性义构式的研究基础上,从认知类型学的角度探析汉英极性义表量构式的异同,以期挖掘汉英两种语言在认知类型上的共性与个性。

2　汉英极性义表量构式的构件

　　汉语极性义表量构式的基本形式为"一+量+名",在此基础之上会出现一些变体,如在量词为度量衡类时,数词可以是"十""百""千""万"等,作为虚数泛指"极多""极大""极深""极广"等极性义。与之相对的英语表量构式则是"a(n)+N_1+of+N_2",当 N_2 为可数名词或 N_1 为集体名词时,"a(n)+N_1"会变成 $N_{(pl)}$。构式语法采用的通常是自上而下、自整体至部分的研究范式,将构式义视为高度图式化的认知框架,左右着构式中词语的选择。但为了方便分析的展开,我们将自下而上,从语言现象入手,依次考察汉英极性义表量构式的组成部分及其整体特征。

极性义表量构式表现的是计量上的极大和极小,因此量词是该类构式的语义焦点。再者,笔者在收集语料的过程中发现,汉英极性义表量结构在量词选择上的差异要大于名词和数词。据此,本章以量词的分类为基础,根据量词槽位上的词汇在各大词类中的出现频率,沿用前面讨论过的量词的大体分类法,即分为量词性量词、名词性量词、动词性量词,进而便于汉英极性义表量构式的分析。

2.1.1 量词性量词

量词性量词是专用性较强的量词,狭义上只包括度量衡类、容器类,但因描述名词事物外形的个体量词使用频率极高,量名搭配固化程度高,我们将形状类也归入广义的量词性量词。即与极性义构式有关的可分为汉英共有的度量衡类、容器类、形状类,以及汉语独有的通用量词“个”。其中有一小部分极性义表量构式具有黏着性,如“一滴风”(赣方言)、a speck of dust/cloud/humor 本身就表示极少的量,但它们常见于否定句中,如“一滴风都没有”、don't have a speck of dust/cloud/humor,这也因此达到了“否定最小量即是无限接近零”的效果。

汉英表极性义的容器类量词较少,毕竟能用容器来装盛的,不会是极少或极多的量,大多数情况下需要具体语境来建构极性义。比如“一箪食”“一瓢饮”中,“箪”和“瓢”只是普通的容器量词,前者是古代用来盛饭的圆形竹器,相当于碗,后者是舀水取物的工具,多用对半剖开的匏瓜或木头制成。在脱离文本语境的情况下,它们不表极小义,但在例(1)语境的作用下,就突出表现了颜回安贫乐道、至简至纯的生活状态:

(1) 子曰:“贤哉回也!一箪食,一瓢饮,在陋巷,人不堪其忧,回也不改其乐。贤哉,回也!”(《论语·雍也》)

类似的依赖文本语境的极小义表达还有“平淡生活,一饭一蔬”,“一饭一蔬”即是“一碗饭,一盘蔬菜”,省略了容器量词“碗”和“盘”,使其和前半段对称,语言也更为洗练、概括,此处用了最具代表性的简单饮食转喻平淡生活的内容。

而表极大义的英语容器类量词要远多于汉语的,这主要在于英语具有形态标记优势,可以通过添加后缀"-ful"来表示充满时的量,如 dishful(满碟的量)、bottleful(满瓶的量);而汉语表极大义的表量构式如"一锅粥""一盘棋",都属于俗语类,其表极大义的是整体构式的比喻义,而非字面义。常见的包含量词性量词的汉英极性义表量构式如表 13.1、表 13.2 所示:

表 13.1　常见的包含量词性量词的汉语极性义表量构式

大类	次类	极　大　义	极　小　义
量词性量词	度量衡量词	十/十二/一百二十分满意、一百八十度大转变、百尺高楼、百丈冰、万丈深渊、万斛/里/顷愁	一寸光阴/相思、三分钟热情、一晌贪欢、一毛钱(关系都没有)、一分钱(都舍不得乱花)
	容器量词	一盘棋/散沙、一锅粥	一杯愁思、一箪食,一瓢饮
	形状量词	一片春光/丰收景象/混乱/痴心、(拧成)一股绳儿、一股正气、一团乱麻/糟/漆黑/和气、一条心/死路/龙服务、一根(儿)筋	一丝冷笑/凉意/气息/嘲讽、一缕阳光/春风/香气/忧伤、一线裂缝/天光/生机、一粒渔火、一粒(小)馒头/橙子(港台地区)、一滴风(都没有)、一点零食/星光/风声/小事/思绪、半点含糊不得、半点感想都没有
	通用量词"个"	一百/千/万/亿个祝福	半个人影(都没有)

表 13.2　常见的包含量词性量词的英语极性义表量构式

大类	次类	极　大　义	极　小　义
量词性量词	度量衡量词	tons of money/work/fun, a pound of cheerfulness	an inch of rain/time, an ounce of strength/solitude, a penny of happiness
	容器量词	a barrel of fun/laughs, a spoonful of soup, a bagful of apples, a basketful of potatoes, a bottleful of milk, a dishful of pork, a cupful of tea, a bowlful of rice	a cup of kindness

认知类型学视野下汉英表量结构的对比研究

续　表

大类	次类	极　大　义	极　小　义
量词性量词	形状量词	A lump of cash/labor/vanity/probability/creativity/impertinence, a chunk of change, a tract of mountain-and-valley scenery	a dot of progress, a spot of ink, a piece of cake/kindness/heaven, a drop of pride, a slice of good luck, a bit of paper/information/time/trouble, a thread of hope, a shred of paper/truth/credibility, a wisp of hair/smoke, (don't have) a speck of dust/cloud/humor

2.1.2　名词性量词

　　名词性量词是指临时充当量词的借用名词,名词本身的语义不但没有被极性义表量构式完全消解,反而和构式中其他成分一起建构了极性义。

　　和量词性量词的情况一样,也有少数包括名词性量词的表量构式需要置于否定句中才能表征极性义,如"不拿走一针一线"、(not) a jot of evidence/truth/delight,这在某种程度上也是依赖于语境的表现。

　　在表极大义的名词性量词中,汉语中主要是借用表二维或三维空间的名词,以及和身体部位有关的名词,如"一<u>屋子</u>/<u>院子</u>/<u>巷子</u>/<u>车子</u>人""一<u>池子</u>鱼""一<u>头</u>秀发/包""一<u>肚子</u>墨水/气"。英语中也有一些和空间、身体部位有关的名词,但大多是添加后缀"-ful""-load",以区别于 of 结构的名词所有格,突出计量功能,如 a <u>roomful</u> of people、a <u>shipload/truckload/trainload/lorryload</u> of steel、a <u>mouthful</u> of food、an <u>armful</u> of flowers。英语中还有许多复数形式的集体名词出现在表极大义的表量构式中,如 <u>heaps/scads/piles/loads</u> of books、<u>flocks</u> of sheep 等,这些表达如果对应到汉语中,则是"一堆堆""一群群"的量词叠用情况,此处不列入对比范畴,需另文分析。常用的包含名词性量词的汉英极性义表量构式见表 13.3、表 13.4:

表 13.3　常见的包含名词性量词的汉语极性义表量构式

大类	极　大　义	极　小　义
名词性量词	一桌子书、一屋子/院子/巷子/车子人、一池子鱼、一窝蜂、一瀑秀发、一潭死水、一纸空文、一言堂、一头秀发/汗/包、一脑袋糨糊、一脸横肉/汗/严肃、一眼荒凉、一嘴泥/脏话、一口气/否定、一腔热情/孤勇、一怀愁绪、一肚子气/坏水/怀疑/懊恼、一屁股债、一身水/红/诗意	一针青草、一场春梦/空、一枕黄粱、一锤子买卖、一桩小事、一眼窑洞/小事/主意(吴方言)、不拿走一针一线

表 13.4　常见的包含名词性量词的英语极性义表量构式

大类	极　大　义	极　小　义
名词性量词	a handful of sand, a bellyful of rudeness/funny jokes/joy, a mouthful of food/abuse, an armful of flowers, a roomful of people, a mountain of jewels/bureaucracy/problems, a bonanza of sympathy, a world of waters/differences, a galaxy of famous stars, a myriad of stars/lights/problems/thoughts and ideas, a shipload of sea food, a truckload of steel, a trainload of coal, a lorryload of sand, a swarm of bees, a host of daffodils, a field of cows, a hill of grass/beans, a valley of ashes/people, a sea of flags/flame/joy, a rain of stones/melody/congratulations/terror, a flood of sightseers/tears/moonlight/hatred/abuse/terror, a storm of applause/cheering/anger/abuse, a hurricane of cheers, a torrent of abuse, a spate of anger, a gale of laughter/anger, a hail of anger, a thunder of applause/laughter, a ripple of applause/laughter, heaps of books, scads of time, piles of papers, loads of actors/singers, flocks of sheep, swirls and eddies of people, hordes of locusts	a note of anxiety/pride, a trace of smile/emotion, a ray/light of hope, a streamer of dust, a word of abuse, a tint of jealousy, (not) a jot of evidence/truth/delight, a grain of rice/justice, (without) a grain of sense

2.1.3　动词性量词

　　动词性量词即为临时做量词的动词,和名词性量词一样,在表量构式中仍保留其部分动词词性和词义。动词性量词相对较少,首先在于表量结

第十三章　汉英极性义表量构式的认知类型学阐释

构本身是名词短语性质,动词要进入该类结构相对受限。其次,动词都具有时间性,而时间是抽象的,时间的极多和极少难于量化,这也是为何人们在语言中表征时间概念时总要借助空间概念。在极性义表量结构中,表示动作极快、占时极短的动词,可用于表征极小义,如"撮(儿)""溜(儿)"、pinch、flash,而突出所限定名词量多、量大的动词才能用于表征极大义,如"派"、gush。常用的包含动词性量词的汉英极性义表量构式见表13.5、表13.6:

表13.5　常见的包含动词性量词的汉语极性义表量构式

大类	极　大　义	极　小　义
动词性量词	一派风光/大家风度/谎言、一抱温暖、一把手	一撮(儿)盐/土匪、一捏(儿)糖/烟灰、一捻(儿)土/春风/年纪/闲愁、一溜(儿)烟、一掠风景

表13.6　常见的包含动词性量词的英语极性义表量构式

大类	极　大　义	极　小　义
动词性量词	a gush of anger/enthusiasm, a stampede of the crowd, a blaze of fury	a bite of meat/summer/China/love, a sip of wine, a pinch of salt, a glimpse/flash/glimmer/flicker/glisten/glitter/sparkle/twinkle/shimmer/glow/flutter/gleam of hope, a crash of thunder/breaking glass, a sweep of scenery, a glint of anger, a twist of smoke/fate

2.2　数词

在极性义表量构式中,作为常量(constant)的汉语数词"一"和与之相对的英语不定冠词a(n)都起着不可替代的作用。

汉语中,"一"是最小正整数,通常表人、事、物的最小数量。汉语极性义表量构式的原型形式,就是由"一"与表极小量的量词组合而成,如"一粒米""一丝风""一点星光"等。"一"在中国传统文化中,也有"源头、根本"之义。《道德经》中就有"道生一,一生二,二生三,三生万物"之说,《说文解字》将"一"解释为"惟初太始,道立于一,造分天地,化成万物。"即是说,"一"既可以专指最小值,也可以泛指极值。在表极大值时,"一"往往是"满极、透"之义。储泽祥(2001)也认为,当数词限于"一"时,表量结构就重在表判定或评价,而非计数。

Heine & Kuteva(2002:220 - 221, 332)曾指出,英语中的不定冠词 a(n)由数词 one 语法化而来。即从词源学来看,英语的 a(n)与 one 同源,对应的法语 un、德语 ein 等印欧语亦是如此。a(n)和 one 的古英语形式皆为 ān,曾一度作为数词使用,直到 12 世纪中叶才逐渐出现不定冠词的用法[①]。语法化而来的成分一般不改变其源头词位的语序,即无论是 one 还是 a(n),都始终置于可数名词前。在古希腊哲学中,柏拉图曾用"太一"(The One)指向人类精神领域的终极实在(ultimate reality)(查尔斯·E. 布莱斯勒,2015:25),普罗提诺在阐述柏拉图的思想时,指出"太一"是一切存在的起源,具有"绝对先验性"(同上:34)。由此看来,无论是词源层面还是哲学意味层面,a(n)和汉语的"一"一样,都具有"初始"与"终极"这两重既对立又统一的内涵义,为极性义表量构式的生成积蓄了潜势。

当然,汉语极性义表量构式的非典型形式中,除了"一",还有出现在度量衡量词前"十""百""千""万""亿"之类的整数,或"一"的一"半"(如"一/半点意思都没有"),它们的语用效果虽不尽相同,但实质上一样,只表相对概念中的极值,而不计数。英语中的整数 hundred、thousand、million 等在表极性义时,必须添加复数标记"-s",如 hundreds/thousands/millions of calls,否则就是实指计数。汉语中也有类似的表达,如"一百/千/万个祝福"。但英语中的 hundreds/thousands/millions of 结构要求 of 后必须是可数名词,能产性远远低于汉语中的"一百/千/万/亿个"。

2.3 名词

汉英表量结构常被视为向心结构,名词一般是结构的中心,但在极性义表量构式中,由于名词(N₂)本身很少具备表程度的功能,因此名词(N₂)只有与数量成分进行合力,才能形成整体的极性构式义。

---

① https://www.quword.com/etym/s/an.

当量词本身表示极性义时,焦点就集中于量词,此时无论"一+量"["a(n)+N₁+of"]后是什么名词(N₂),构式都具有极性义。当汉语中数词为"百""千""万"等大整数时,也不用考虑名词情况,构式就能表极大义。除了这两种情况,名词(N₂)槽位通常都不是指称具象事物的名词,即往往是物质名词和抽象名词,如"一片土豆"、a piece of bread 不表极性义,但"一片欢腾"、a piece of kindness 就可以。此外,汉语中的名词槽位借用了一些表主观态度的动词和表达情感的形容词,如"一肚子怀疑""一身红""一缕忧伤"等,但它们都是相对静态、表状态的词语,名词属性较强。

3 汉英极性义表量构式的特点

3.1 共性

3.1.1 语言的主观性

极性构式具有主观性,是学界普遍认同的观点(储泽祥,2011;温锁林,2012;赵琪,2012;魏在江,2015)。笔者在前文中也提到了"一"和 a(n)作为虚数的主观评价性,下面将从其他方面探讨汉英极性义表量构式的主观性。

物质是构成客观世界的基础。但在语言中,汉语的"物"字,以"牛"为偏旁,反映的是牛的耕种带给人类满足温饱的"物",恰恰体现了人观外物的主观性。古希腊哲学家普罗泰戈拉也曾指出,"人是万物之尺",人类语言的体验性根植于思维的体认性(王寅,2005)。关于物、事、人类情感的极大与极小,也同样是相对的概念,人始终以自身的体验和经验作为衡量万物的标准。

极性义包括极大义和极小义两种。"极"在《说文解字》中释义为"极,栋也",即房屋正中的最高处。随着语用的拓展,"极"逐渐从指涉具体拓展至抽象,但抽象概念上的极大、极小却似乎没有边界,模糊性较强。汉字"大"和"小"的象形文字在一定程度上表现了其本身的主观性。象形字"大"(见图 13.1),如同一个张开双臂和叉开双腿的人,用人的四肢作为丈量事物大小的尺度,"大地""大海""大风""大人""大哥""大夫""大王"等词语都是从人的视角出发进行的"大"的评判。象形字"小"(见

图 13.2），呈沙粒状，与“大”相对，和“大姐”“大人”“大哥”“大餐”相比，“小姐”“小孩”“小弟”“小吃”等都表示不及他者。因此，“极大”和“极小”也同样是相对的，带有很强的主观评判性。

图 13.1　象形字“大”　　　　　图 13.2　象形字“小”

汉英极性义表量构式的主观性，还可从量名搭配和客观实在的角度探知一二。沈家煊（2001）指出，语用者的视角、情感和认识三者相互交织，体现着语言的主观性。以“一角月牙”（a bit of moon）为例，我们可以说这一表量结构的所指物和“一钩新月”（a crescent moon）、“半轮明月”（a semicircle of moon）相比要小得多，但月亮本身自始至终都是不发光的球体，并没有因为所谓的阴晴圆缺而在体积、大小、重量等方面发生变化。正是因为人类是在地球上用肉眼观察月亮，再将个人认识、情感感受投射到客观事物上，客观事物才被主观化了。

3.1.2　语言的修辞性

汉英极性义表量构式中，大量运用夸张、隐喻、转喻等修辞手法，以达到具象性、情感表现性、审美性等表达效果，也起到了为语言“保鲜”的作用。

例如，“一声梧叶一声秋，一点芭蕉一点愁”（徐再思《水仙子·夜雨》），“一点愁”就很好地运用了夸张和隐喻手法。量词“点”将不可计量化为可计量、将抽象化为具体。单看“一点愁”，是极小的、微不足道的，但在这一语境中，雨打芭蕉，点点滴滴，连续不断，象征的正是连绵不绝的愁思。“一点愁”表面上降低了愁思的程度，体现了诗人在情感上的自持、叙事上的克制，但与此同时“雨”这一意象赋予的联想意义，又夸大地表现了愁思之多、之浓。还有“一寸相思一寸灰”“一寸光阴一寸金”等，都有着类似的表现力。又如 a dot of progress，dot 意思为“小圆点”，和 progress 搭配明显是夸张用法，类似于汉语口语中的“一丢丢/一丁点儿进步”，隐含否定意味。

转喻则是汉英极性义表量构式中更为普遍、基础的修辞手段，我们认为凡是体现了部分与整体、图形和背景、凸显和隐藏等邻近关系的，都可以称之为转喻。比如表形状类量词组成的极性义表量构式，用“点”（dot）、

"滴"（drop）、"片"（piece/slice）等侧面凸显事物的某一方面特征,从而获得整体的极大义或极小义;包含名词性量词的如"一嘴脏话"（a mouthful of abuse）、"一肚子气"（a bellyful of fury）等,用载体指代内容;包含动词性量词的如"一掠风景"（a sweep of scenery）、"一撮盐"（a pinch of salt）等,用动作指涉与之处于同一事件链内的事物。

3.2 差异

"和实生物,同则不继"共性寓于个性之中,个性丰富着共性,两者是辩证统一的关系。汉英极性义表量构式有其共性,必然也有各自的个性。

3.2.1 身体部位量词和自然现象量词

表极性义的汉语名词性量词中,有大量和身体部位有关的词汇,如"头""脑袋""脸""肚子"等;英语中表极性义的名词性量词则多与自然现象有关,如 mountain、galaxy、sea、rain、flood、ray 等。汉语中的动词性量词"把""撮""捏""捻"等也是和手指、手掌等肢体的动作有关的词语;英语中的动词性量词 gush、flash、twinkle、sparkle、shimmer、gleam 等,表示的则是和自然现象有关的动态词。

3.2.2 汉语对举式

汉语极性义表量构式有一个独特的形式——对举式。"对举"是汉语常见的修辞手法,是指把两个或多个事物在横组合轴排列,互相支持、相互映衬,可以是形式或语义方面相近或相反的两个或多个事物,排列组合形成对比,凸显事物之间的相似或不同。"对举式"是指两个或多个形式相近、语义相近或相反的成分联合并举的句子,前后句段一般要同现才能使句子符合要求。汉语极性义表量构式中的对举式以俗语和诗词居多,例如:

（2）读万卷书,行万里路。

（3）过江千尺浪,入竹万竿斜。（李峤《风》）

（4）春种一粒粟,秋收万颗子。（李绅《悯农》）

（5）山中一夜雨,树杪百重泉。（王维《送梓州李使君》）

（6）宁拆十座庙，不毁一桩婚。

（7）听君一席话，胜读十年书。

（8）桃李春风一杯酒，江湖夜雨十年灯。（黄庭坚《寄黄几复》）

（9）同一个世界，同一个梦想。（2008年中国奥运会口号）

（10）台上三分钟，台下十年功。

（11）一个篱笆三个桩，一个好汉三个帮。

英语中也有对举式，同样一般见于诗歌和俗语中，如构式“No X, no Y.”（“No pain, no gain.” “No sweat, no sweet.” “No cross, no crown.”），构式“Out of X, out of Y.”（“Out of sight, out of mind.” “Out of debt, out of danger.”），构式“Nothing X, nothing Y.”（“Nothing brave, nothing have.” “Nothing seek, nothing find.”），名句“Joy for his fortune; honour for his valour.”（William Shakespeare *Julius Caesar*）等。但对举式和表量结构是汉语中的常规表达，在英语中却是非常规表达。这当然有语言本体的原因：首先，英语是数标记型语言，但凡能用常规表达就不会使用of式表量结构，如例（9）对应的英文口号是“One world, one dream.”；其次，英语句子中动词总是必不可少的成分，主语通常不缺省，小句与小句之间形式衔接众多，语法限制远多于汉语，因此几乎没有无谓语动词或无主语的表量结构对举式。在下文中我们还将阐述这一差异背后的认知动因。

4 认知类型学阐释

认知类型学是将认知语言学与语言类型学相结合的新兴学科，以语言的经验结构和常识结构为研究对象（张黎，2010b），通过比较语言结构的异同来探究认知结构的异同。认知语言学认为，集语法、语义、语用为一体的语言表达系统是表征人类经验系统和概念系统的重要手段。语言类型学在此项假设的基础上，一方面发挥其大数据作用，提供佐证语料和一些直观描写方法，另一方面也指引了语言研究的共性意识和类型意识。下面我们将围绕上文中论及的汉英极性义表量构式的异同，来阐释其所体现的汉英认知类型的异同。

4.1 汉英认知类型共性

4.1.1 主观识解

首先,汉英极性义表量构式的主观性透露着语用者的视角选择,而视角的选择又与识解操作中注意力的分布有关。

Langacker(1987b)认为主观识解和客观识解的区分,主要在于视角这一参数所引发的焦点调试。Langacker 以"眼镜"为例,如果眼镜是放在我们眼前,那么眼镜就是感知上的客观物体;而当我们戴上眼镜,借助它去看别的物体,此时我们对眼镜的注意力就大大减弱,眼镜成了接收者(perceiver)的一部分。现实中,主客观识解可视为连续统上的两个极,通常注意力会部分地分布于客观识解和主观识解,只不过不同场景下各自的凸显度不同。当注意力集中于外物时,主观识解背景化,客观识解前景化,例如看电影、读小说;当我们聚焦于自己时,主观识解则前景化,客观识解背景化,比如穿衣服、骑单车。就汉英表量构式通过表征极性义来体现人对事物的感受、评价、判断而言,汉语和英语采用的都是主观识解方式,尤其"一"、a(n)和抽象名词(N_2)将注意力更多地集中于构式的整体义,如"一片混乱""一线生机"、a lump of probability、a thread of hope。

语言的主观性,还反映了概念的相对性。Langacker(1987b:118)曾对形容词 close 所表示的语义"近"举了以下例子:

(12) a. The two galaxies are very <u>close</u> to one another.

    b. San Jose is <u>close</u> to Berkeley.

    c. The Sulphur and oxygen atoms are quite <u>close</u> to one another in this type of molecule.

例(12)中从(a)到(c)都表征"近"这一概念,但这些例子展现了不同的层级,从(a)星系间到(b)人与人之间,到(c)分子成分间不等。从空间距离上看(a)要远大于(b),(b)远大于(c),但视角不同,参照关系就不同:(a)至(c)各自以星系之间、人与人之间、分子成分之间的一般距离为参照。同理,在 a hill of grass 中 hill 是小山,a mountain of flowers 中 mountain 是大山,但它们都是表极大义的表量构式,原因在于 grass 和

flowers 分别是以 hill 和 mountain 为参照,在其所在的构式中都形成了"满、全"之意。

4.1.2 喻性思维

其次,汉英极性义表量构式的修辞性实际上也是人类思维喻性的表现。典型现象如极性义表量构式从字面义拓展到比喻义,就是通过转喻和隐喻来实现的。例如从字面义的"一身水"到转喻性的"一身红",再到隐喻性的"一身诗意",从字面义的 a bit of paper 到转喻性的 a bit of information,再到隐喻性的 a bit of trouble,是从具象逐渐到抽象的拓展过程。这种语言上的扩展性体现的正是从具象到抽象的认知方式,是一种喻性思维方式。

具体来看,夸张、转喻反映的是事物之间的邻近关系,在同一认知框架内凸显度高的指代凸显度低的;隐喻体现相似关系,用熟悉的类比陌生的,是不同认知框架之间的映射。转喻和隐喻也存在交叉状态,如"一脸通红",可以理解为隐喻"愤怒是火气",也可以理解为转喻"通红的脸色"(发怒时的表现),指代"发怒"。又如 a bite of love 中 a bite 直接激活的名词应是食物类的,此处是将抽象事物 love 类比 food,将爱隐喻为世间百味。而 bite 具象化的又是"一小口"的爱情,a bite of love 即是爱的大气象中的小掠影,a bite of love 和 love 之间又构成了隐性的"部分一整体"关系,属于转喻用法。隐喻和转喻是连续统上的两个端点,两者之间存在较大的模糊地带(Goossens,1995,2002),实际上也是概念中邻近关系和相似关系的中间地带。

4.2 汉英认知类型差异

4.2.1 主体意识与客体意识

前文提到过,汉英极性义表量构式体现了语言的主观性,这是两种语言的共性,但具体到构式中的量词选择上,又存在差异:在借作量词的名词或动词中,汉语中较多和身体部位相关,英语中则较多和自然现象有关。这在一定程度上说明,汉语倾向于采用内视角,英语倾向于采用外视角。

内视角和外视角都是以自我为参照来指称和表达世界的视角,是言说者在具象和抽象层面上空间位置的不同：内视角是观察者从里往外看，外视角则是从外向内看（李勇忠，2012）。例如，"一眼荒凉"里的"眼"、"一肚子怀疑"里的"肚子"都是直接从身体感知出发，来分别表现外在荒凉的景象和较为抽象的怀疑态度。又如"一捻闲愁"里的"捻"、"一抱温暖"里的"抱"，用肢体动作激活与之相关的手指、双臂，"近取诸身"，采用由内而外的内视角。相反，a sea of joy 中的 sea、a flood of terror 中的 flood，则是用自然现象来分别描述人内心无尽的喜悦和无边的恐惧。还有 a flash/glimmer/flicker/glisten/glitter/sparkle/twinkle/shimmer/glow/gleam of hope，可以用十几种表示"闪光、发亮"的动词来充当量词，表示人内心感到的渺小希望。这些都"远取诸物"，选择由外而内的外视角。

这即是说，这一差异体现的是语言主观性下不同视角的选择，若将人内在的感受、情感、观点、态度看作 Langacker 所说的眼镜，那么汉语中包含名词性量词或动词性量词的极性义表量构式，就是"戴着眼镜"的主观识解方式，英语的则是"将眼镜置于眼前"的客观识解方式。同样是主观性的语言，汉语包含名词性量词或动词性量词的极性义表征突出人的参与度，表量构式中主客体融合；英语则尽量减少人的出现率，主客体分明。英语中虽然也有和身体部位有关的名词做量词，但一般都要添加后缀"-ful"（如 bellyful、mouthful）来体现客观计量性。据此，我们可以说，在认知类型上，这反映了汉语母语者较强的主体意识，以及英语母语者较高的客体意识。

4.2.2 整体综合与逻辑分析

汉英极性义表量构式的主要差异之二在于，汉语中存在许多无谓语动词或无主语的表量结构对举，而英语中这一现象几乎为零。上一章针对汉语对举式表量结构谓语句进行了讨论，指出汉语是以名词为重，带有空间思维导向，以总体扫描为主要识解方式的语言；而英语是以动词为重，具有时间思维倾向，常采用序列扫描为主、总体扫描为辅的语言。此处将聚焦汉语对举式中极性义的建构来探究其后的认知差异。

对举式的汉语表量构式中极性义的表征呈"形成型"和"加强型"模式。对举形成型如例（6），其中"十座庙"和"一桩婚"都不表极性义，但在对举中形成了强烈反差：拆除十座庙可谓工程浩大，对于信仰神明的人来说更是大逆不道，但却不如破坏一桩婚姻来得罪孽深重。通过"宁……不……"否定较大量、肯定较小量，实现了极性义的表征。例（7）至（11）都属于这一类。对举加强型如例(2)，"万卷书""万里路"本身都是极大量，通过对举又进一步强化了极大义：不仅要博览群书获取间接经验，还要走遍天下积累直接经验，才能达到知行合一的至高境界。例(3)至(5)同理。无论极性义是在对举中形成还是加强，前后句段的语义都是相互融合、彼此依存的关系。

马秉义(1999)曾指出，语言的组织模式取决于认知模式。他认为，中国先民的认知模式是对偶序，发展成了辩证逻辑，两个字数相当、结构相似的语段并置，就能使人们在理解时自然而然将其相连，注重内容的意会性。西方先民的认知模式是"同异序"，又称"一义序"，发展成了形式逻辑，在语言表达中注重形式的严谨性，比如主谓一致、动宾支配关系等。

对偶和对举不能对等，两者存在差别：对偶更多是修辞概念，在对仗工整上要求更严格；对举则主要是语用概念，对话语在韵律、辞格等方面的要求相对宽松。但就语言组织形式和语义实现方式来说，两者实质是一样的。即对举式体现的就是一种相反相成、对立统一的辩证逻辑。

也就是说，对举式都是在对举形成的整体中进行综合解码，而英语的极性义表量构式只限于短语层面，难以上升到句构层面，哪怕是日常俗语中的"No X, no Y." "Nothing X, nothing Y."等非极性义对举构式，都是以隐性的因果关系等逻辑来实现语义连贯。基于此，我们有理由认为，汉语母语者的认知模式以整体综合为主，注重言语内容的整体特征；而英语母语者以逻辑分析为主，强调言语内部的形式关联。

5 结 语

本章首先针对汉英极性义表量构式的构件进行了较为详细的描写，再就构式的整体特征，分析了汉英极性义表量构式的共性和差异，并尝试性地进行了认知类型学阐释。

在共性方面，汉英极性义表量构式的主观性和修辞性，分别反映了认知事物的主观识解方式和思维的喻性。主观识解方式利用视角的焦点调试作用，突出表量构式的主观评判性。参照不同，识解的结果也能天差地别。正如《格列佛游记》里的格列佛一样，在大人国里是侏儒，在小人国里是巨人。思维的喻性不仅是汉英语民族的思维共性,更具有人类思维的普适性,是语言修辞性之所以存在的活的灵魂。

在个性方面,其一,汉语极性义表量构式中借用为量词的名词和动词多与身体部位有关,英语的多和自然现象有关,这反映了汉英语母语者各自的内视角和外视角。而视角不是随意选择的,一个民族会形成相对固定的看待人、事、物的角度,凝固成相对稳定的事物间的联结模式,因此这又可以进一步解释为汉英语母语者在认知事物上的主体意识倾向和客体意识倾向。其二,汉语极性义表量构式存在大量对举式,尤其是无谓语或无主语的对举式,而英语有着严格的语法限制,几乎没有这种现象。这表现了汉语母语者重整体综合、英语母语者重逻辑分析的思维方式。

此外,需要特别说明的是,共性或差异并不是绝对意义上的,例外总是存在的,我们只是站在一般性的角度探讨异同。这些汉英认知类型的异同,通过汉英语中多种语言现象得以体现,极性义表量构式只是其中一种。

目前学界关于认知类型学的研究为数不多,但本书试着提出这样一种观点:认知类型学的研究对象应该采用更为广义的理解,即经验结构和常识结构,不应仅仅指认知方式和百科知识,还应当包括文化传统、社会心理乃至审美情趣、生活哲学等,因为这些相关因素都能左右人们的思维方式,这也符合认知语言学的概括性承诺和语言类型学的蕴含共性理念。

第十四章

语言类型学视角下汉英表量结构的认知翻译研究①

1 引 言

　　从语言类型学的角度来审视表量结构,跨语言的比较是必不可少的环节。语言类型学的目的就是要揭示不同语言之间的相同和不同之处。语义层面的跨语言比较通常很难真正进行,但人们又往往通过不同渠道进行语义对比,其中翻译就是很重要的途径之一。语义表征即是概念表征,因此,认知类型学意义上的比较,要求语言互译做到在某种程度上的语义对等。

　　翻译是跨文化交际的重要内容。从翻译的策略来考虑,汉英表量结构的差异性要求译者在忠实于原文的基础上,对其进行创造性地改写。我们关注汉译英中量词的消失和英译汉中量词的补充问题,即汉语量词丰富,翻译成英语时量词的语义如何处理,英语翻译成汉语时如何选择量词更恰切。这不光关乎翻译策略和技巧,亦与语言类型学研究有关。为了减少原文与译文的信息差,更好地传递原文的诗性效果,译者会采用隐义显译或显义隐译的方法。由于翻译不仅是语码转换,更是文化交流,译者需认真揣摩原作者的创作意图。因而,本书用一个章节来讨论表量结构的翻译问题,具体将结合相关语言类型学原则解读汉英表量结构的译法选择,并探讨汉英表量结构翻译背后的认知理据,揭示汉英语民族在语言和思维上的异同。

汉语量词早在 3 000 年前已被人们使用,但其系统研究始于 20 世纪40 年代,以王力、吕叔湘和高名凯等汉语学家为代表。随着越来越多学者将研究注意力转向量词,量词独立成类已成为绝大多数人的共识(王冬梅,1997)。20 世纪 90 年代,认知语言学的研究思潮涌向中国,为人们研究汉语量词提供了新途径。许多学者开始采用认知语言学的理论对量词进行阐释,并提出了自己的见解(石毓智,2001;宗守云,2008b)。英语表量结构虽不及汉语丰富,但也有不少国外学者对英语中表量的词语与结构进行了分析(Allan, 1977; Friedrich, 1970)。在较长一段时间里,中外学者对量词的研究偏重单一语言,仅有少数涉及了汉英量词的共性与差异(蒋雪挺,2004;王文斌,2009;毛智慧、王文斌,2012)。通过引入语言类型学和认知语言学的视角,我们发现,汉英表量结构互译不仅是语言层面的对比和比较,更是认知层面的对比和比较。据此,本章将结合类型学和认知研究方法,探讨汉英表量结构翻译中所体现的语言类型差异及其背后的认知理据。

2 汉英表量结构的类型学特征

2.1 汉英表量结构的外在形式

汉英皆存在计量人、事物和动作的词汇与结构。汉语中用于计量名词的结构称为“名词表量结构”,形式为“数+量+名”,如“一杯水”。数词表数量,如“一”“百”“千”等;量词起修饰作用,用于描绘名词事物的特征,分为量词性量词和名词性量词;量词性量词是高度虚化的词,如“个”“只”“寸”;名词性量词指名词临时替代量词,帮助构成表量结构,如“一叶扁舟"中"叶"。名词皆为具体可见的事物。与不同的量词搭配,名词可归入不同的范畴,即量词的范畴化功能。如"一轮明月"和"一钩弦月"中的"月"分别属于两个范畴。汉语表量结构形式多种多样,不同的构式用于不同的文学作品,表达不同的含义。常见的非原型表量结构和量名非常规搭配我们在前面已经有过论述,为了阅读的方便,现在再归纳出主要的几类:(1)数词省略,"(数+)量+名",如"题红片叶秋"(范成大《南柯子·怅望梅花驿》);(2)量词复叠,"(一)+量+量(+名)",如"军书十二卷,卷卷有爷名"(《木兰诗》);(3)名词充当量词角色,如"一川碎石大如斗"(岑参《走马川行奉送封大夫出师西征》);(4)形容词或动词替代名词,如"一夜满枝新绿替残红"(晏几道《虞美人·疏梅月下歌金缕》)。与之相比,英语中表量结构形式则较为单一。

英语作为单复数标记型语言,对可数事物量化时一般依靠数词和名词的单复数变化即可。量词在英语中的作用不突出,至今尚未成为独立词类。英语中常见的表量结构为"a(n)+N",如 an apple 和"num. +N$_{pl}$",如 two apples,以及"a(n)/num. +N$_1$+of+N$_2$"结构,如 a bottle of water,其中 N$_1$ 没有单独成为量词,仍属于名词范畴。汉语虽然在语法上没有"数"的标记,但有"量",且表量结构形式比英语丰富,随语境变化而产生变体,即数词、量词或名词中某一成分易被省去。与之不同的是,英语表量结构中虽无量词,但须有名词。它的缺省易导致意义的不完整,影响人们的认知加工。因此,两种语言不同的构式要求反映了两种不同的文化,体现了不同的识解方式。在汉英翻译的过程中,译者需意识到两种表量结构的差异,在把握原作品的同时,采用译入语的表达方式。

2.2 汉英表量结构的内在语序

每一种语言都有其优势语序(dominant order)(Lehmann,1973)。优势语序是"与特定语言基本语序和谐或符合某一语序类别共性的结构"(席建国,2016:34),属于使用最广泛、最道地的常规语序。在语序大类上,汉英都属于 SVO 型语言,然而具体到表量结构的内部优势语序则存在较大差异。"Keenan(1985:154)和 Comrie(1989:144)指出,SVO 型语言的名词关系化的主要策略有二:外核心关系从句策略(external-headed relative clause strategy）和关联式关系从句策略（correlative relative clause strategy）。"（席建国，2021：45）表量结构作为将名词关系化的手段之一，也遵循这两个规则。

具体讲，汉语中的优势语序是修饰语前置的关联式，以原型结构"数+量+名"和增饰结构"（形）数+量+（形）+名"最常见，后者比如"一片皎洁的月光""皎洁的一片月光"。而英语中的 of 结构表量式，主要是用于表现所有格领属语与名词关系的结构，以修饰语后置为其优势语序，如 a book of Lily、a man of wisdom and intelligence。这即是说，修饰语 N_1 位于 N_2 前的表量结构"a(n)/num. +N_1+of+N_2"，是 of 名词结构式的劣势语序。即便如此，在翻译中，汉英表量结构的优劣语序只具有参考意义，不具有决定性作用。因为语义靠近、可别度领先等其他语言类型学原则也会影响语码转换中的词项语序。具体将在第四节的分析中论及。

3 认知推理与翻译的诗性效果

语言类型学原则对于翻译而言更多是译者在传情达意上的要求，除此之外，译文还应尽量保留原文的神韵，不可丢其诗性。这一节将从认知推理的角度来探究翻译诗性效果的达及。

翻译包含符际翻译、语际翻译、语内翻译等多种形式，我们此处讨论的翻译主要是指语际翻译，即汉语和英语两种语言之间的翻译。翻译首先要译出原文的意义。语言的意义包含显义（explicature）和隐义（implicature）。汪立荣（2006）指出，语言由符号和意义组成，符号建构的意义称为"显义"，隐藏于符号之下的意义称为"隐义"。在实际运用中是否用符号表征意义取决于不同的语言系统。隐义显译与显义隐译不是以符号为参照，而是基于意义（同上）。为了准确把握汉英信息转换，译者往往需要在原语与译入语间采用认知推理，以确保两者之间的语义值尽可能对等。因此，翻译的主要目的是把文本的意图用另外一种语言传递出来。

何自然（1997：192－196；2000：237－241）提出"翻译即是意译，'意'是指原作者的意图"。王东风（2000）认为翻译是一种双重交际活动。一方面，译者要与原作者交际，推导出原作品的隐含信息，并最大限度地进行诠释;另一方面,译者又要与译入语读者交际,从对方的立场出发,采用他们习惯的表达方式。交际活动成功与否,关键取决于译者的推理与表达能力,尽量缩减原文与译文的信息差,采用译入语读者熟悉的方式。

更进一步讲,话语的隐义有强弱之分(Sperber and Wilson, 1986/1995:193-224)。强隐义(strong implicature)是当前话语与语境结合后传递的信息,弱隐义(weak implicature)是强隐义与读者共同作用的结果。译者在转换语言时,需准确把握原文的强隐义,同时恰当地将弱隐义信息展现于译文中。为获得相应的"诗性效果",译者需运用自己的认知推理能力去研究原文及原作者的创作意图。因此,翻译(尤其是书面语)不仅需要"字斟句酌",还要"设身处地",需要付出较大的认知努力(刘莉琼,2005)。

翻译在一定程度上也是译者对文本的再创造过程。尽管译者应坚持"忠实"原则,在意义、风格和审美上尽量忠实地表达原作者的创作意图,但翻译也是两种不同文化的碰撞。在翻译过程中,译者不可避免地受到译入语国家文化的影响而改写原文(Hermans, 1985:10-11)。当然,这种改写必然是在忠实于原文和尊重原作的基础上进行的适当调整,以成画龙点睛之妙。

4   汉英表量结构翻译的语言类型学原则与认知策略分析

这部分我们从以下两方面来把握汉英表量结构的互译。一方面关注汉英表量结构的类型学特征,使译文符合译入语的语言习惯;另一方面,关注译者的认知推理过程,看其如何让译文传情,引发读者共鸣。

4.1   非原型表量结构的翻译

非原型表量结构是在语言显性表达上不完整的表量结构。结构形式上的缺省大多是作者根据行文需要,结合上下文提供的信息,做出的经济性、审美性考量。因此,形式上不完整并不损害意义的完整性。汉语表量结构中的数词、量词、名词,通常只省略其一,另外两个成分使得表量结构的推理完形成为可能。英语为数标记型语言,最常规的表量手段是名词的数变化,因此充当量词的名词(N_1)常处于空缺状态。下面将重点探讨非原型表量结构中,量词和名词缺省时表量结构翻译中所表现出的语言类型学原理和认知理据。

4.1.1 量词语义推理

翻译必须考虑两种语言之间的差异。汉英表量结构所携带的语言类型学差异是译者不可忽视的重要内容。汉语是量词型语言,而英语是数标记型语言。汉语缺乏形态变化,需要量词来帮助名词实现数量表达功能。英语名词可进行屈折变化,在表达数量时,首先考虑的是将中心名词用单复数的形态变化表现出来,在碰到不可数概念和群体概念时才引入 N_1,采用表量结构"a(n)/num. $+N_1+$of$+N_2$"。因此,英语表量结构译成汉语时,译者需采用隐义显译的翻译策略,表征原文中省略的量词。隐藏的量词意义通过语言符号浮现在人们的视线中,成为一种显义,成为一种语用焦点。用认知语法的观点来解释,此时量词为侧显,数词和名词为基底。由于不同的量词具有不同的语义特征,对话语起着不同的语用作用,因而译者在选用量词时需凭借认知推理,恰当地表征原作者的真实情感,即原文的诗性效果。

(1) A girl in white/blown muslin, walking/in the last/clear afternoon. (Geoff Page "Bondi Afternoon 1915")

一位白纱裙飘逸的<u>少女</u>,在最后一个晴朗的下午,迎面款款而来。(刘文杰译)①

(2) A wise man, watching the stars pass across the sky. (Amy Lowell "Meditation")

一位睿智的<u>人</u>,抬头仰望苍穹。

(3) That if one tear/escaped/it would become a torrent. (Catherine Mair "One Farewell")

只要流出<u>一滴眼泪</u>,随时会引发泪河崩溃。

(4) The rain has gone, I see a flower/peeping out. (Leonie Richard "Rain")

---

① 本章译例(1)—(9)出自刘文杰:《英语诗歌汉译与赏析 汉英对照》,广州:中山大学出版社,2014。

雨停了,我看见,<u>一朵花</u>在往外张望。

（5）I saw <u>a baby calf</u>, Oh so frightened. (Suzanne Dempster "The Calf")
我看到<u>一头小牛犊</u>,哦,它非常害怕。

上述五处译文中,译者经过认知推理,加工出与之相关的量词。由于量词不仅用于修饰名词,表征所修饰名词的外部特征,同时还具有对事物进行范畴化的功能。因而,与同一量词搭配的名词均共享某种语义特征。如例（1）和（2）中的名词短语"白纱裙飘逸的少女"和"睿智的人"均以人为中心语,带有积极情感色彩,可划为同一范畴,共享同一量词。"位"作为量词,常与人搭配,易让人联想到位置、地位,修饰人时往往含有"尊重""尊敬"之意。与量词"个"相比"位"很明显带有不同的语义色彩,试比较"一位老师"和"一个老师",再如,人们一般会说"一个强盗",而不会说"一位强盗"。因而,由"位"建立的范畴成员均属于地位较高的人。恰好"白纱裙飘逸的少女"与"睿智的人"符合该范畴的语义特征,属于该范畴。此外,量词还可以凸显诗歌中蕴含的情感。译者借"位"字展现了原文作者的仰慕和尊敬。另外,例（1）的 a girl in white blown muslin 译成"一位白纱裙飘逸的少女"体现了译者对汉英增饰表量结构的优劣语序的考量：英语倾向于将较长的修饰语后置,而汉语则一般是修饰语前置。这贴合汉语读者的语感,能够提高译文的接受度。

例（3）中"眼泪"所属的范畴语义特征为体积小的液体,且呈现由上往下的运动趋向,而"滴"的语义为向下滴落的液体。因而,在译者的大脑中量词"滴"很容易被激活,并采用语言符号加以表征。而含有"下"的词,如"下台、下面、每况愈下"等,在人们的认知中总带有消极否定的意义。当"下"被用于形容人的心情时,则有"悲伤为下"。因此"滴"的出现又传达了悲伤之情,凸显了原文的不舍之情。同理,"朵"和"头"亦是译者根据名词所属的语义范畴推理所得。量词作为语言符号出现于译文中,强化了原作者的创作意图。如"朵"指花朵,与"花"搭配能够突出花的主体部分,削弱其枝叶部分的影响。此处将绽放的花朵拟人化,写出雨停后,花儿探出脑袋四处"张望",赋予"花"俏皮可爱之态。概括地说,量词"朵"可以聚焦读者视线,展现"花"的主体,从而强化"花"带给人的喜悦之感。"头"原本为名词,是人体中显著度最高的部位。作为量词,一般用于搭配体型较大的动物。译文中"一头小牛犊"表明了其年岁虽小,但译者以人的视角参之,将其视为形体较大的动物,也表达了与"虎头虎脑"类似的可爱憨态。

可见,翻译不是单纯的语码转换,涉及情感的传递,是译者根据原作的意思进行再创造的过程。译者通过认知推理,对原文进行推敲与琢磨,选用恰当的量词,既补全了表量结构,又表达出原作者所流露的情感,把原文的弱隐含信息准确地传递出来。

量词叠用是常见的表量现象。在英译汉的表量结构中,除了加工单个量词外,量词复叠现象非常普遍。根据认知语言学,不同的形式表达不同的语义效果,反映了不同的观察视角。"量词复叠表示相同的事物或动作在量上的叠加或重现。"(张敏,1998:179)换言之,即同一个动作或事件在时间上的延续性,为读者呈现一幅又一幅相同的画面,即认知中的顺序性扫描。如此,译者将英文原文的复数概念处理为复叠的量词,可以增强语用效果,增加画面感,更加准确地传递原作的弱隐含意义,便于读者感受原作的诗思诗性。

(6) When the stars are twinkling/On the sparkling blue water. (Jenny Lazarus "My Island of the Night")

湛蓝的水面上闪耀着,一颗颗眨着眼睛的星星。

(7) And see waning petals/In the depths of Children's eyes. (Olimia Luveniyali "Among Workers")

看见孩子们的眼睛深处,有一片片凋谢的花瓣。

(8) The small white cat/accepts the scraps of cheese/from my wife's fingers. (Raymond Souster "The Small Cat")

小小的白猫咪,从我爱妻手指接过,奶酪一片片。

(9) To make my father, my mother/fragrant breakfast-cups of salted/tea with millet … (Hone Tuwhare "Song to a Herdsman's Son")

我要给爸妈做香喷喷的早餐:为他们端上一杯杯咸茶和小米粥。

以上四处译文均共享量词重叠的结构特征,但原语中的表现形式却各不相同。量词的推理亦是依据名词的语义特征及其所属的范畴而进行。如例(6)中 stars 指星星,是一种夜空中闪烁发光的天体,在人眼视角下显得体积小。根据这一特征可知,star 所属的范畴具备体积小的语义特征,而量词"颗"小而圆的语义特征可以描绘出该范畴特征,也就具备了描绘"星星"外部特征的功能。因此,"星星"属于"颗"所建立的语义范畴。由于 stars 表征的复数意义笼统,不明确,译者在翻译时借助了量词复叠来实现语义对等。量词复叠可以产生的复数意义是因为量词具有修饰功能。一个量词修饰一个名词,量词复叠则引起名词复叠。因而,名词意象的叠加产生了复数意义,符合原文的数量要求。例(7)中的 petals 原本对应为"多片花瓣"。译者将其表征为"一片片凋谢的花瓣",除了表达原义"多"的概念,凸显了花瓣的数量之外,还采用了顺序性扫描,重复事物的出现,给译文读者呈现了花瓣凋谢的过程。原作者以花瓣隐喻眼泪,而译者在此基础上强调每一滴泪背后的苦难,为读者描绘了一个令人伤感的画面,进而深化了原作者的创作意图。

另外,例(6)中 the stars are twinkling 译为"一颗颗眨着眼睛的星星",而不是"眨着眼睛的一颗颗星星",例(7)中 waning petals 译作"一片片凋谢的花瓣",而不是"凋谢的一片片花瓣",看似理所应当,实则不然。如前所述,汉语中的增饰成分既可位于数量成分的前面,也可置于数量成分的后面。译者选择后者,体现的是语言类型学中的语义靠近原则和可别度领先原则。语义靠近原则指的是"如果其他一切条件相同,语义上靠近核心的成分在结构上也靠近核心。这在本质上与 Haiman 的象似性动因'观念上靠近的成分在结构上也靠近'一致"(陆丙甫、金立鑫,2015:125)。此处 twinkling 和 waning 是原文中的凸显信息,必须和中心名词位置更近。反过来讲,作为旧信息或隐藏信息的数量词置于增饰成分前,则体现了可别度领先原则中的次则"如果其他一切条件相同,可别度越高的成分前置倾向越大"(同上:126)。

例(8)中译者将 the scraps of cheese 处理为"奶酪一片片",置换了量名位置,看似不符合汉语的表达习惯,但这样做能够突出奶酪数量之多,也体现了"小猫咪"接过奶酪这一动作的重复性。或许是"爱妻"疼爱"白猫咪",所以一片又一片地喂给它奶酪;也可能是"小猫咪"馋嘴,伸出小爪子一次又一次地索要美食。从原文到译文,表量结构的识解操作从总体扫描转变为了顺序性扫描。因此,译者通过认知推理凸显了量词的数量,让英语中隐含的信息在汉语的对应译文中显化出来,使之在形式上异于英文结构。这不仅表征了"多"这一概念,与原文在数量意义上保持了一致,还展现了动作过程,将"照片"叠加成"视频",加强了画面动态感。在这种情况下,汉语的优势语序被打破,让位于文本的诗性诗情。

4.1.2 名词语义推理

汉英表量结构存在的差异亦反映在汉译英上。英语表量结构的特殊性要求译者在转换为英语时,需将原文省略的名词事物,通过认知推理加以显现,即采用隐义显译的翻译策略。由上可知,汉语"多"的概念并不一定依附于名词,量词复叠亦可。相反,英语中可数名词的复数意义须依存于名词。因此,在汉译英过程中,译者需根据原作中"数+量"复叠建构出的名词意象,在大脑中对表量结构"完形"。再根据英语形态标记优先的特点,以名词复数形式呈现于读者眼前。

(10) 一朵朵伤情,春风懒笑;一片片销魂,流水愁漂。(孔尚任《桃花扇》)

The flowers grieved won't smile when spring winds blow; or heart-broken petals on caressing waves flow. (许渊冲、许明译)①

(11) 长侍斟酒,再庆三杯。(孔尚任《桃花扇》)

Let us congratulate the success with three more cups of wine.

例(10)中"一朵朵"对应 flowers,例(11)中"一片片"对应 petals。译文中两事物均以复数形式出现,与原文在数量意义上恰好对等。但原文表量结构的名词缺省要求译者在转换为英文时根据量词建构出名词意象,形成完整的表量结构。由于量词的出现可以对名词范畴化,译者可以依据原作品的量词建构名词意象。如"朵"作为量词,指花或成团的东西,所修饰的事物范畴特征与"花"有共享性,"花"归属于"朵"所建立的语义范畴。在译者的认知中,"花"意象很容易被唤醒。进而"一朵朵花"作为完整的表量结构形式浮现于译者脑中。简言之,译者可以依据量词在大脑中建构出的表量结构进行认知完形。同理,"一朵朵""一片片"和"三杯"皆需译者的认知推理,在大脑中形成完整的表量结构,再将它们转换为英语中名词复数形式 flowers、petals 和 wine,便于英语受众的理解和接受。因而,原文中表量结构"三杯"对应的译文为 three more cups of wine。由上述分析可知,在汉译英时,译者省略量词但显现名词,即采用了显义隐译和隐义显译的翻译策略,达到弱化量词而强化名词语义特征之效。从认知观之,译文中的量词变为基底,名词为侧显,即焦点转移。此外,量词复叠表达的复数意义宽泛且模糊,译文中不带数词的名词复数形式表达的意义亦具有泛指性和不

① 本章译例(10)—(12)(14)出自许渊冲、许明:《许渊冲文集 宋元明清诗选 汉译英》,北京:海豚出版社,2013。

明确性,体现了译者对原文的忠实和对汉英两种语言差异的准确把握。

　　汉英表量结构的差异性不仅体现在结构整体形式和内在语序上,也与结构成分的语义内涵密切相关。当表量结构在原作中以完整形式出现时,译者不需要在结构上进行认知处理,仅根据译入语的结构要求进行调整修改即可。此时需要较大程度调动译者认知推理的是构成成分之间的转换。如果两种语言符号的指称对象具有一致性,那译者转换语码即可;如果两种语言符号指称的事物分别代表两种不同的文化现象,那译者需对原语和译入语进行语义特征和文化内涵方面的比照。受不同的社会环境和历史变化的影响,语言总是带有文化的烙印。这意味着译者在转换语码时不可避免地需要将语词的语义特征置于文化背景下考察,通过比较原语及其所对应的译入语的范畴辖域,来择定与原文意义最接近的语词。

　　“范畴”是认知语言学的一个重要概念。受不同文化的影响,人们采用不同的标准对事物进行范畴化。有时同一事物在不同的文化中会被归为不同的范畴。刘华文、李红霞(2005)基于基本层次范畴理论对汉英翻译进行了认知阐释,认为原语及其对应的译入语均有各自的范畴归属或图式框架,并且这两个范畴图式体系在翻译过程中被译者整合为一个整体。两个跨语范畴之间可能对应但很难对等,通常会发生错位对应现象。在扫描过程中,如果译文提供的对应范畴相对于原范畴而言属于下位层次,则称之为原范畴精细化;如果是下位范畴转向上位范畴,则为原范畴抽象化(abstraction)(刘华文、李红霞,2005)。尽管无法将原语中名词的语义特征与译入语所选名词的语义特征完全对等,但只要能保证基本层次范畴下双方所指相同,便不失为好的翻译。此外,根据关联原则,每一个明示交际行为都应设想它本身具有最佳关联性(Sperber and Wilson,1986:158),翻译亦是如此。站在读者角度,我们倾向于认为译者是以读者最小的认知努力获得最大的“诗性效果”为基本出发点,在汉英表量结构的名词语义特征共性最大化的前提下进行语码转换。请看以下例句:

　　(12)下官有画扇一柄,奉赠妆台。(孔尚任《桃花扇》)

Here is a painted fan I would like to present to you for your dressing table.

(13) 花间一壶酒，独酌无相亲。（李白《月下独酌》）

With a jug of wine among the flowers, I drink alone sans company.（孙大雨译）①

(14) 今日香君学完一首新曲，都在楼上听他演腔。（孔尚任《桃花扇》）

Fragrant has just learned a new song and Master Hou is listening to her sing it upstairs.

(15) 长安一片月，万户捣衣声。（李白《子夜吴歌》）

With moonshine flooding all Chang'an city,/Ten thousand household are clubbing their laundry.

例(12)中的"画扇一柄"译为 a painted fan。原文表量结构中的"画"与"扇"构成双音节名词，"画"可以理解为"扇"的修饰性成分，但单独来说，"画"常做名词和动词，如"画画"。paint 也可做名词和动词，加上"-ed"变成形容词化了的 painted，表被动。在词性层面，"画"和 painted 实现了独立于语境和进入当下语境的对等。两者的语义距离缩减至最小。但从词汇的外延和内涵上讲，中国画绝不等同于 painting。中国古代绘画所用的笔墨纸砚，及其创作方式均不同于英语国家，译者在翻译时为了向英语母语者传递出作品的美感，选用了具有英语文化特色的下位范畴词"油画"（oil painting）。尽管无法做到完全对等，英语中的"油画"与汉语中的"画"在基本范畴层面的语义特征是最接近的。从原型范畴角度而言，即译文与原文的词汇范畴特征共享成分最多。译入语读者可以把握原文词汇所传递的语义信息。

例(13)中的"一壶酒"对应的英文为 a jug of wine。原文中"酒"作为酒范畴的原型，在诗中并不确指。但根据诗词的创作背景可知，这里的"酒"是一种川酒。而 wine 意为 an alcoholic drink made from the juice of grapes that had been left to ferment（《牛津高阶英汉双解词典》）。两者语义不完全一致。这里是用译入语中的基本层次范畴词 wine 对译原语中的下位范畴词"（川）酒"。更何况，中国独有的"酒"文化与英语文化中的差异甚大，实难找到对等的语言符号来指称。译者敲定以 wine 对"酒"，还是考

① 本章译例(13)(15)出自孙大雨：《古诗文英译集》，上海：上海外语教育出版社，1997。

虑到英语国家中 wine 用于指代各类酒的情况较多,也是在有限的选择内最接近原文"酒"的词汇,均可指由某种植物制作而成的酒精液体。例(14)中的"一首新曲"译为 a new song。"曲"指一种乐曲,歌舞。而 song 指的是 a short piece of music with words that you sing(同上)。中国古代的器乐风格与英语国家的迥然不同,但基本范畴词 song 是相对来说最接近原文下位范畴词"曲"的词项,与原文词汇的语义距离最小。例(15)中的表量结构"一片月"只译作了物质名词 moonshine。"月"应与 moon 相对,原文和译文的语义值表面上看似不对等,实际上这是转喻用法,以"月"代指"月光"。只有"月光入户"才符合我们对事物的认知。"一片月"是指"一片月光",用部分 moonshine 对应整体"月",是译者经过认知推理的结果。

再从语言类型学的角度来看,原型范畴理论对于语法范畴的理解也有启发性。就特定语言的数量表达来说,汉语的数量表达高度依赖量词,在汉语的数量范畴内量词居于核心地位;英语则以数的形态标记为数量范畴核心,具体表现为名词事物可数时,通过单复数标记;名词事物不可数或指向集体时,利用非常态形式。量词标记和数标记都是数量范畴的实现手段,所谓范畴核心因不同语言类型而异。具体看,例(12)"画扇一柄"中的是"名+数+量"形式,例(14)中的"一首新曲"是"数+量+名"形式,但其译文 a painted fan、a new song 都译作了 a(n)+N 形式,是因为名词事物可数。而例(13)中的"一壶酒"对应表量结构 a jug of wine,例(15)"一片月"只译作物质名词 moonshine,都是汉译英中处理不可数名词事物的有效译法。

以上例证说明,原型范畴理论解决了经典范畴理论无法解决的问题。原型范畴理论是译者选择词汇的重要认知理据。译者以原文和译文两范畴所共享的范畴特征最大化为着手点,缩小汉英语之间的语义距离,尽可能忠实地向译入语读者展示原作品的内容同时,也意在传达不同文化背景下的"美美与共"。

5 结 语

翻译是一种译者戴着镣铐跳舞的活动。译者在翻译汉英表量结构时,既要忠实原文,尊重译入语的语言习惯,又要考虑译入语读者的思维方式,采用对方熟悉的表达方式传递信息。因此,在表量结构的英汉互译中,译者需认真体味原文中数词、量词、名词成分的措辞特点,再根据需求进行适切地改写。

总体上,优势语序、语义靠近和可别度领先原则是影响表量结构内部语序的重要语言类型学原则。这些原则相互协调,一脉相承。与此同时,为了让译文传情达意,不失诗性,译者有时会打破常规,即不遵守相关语言类型学原则,以达到文面的韵律美、新奇美等。

具体讲,涉及汉语量词缺省的表量结构时,译者常采用隐义显译的翻译策略,并通过认知推理,选用恰当的量词展现原作者的创作意图。在汉译英时,受英语语法的基本限制,量词复叠所表达的复数意义在译文中通常转变为名词复数形式。在这种情况下,汉语中量词复叠所体现的顺序性扫描就转变为了英语中的总体扫描。当原文中表量结构的名词缺省时,译文的名词来源于对原文中量词的理解。译者先根据数词和量词复叠在大脑中建构出的表量结构"完形",再采用先显义隐译后隐义显译的策略,达到弱化量词而凸显名词的效果。此外,即便是完整的表量结构,译文中名词的选择亦存在考验,尤其是在原文名词具有较强文化特征时,译文名词与原文名词的所属范畴往往是错位关系,具体表现为同一范畴所指下的详略度差异。此时译者多从原型范畴理论出发,选择源语和目标语之间共享语义特征最多的词汇,尽量忠实原文的同时也贴合读者的认知心理和审美需求,在"信""达"的基础上日臻向"雅"。

第十五章

认知类型学视野下的
汉语量词重叠研究

1 引 言

从语言类型学的角度来看,重叠是一种普遍使用的形态手段。但汉语中的重叠都是整个字的"形位"(morpheme,学界常称之为"语素")复叠,区别于字母语言的词缀重叠,两者难以比较。因此,本章将跨语言研究的触角伸向了汉语方言。就汉语量词重叠而言,方言无论是在形式上还是语义上都比普通话丰富多样。通过对比普通话和方言量词重叠的形义特征,我们尝试性地建构了量词重叠式语法意义的"中心-边缘"图式,突出量词重叠式附属意义在其认知语用归因中的重要作用。

汉语中存在大量的重叠现象。就不同词类的重叠研究而言,动词重叠和形容词重叠类的文献最多,名词重叠和副词重叠类次之,量词重叠类最少(吴吟,2000;蒋协众,2013)。在为数不多的量词重叠研究中,普通话量词重叠和方言量词重叠大多都是涉及重叠形式、语法意义、句法功能等相关方面的描写(郭继懋,1999;陈淑梅,2007;黄拾全,

2010;蒋协众,2014b;隋娜、胡建华,2017)。总体来看,这些方面的研究存在几个突出的问题:其一,对量词重叠的界定模糊不清;其二,普通话量词重叠和方言量词重叠研究相对独立,将两者关联起来的文献寥若晨星,缺乏语言类型学角度的考察;其三,量词重叠式在不同句法位置上所体现的语法意义有其关联性,却未能形成系统的语义网络,与此同时,对重叠式语法意义的研究远多于对其附属意义的探讨;其四,对量词重叠的形义特征的描述较多,但对其形义关联及这背后深刻的认知理据挖掘甚少,尤其是忽略了量词重叠式附属意义所体现的认知语用动因。

针对以上问题,本章将认知类型学作为研究视野,对量词重叠式进行界定,比较普通话量词重叠和方言量词重叠在形式和意义上的异同,并尝试形成量词重叠式语法意义的"中心-边缘"图式。在这些描写的基础上,我们将运用相关的认知语言学理论阐释量词重叠较为突出的形义特征,展现语言与认知密切相关的联系。

2 量词重叠的界定

就量词重叠的界定而言,目前较为突出的含糊点之一,在于量词重叠是否应该将部分或所有数量结构重叠囊括在内。

一些学者旗帜鲜明地区分了量词重叠和数量结构重叠。张敏(1997)在从语言类型学的角度探讨汉语重叠式的形义匹配时,指出量词重叠和数量结构重叠存在形式和语义的不同。何杰(2000:75)直接指出,量词重叠式为"AA"型,不包括数量结构重叠的"一A一A",不可混淆了两者。李文浩(2010)、张恒悦(2012)则通过认知分析区分了这两种重叠式。汉语普通话主要有"AA""一AA""一A一A""一AX一A"四种数量复叠式(李宇明,1998)。按照区分量词重叠和数量结构重叠的观点,除"AA"是量词重叠式以外,其他三种都属于数量结构重叠式。

也有学者将数量结构重叠归入量词重叠的麾下。李宇明(1998),金依璇、袁庆德(2019)认为"AA"可看作"一AA"省略"一"的形式。齐沪扬(2005)认为量词重叠既包括"AA"重叠式,也包括"一AA""一A一A"

"一 AX 一 A"式。隋娜、胡建华(2017)认为,"AA""一 AA""一 A 一 A"等重叠式都包含了量词,是否进行区分,要视研究目的和研究对象而定。

总的来看,无论是语言层面还是认知层面,共时层面还是历时层面,量词重叠和数量结构重叠之间的确有着千丝万缕的联系,尤其是"AA"和"一 AA"。但我们认为量词重叠式是量词本身的重叠形式,不包括有数词在内的数量结构重叠式。首先,数词和量词虽存在一定程度的扭结(李宇明,2000),但数词和量词是汉语中的两个独立词类,数词重叠、量词重叠、数量结构重叠是概念区别问题,它们彼此界限较为明晰,处于中间地带只是少数情况。其次,"AA"并不能简单地理解为"一 AA"的省略式,尤其是当我们将"AA"和"一 AA"置于句子层面时,会发现两者有着不同的句法位置限制和语法意义。例如,"家家挂彩灯"不是"一家家挂彩灯"省略的结果,"把甘蔗剁成一挫挫儿的"也不能说成"把甘蔗剁成挫挫儿的"。

但是仅将"AA"式作为量词重叠的主要形式,又牵扯出了第二个模糊点,即量量重叠和名名重叠易于混淆的问题。和数词与量词一样,名词和量词之间也存在扭结(李宇明,2000)。数词、名词、量词都是独立的词类,但名词和量词的关系远比数词和量词的复杂得多。数词属于封闭类词类,能够用作量词的情况很少,数词重叠被当作量词重叠看待的实例几乎没有。而名词属于开放类词类,其借用为量词的情况很多,且量词与名词有明显的亲属关系,名量词甚至可以说是从名词中分化出来的。关于重叠式,石毓智(2004:325)就指出,"AA"式量词重叠来自名词重叠。战国末期出现了名词重叠表周遍义的用法,到魏晋南北朝时期这一用法臻于成熟,并渐渐成为一种能产力较强的语法手段,这才开始从名词虚化到量词身上。付欣晴(2013:59)认为,量词重叠表遍指是由名词重叠表遍指类推而来的。

对此,我们认为,"AA"式的量量重叠和名名重叠在形义上的确存在一定的交叉重合,但两者仍旧需要并且可以做出区分。首先,除了儿语、专门的单音节叠词如亲属类称呼("爸爸""妈妈""舅舅""姑姑")、人名昵称类专有名词以及"宝宝""星星""蛐蛐"等少数普通名词外,大多数的单音节名词都不能重叠,而单音节量词的可重叠度要高得多,例如"张张纸""雪花片片""点点星光"。其次,量词大概可分为量词性量词、名词性量词和动词性量词三大次类。其中动词性量词的"AA"式重叠(如"回回迟到""趟趟白跑")具备很明晰的动作行为特征,和名名重叠区别度最大;量词性量词的"AA"式重叠(如"<u>粒粒</u>花生""<u>寸寸</u>相思""<u>朵朵</u>鲜花")是量词中语法化程度较高的次类,和名名重叠的区别也较大;名词性量词重叠则和名名重叠关系最密切,属于量量重叠和名名重叠之间的模糊地带。这即是说,大多数的"AA"式量量重叠是能够区别于名名重叠的。

因此,我们认为,汉语普通话中的典型量词重叠式是"AA"式的,在此基础上还形成了"AABB"式,如"<u>年年岁岁</u>花相似,<u>岁岁年年</u>人不同"(刘希夷《代悲白头翁》)。方言中的量词重叠形式更为丰富多样,除了"AA""AABB",还有"AAA""AAAA""AXA"等结构类型。其中存在最为广泛的是普通话中的"AA"式和方言中的"AA""AXA"式,因而也是本章探讨的重点。

3　量词重叠式的两类语义

3.1　语法意义

量词重叠式的语法意义产生于特定的句法环境,更确切地说,句法位置很大程度上决定了量词重叠式的具体语法意义。

3.1.1　普通话中量词重叠式的语法意义

普通话中,"AA"式占量词重叠式的绝大多数,在句中可以做主语、宾语、谓语、定语、状语,主要表征的是周遍义、多量义、逐一义、连续义这四种语义(详见表15.1)。量词重叠"AA"式可以独立充当主语和谓语,但不能独立做宾语、定语和状语。"AA"式做宾语的情况很少,在能找到的少数语料中,也都是以偏正式同位宾语的形式出现,如"修建了<u>铁路条条</u>""盖起了<u>楼房幢幢</u>"。"AA"式做定语和状语时,体现的是典型的偏正关系,都有其所修饰的核心成分。至于"AA"式做补语的例子,我们目前没有找到,但并不代表这种情况完全不存在,此处打上一个"?",还有待进一步的查证。

表 15.1　汉语普通话中量词重叠式的语法意义

形式	句法功能	语法意义	示　　例
AA	主语	周遍	羊毛衫大减价,**件件** 10 元,**样样** 10 元,全部 10 元。 中国圆梦,**家家**有福。 花生**粒粒**都饱满。
	宾语	量多	唱起那牧歌牛羊多,多过了天上的群星**座座**。 (歌曲《大地飞歌》)
	谓语	量多	秋风**阵阵**,湖水荡漾。(歌剧《洪湖赤卫队》) 湖里有十来枝荷花,苞子上清水**滴滴**,荷叶上水珠滚来滚去。(吴敬梓《儒林外史》)
	定语	主定/ 宾定: 周遍 量多	**条条**大路通罗马。 **种种**迹象表明他在说谎。 他对**个个**学生都很上心。 空气中飘荡着**缕缕**清香。
	状语	逐一 连续 周遍	调查**步步**深入。 革命家的开创精神**代代**相传。 贼不走空,**趟趟**有拿头儿。(路冉《夜回镇西》)
	补语	?	

3.1.2　方言中量词重叠式的语法意义

(1)"AA"式与"AAA"("AAAA")式

汉语方言中,"AA"量词重叠式的分布十分广泛,几乎遍布了中国的各大方言片区。"AA"式在方言中可以做主语、宾语、谓语、定语、状语、补语,表周遍义、估量义(量多/少)、计量方式、完整义、逐一义、连续义等(详见表 15.2)。在形式上,除了和普通话一样的量量重叠式,方言中的"AA"式后面还常加上"唧""咯""哩""嘚""家"等语气助词或结构助词,来允准一些句法位置上的量词重叠式。此外,方言中的儿化现象,也使得出现了"AA"式的儿化形式"AA 儿""A 儿 A 儿"。

"AA"量词重叠式在方言中还存在加强变体形式"AAA"和"AAAA",即除了两次重叠外还可以三次,甚至四次重叠,如"山东金乡(三叠)、湖南吉首(三叠)、江苏扬州(三叠)、江苏溧水(三叠)、山东微山(三叠或四叠)、江苏丰县(四叠)的方言"(毛志萍,2019:140)。量词的多叠式主要分布在江苏、安徽、山东等官话区,通常做主语、主语的定语、状语来表达周遍义,此外就难以找到其在宾语、谓语、宾语的定语、补语位置上表示其他语法意义的示例(详见表15.2)。和"AA"式一样,"AAA""AAAA"也有儿化形式"A儿A儿A儿""A儿A儿A儿A儿"。就可重叠度而言,"AA"式与"AAA"("AAAA")式之间存在一种蕴含关系:如果量词能按"AAA"("AAAA")式重叠,就肯定能按"AA"式重叠;反之,则不成立(耿丽君,2016;蒋协众,2018)。

普通话中目前尚未发现量词三次、四次重叠的情况。语例如"今天下雨,我骑车差点摔倒,好在我<u>一把把把把</u>住了!""人要是行,干一行行一行,<u>一行行行行行</u>,行行行干哪一行都行"都是假性的量词三叠或四叠式,未做语义层次划分而易于误判。可以说,无论是形式上还是语法意义上,"AA"式方言完全涵盖了普通话,且相当多南方方言里的重叠现象,无论是形式还是意义都远比普通话复杂(张敏,1997)。

(2)"AXA"式

"AXA"式是方言独有的量词重叠式。整体来看,方言量词"AXA"重叠式可以做主语、宾语、谓语、定语、状语、补语,主要表达周遍义、估量义(量多/少、约量)、计量方式、完整义、逐一义等(详见表15.2)。作为中缀置于量量重叠之间的"X"通常为"打""是""把""数""赐""散""卯""啊"等。蒋协众(2014a)指出,"AXA"式主要分布于长江流域及其以南的广大地区,"X"的语音形式可大致归纳为四个系列:一是"打"系,包括"打""哒""倒""大"等,声母都来源于中古端组;二是"是"系,包括"是""数""实""算"等,声母都来源于中古精组知;三是"卯"系,声母来源于中古明母;四是"把"系,声母来源于中古帮母。其中尤以"打"系和"是"系最为常见。

相对于"AA"式,"AXA"式、"AAA"式、"AAAA"式皆属于复杂重叠,通常认为后者是从前者衍生而来的。因此,与上文中提及的蕴含共性类似,此处"AA"式与"AXA"式的关系可以描述为:量词如果能以"AXA"式重叠,那么就能以"AA"式重叠。将这两条蕴含共性综合起来,即是"方言中如果量词可以进行复杂重叠,则可以进行简单重叠"(蒋协众,2018)。但需要注意的是,一般情况下,"量词复杂重叠式'AXA'式与'AAA'('AAAA')式不在同一种方言中共现"(蒋协众,2014b:114)。

表15.2主要汇总的是汉语方言量词重叠"AA"式、"AAA"("AAAA")式、"AXA"式在不同句法位置上所体现的语法意义,示例语料主要转引自陈淑梅(2007)、胡光斌(2007)、黄拾全(2010)、付欣晴(2013)、赵海英

（2013）、蒋协众（2014b，2017，2018）、耿丽君（2016）、胡绵绵（2017）、毛志萍（2019）、彭慧（2019）等。

表 15.2　汉语方言中量词重叠式的语法意义

形式	主要分布	句法功能	语法意义	示　　　例
AA	晋语、吴语、湘语、赣语、徽语、闽语、粤语、客家话、官话、平话等方言区	主语	周遍	**顿顿**都吃山药蛋。（山西文水） **树儿树儿**都挂满了果。（河南孟州） 衣裳**件件**都是好的。（鄂东地区）
		宾语	量少	碗里还剩**口口**嗬。（江西德安） 我还想吃**点点**唧。（湖南邵阳）
			计量方式	这个地方才怪哟，白菜兴卖**蔸蔸**，不兴称斤斤。（贵州遵义）
		谓语	完整	咯滴豆子**粒粒**，总爽得很。（湖南邵阳）
		定语	主定：周遍	**盏盏**红灯亮又亮，**团团**火焰耀中央。（浙江民歌《马灯调》） **碗碗家**饭往沿沟头倒，可惜不可惜哟！（贵州遵义） **蔸蔸**菜都真俊。（福建古田）
			宾定：量多量少	手头拿起**把把家**票，都没说拿张跟我。（贵州遵义） 今日个菜少放嘎**确确**盐唧。（湖南邵阳）
			逐一	**个个家**来，不要挤！（贵州遵义）
		状语	连续	书都**本本家**拿起往火头丢，简直太不像话了。（贵州遵义） 听到这个消息，她的眼泪**滴滴**落。（江西南城）
			量多	你看这个杨梅，**坨坨家**吊起，好安逸哟。（贵州遵义）
			周遍	他打牌**盘盘儿**输。（陕西安康） **回回**家他都要带好多土特产回来。（云南昆明）
		补语	量少	等我**下下**嗬。（江西德安） 其个病好哩**滴滴**唧哩。（湖南邵阳）

认知类型学视野下汉英表量结构的对比研究

形式	主要分布	句法功能	语法意义	示　　例
AAA (AAAA)	中原官话、江淮官话、胶辽官话及其紧邻的吴语中	主语	周遍	今个今天打麻将都霉死了，**牌牌牌**输。（江苏扬州） 这个小孩咋啦？**顿儿顿儿顿儿顿儿**不好好哩吃饭。（江苏丰县）
		宾语	？	
		谓语	？	
		定语	主定：周遍	**张张张**钞票都是辛苦赚得来的。（江苏扬州） 他家**亩亩亩**地都种了花生。（山东微山）
			宾定：？	
		状语	周遍	那条水**下下下**都滴到他脑壳上。（湖南吉首）
		补语	？	
AXA	湘语、赣语、客家话、西南官话	主语	周遍	**餐是餐**下是吃小菜。（湖南长沙） **下数下**都不及格。（湖南慈利） **个打个**新鲜。（浙江宁波） 这些衣服都没穿过，**件顶件**新。（山东微山）
			逐一	**个散个**咯过来拿书。（湖南新化） **堆散堆**咯摆好。（湖南新化）
			量多	弄点点儿活路儿嘞，**天大天**还不够啊？（贵州遵义） 牛奶**桶打桶**倒下河去。（江西南康）
			量少	**件把件**嘚衣裳丢掉着就算着。（江西德安）
			计量方式	**捆卯捆**个是书，**箱是箱**个是衣衫。（湖南邵阳）

形式	主要分布	句法功能	语法意义	示　　例
AXA	湘语、赣语、客家话、西南官话	宾语	量多	他屋里今天请的客怕莫有**桌是桌**。（湖南长沙） 每顿吃饭,光是娃儿就要坐**桌大桌**。（贵州遵义）
			量少	西瓜我只买嘎**隻把隻**唧。（湖南长沙）
			约量	这一个萝卜估计就有**斤打斤**。（湖南永顺） 到食堂去吃**餐把餐**。（安徽岳西）
			计量方式	其收起咯旧鞋子都是**隻卯隻**咯,冇得**双卯双**咯。（湖南邵阳）
		谓语	量多	你滴衣裳**箱打箱**,还要买?（湖南涟源） 几年财运好,票子**沓夹沓**。（湖南祁阳） 恁一车拉的麦个子真多,**趟顶趟**。（山东微山）
			完整	这些豆哩**粒似粒**哩唰。（江西德安） 这回买底彩纸**张是张**第个。（安徽岳西）
		定语	主定:周遍	咯块土里**根倒根**西瓜藤都结满西瓜个。（湖南邵阳） **双是双**的手套都是烂的。（四川南江） **本散本**咯书都烂了。（湖南新化）
			宾定:量少;量多	其一个月吃**餐把餐**肉唰。（湖南新化） 其上次拍嘎**斗倒斗**米咯甜酒。（湖南邵阳） **瓶大瓶**酒还不够你喝啊?（贵州遵义） 你有**箱打箱**衣裳,还要买衣裳?（湖南涟源）
		状语	逐一	话要**句赐句**个讲。（湖南娄底） 把菜**碗散碗**咯端来。（湖南新化） 衣裳要**件是件**底洗。（安徽岳西） 江边洗萝卜,**隻卯隻**来。（湖南邵阳） 咯些花菜**坨什坨**地烂。（湖南宁乡）

形式	主要分布	句法功能	语法意义	示　　例
AXA	湘语、赣语、客家话、西南官话	状语	周遍	佢打麻将最厉害,**回是回**都赢着。（安徽岳西） 我**转倒转**去看其都带起糖咯。（湖南邵阳）
			完整	其屋里买甘蔗梗**担是担**挑啊。（湖南邵阳） **箱打箱**买划得来些。（湖南长沙）
			量多	佢**斤实斤哩**买袄水果来食。（广东五华） 皆**年似年**都冇回屋哇。（江西樟树）
			计量方式	你屋里咯猪崽崽是**隻卯隻**卖还是**菢卯菢**卖?（湖南邵阳）
			约量	我**年把年**冒到娘家去。（安徽岳西）
		补语	完整	咯滴米买得好,煮起个饭**粒卯粒**唧。（湖南邵阳） 娥眉豆结得**绺散绺**咯。（湖南新化） 后来这些秧子,都长得**根是根**、**片是片**的。（四川重庆）
			量少	我赐他打嘎**回把回**唧。（湖南娄底）
			量多	其两个一骂架就要骂**天倒天**。（湖南邵阳） 连阴雨下了**月打月**。（贵州毕节）

3.2　附属意义

　　量词重叠式在具体语境下有其语法意义,同时还有附属意义。之所以称之为"附属"意义,是因为它们和具有实义性的、显性的语法意义相比,是相对附着的、隐性的语义色彩。与此同时,附属意义在一定程度上又是对语法意义的补充描写,使量词重叠式的语义呈现得更为多面而饱满。

量词重叠式的附属意义,即"语义色彩",大致包括格调色彩、形象色彩、情态色彩(何杰,2000:73)。下面我们就来看看量词重叠式语法意义背后所隐藏的语义色彩。

3.2.1 格调色彩

语言的格调色彩是指语言相对固定的意趣和范式,主要受语言形成理据、内涵寓意、语体风格等因素的影响。量词重叠式的语体格调可大致分为书面语格调和口语格调,前者多用于正式场合,严谨庄重、古雅且官方化,后者则多见于非正式场合,随意通俗、自然而日常化。

就格调色彩而言,汉语普通话以书面语格调为主,方言量词重叠式则整体上具有口语格调。普通话的音、形、义俱全,是举国上下的通用语,是学校实施教育,各大正式场合使用的官方语言。而方言是特定水土下生于斯长于斯的百姓的日常用语,大部分有音和义,但却没有系统的文字形式,只能通过口口相传、代代相承的方式延续使用。普通话和方言各自的格调色彩具有一定的统筹性,也引领着它们各自项下的语义色彩分流,各显千秋。

具体来看,普通话中量词重叠式表多量义、逐一义、连续义的情况都体现着书面格调色彩。如表多量的"白云<u>朵朵</u>""星光<u>点点</u>""<u>丝丝</u>细雨""<u>幢幢</u>高楼",表逐一或连续不断的"<u>重重</u>包围""<u>滴滴</u>落下",在量词本身摹状特征的加持下,散发着文学气息。而方言中的绝大多数量词重叠式都十分口语化。当然,一般性特征之外总有例外。普通话中具有指称功能的表周遍义的量词重叠就具有较明显的口语色彩(贾林华,2020),如"羊毛衫<u>件件</u> 10 元""<u>个个</u>同学都是好样的""<u>回回</u>都是你迟到"等等。

3.2.2 形象色彩

形象色彩是指事物通过描绘、比喻等手段而具有生动具象感,通常表现的是事物的外形特征或存在状态。形状量词如"<u>丝</u>""<u>条</u>""<u>块</u>""<u>片</u>""<u>根</u>"等本身就具有形象性,因此由它们构成的重叠式也就天然具备形象色彩。从这一点来看,量词重叠式的形象色彩主要源于量词本身的形象性,量词性量词尤其是形状量词在重叠操作下使形象色彩得以加强、凸显。一般情况下,量词重叠式在句中如果具有文学格调色彩,那就更倾向于拥有形象色彩。因此可以说,普通话的形象色彩比方言的更为凸显。

3.2.3 情态色彩

语言表达式常常裹挟着言者或作者的情感态度,透露着他们对事物的爱憎褒贬,情态色彩就是一种突出反映语言主观性的语义色彩。和有些量词自带形象属性一样,部分量词本身就包含情态色彩,如"位"表示敬意,"个"则相对随意;又如一些表示微小量的量词"点""滴""颗""粒",在许多情况下带有"珍贵""爱惜""可爱"等表达珍惜的情态色彩,再如"撮""帮""介"后接指人名词时常显露出轻慢、蔑视的态度。一般而言,带有贬义色彩的量词或常常修饰贬义中心语的量词,不能重叠。

总体上,具有较强书面语格调的普通话量词重叠所蕴含的情感色彩要远低于口语色彩强烈的方言量词重叠,这也从侧面说明了普通话量词重叠所反映的语言主观性比方言的要低得多。具体来说,方言量词重叠式能表现许多普通话中所不能呈现的语法意义,这些语法意义的存在都离不开强烈的情态色彩。最为突出的是方言量词重叠表小称,即"量少"义。在晋语、官话、湘语、赣语等方言的量词重叠"AA"式中,都存在不同程度的表小称的现象。如"盆盆、瓢瓢"(贵州毕节)、"桌桌、罐罐"(山西运城、文水等地的晋语)、"确确、滴滴(唧)"(湘语)、"下下(嘚)、点点(嘚)"(赣语)等。量词加缀重叠"AXA"式表小称比"AA"式更甚,主要见于湘语(湖南新化、宁乡)、赣语(江西武宁,安徽宿松、岳西)、西南官话(四川西充、成都、自贡,重庆,贵州遵义,贵州贵阳,湖南慈利、吉首)、平话(广西宜州、德胜)等(毛志萍,2019:186),其中"AA嘚""A把A(嘚)"是较为常见的表小称量词重叠式。这些表小称的用法显得亲和而有趣,表现了说话人的亲切热情。还有,"AXA"式表"多量"义[如"佢斤实斤哩买袄水果来食"(广东五华)]、"完整"义[如"咯滴米买得好,煮起个饭粒卯粒唧"(湖南邵阳)]时,体现的是说话人对人、事、物表示满意、高兴、惊讶、埋怨、惋惜、羡慕等情态色彩。此外,"AXA"式表"约量"义[如"天把天做不完"(安徽岳西)、"个布有尺似尺长"(江西南昌)],体现的是主观判断,也属于情态色彩范畴。

4　有待进一步探讨的问题

以上本书对量词重叠式的语法意义和附属意义进行了归纳描写,但还没有把握到量词重叠式语义的总体特征,也未能揭开特征背后的认知理据和重叠式生成的动因。具体有以下几个问题有待阐释:

第一,语法意义描写的分化与合并。从前面的语义描写可以看到,无论是普通话中量词重叠的"AA"式还是方言中的"AA""AXA"式,都有着多重语法意义。对于一形多义的情况,学界基本上采用分化与合并两种方法(郭继懋,1999)。那么,哪一种描写方式能更系统有效地呈现量词重叠式的语法意义?

第二,语法意义与附属意义之间的认知关联。在本章第3.2小节中,我们已经说到量词重叠的附属意义是其语法意义的补充性语义,那么表现在认知层面,这两类意义的关系又是怎么样的?

第三,量词重叠式表小称的认知语用归因。方言量词重叠最为独特的语义是"少量"义,学界普遍从功能的角度称之为"表小称"。它不仅突出地区别于普通话量词重叠的语义,也偏离了整体的语法意义。那么,这一意义或功能出现的原因何在?

第四,量词重叠式的形义匹配理据。既然"AAA(AAAA)"式仅表周遍义,为何不直接用"AA"式即可? 如果三叠、四叠形式能够存在,为何鲜有五叠、六叠甚至更多的叠数呢?

接下来,将针对以上四个问题进行认知分析,尝试揭开汉语量词重叠形义特征背后有关认知主体的重重面纱。

5 汉语量词重叠式形义特征的认知理据

5.1 量词重叠式语法意义的"中心-边缘"图式

传统的量词重叠式形义描写主要有两种方法:一是分化式,就是将结构形式所对应的语义一一罗列,或稍作概括性陈述,如华玉明(1994)认为量词重叠式"AA"是一种同形异义的复合体;二是概括式,量词重叠有一条总括性的语法意义,如郭继懋(1999)认为量词重叠的总语法意义为"物体或事件的重复存在",李文浩(2010)则认为是"某个空间或时间范围内的相同物体或事件"。

关于量词重叠式的多重语法意义描写究竟是采用分化还是合并的方式,首先需要考虑的是这些语法意义之间是否存在关联性,如果有关联,分化的方法无疑是割断了联系,导致描写不系统。根据前文的基本描述和初步观察,本书认为这些语义之间是存在关联的,因此合并的方式更为合理。但目前来看,合并式的阐述研究还不够恰切。其一,总的语法意义的统摄范畴有待商榷。郭继懋(1999)突出概括了语义中的"重复性"特征,具有动态性,但统摄范围过窄;李文浩(2010)指出了时空中重叠内容的"相同性"特征,但该描述所指有些笼统。同时,语义范畴内的成员中,谁是"爷爷",谁是"孙子",一概不知。其二,现有研究大多只考虑到了普通话量词重叠中的语法意义,却忽视了方言中更为丰富、具有区别性的语法意义,缺乏语言类型学的描写视角。

因此,本书认为,量词重叠式可以归纳出一个概括性的语法意义,同时,还要明确它与下位语义范畴,以及下位成员与成员之间的关联,以期形成有序的语义网络。为更好地进行概述,先根据表 15.1 和表 15.2,汇总了量词重叠的形义匹配情况及其在句法位置中的出现频次(见表 15.3):

表 15.3　量词重叠式形义类别汇总

形式 ＼ 语义	周遍	量多	逐一	连续	计量方式	完整	约量	量少
普通话"AA"式	+	+	+	+				
方言"AA"式	+	+	+	+	+	+		+
方言"AAA"("AAAA")式	+							
方言"AXA"式	+	+	+		+	+	+	+
句位频次:	12	11	4	2	4	4	2	7

如表 15.3 所示,量词重叠式主要有的这八种语法意义,很明显可以分为两大块:微观计量和宏观计量。前者突出个体,包括周遍义、逐一义、连续义、少量义,后者强调整体,包括完整义、约量义,居于两者之间的是多量义和计量方式。据此可以将量词重叠式的基本语法意义表述为"对时空中同类人、事、物或微观或宏观的计量"。再从各个语法意义在句法位置中的出现频次来看,周遍义最普遍、最灵活,多量义次之,再者是少量义,其他五

种都比较受句法位置的限制,重叠形式最少、位置最受限制的是约量义(只出现在方言"AXA"式的宾语和状语位置)。与此同时,这些语义之间也存在亲疏远近。比如,周遍义和多量义相近,逐一义和连续义相邻,约量义和少量义常常由同一个量词重叠形式("A把A")表征,等等。因此,我们可以确定,周遍义是量词重叠式最典型、最核心的语法意义,约量义是最不常见、最边缘的语法意义,其他的则居于两者之间,语义成员间关联如图15.1所示:

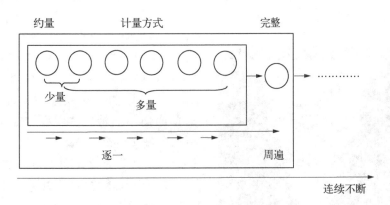

图 15.1　量词重叠式八种语法意义关联图

人类的思维倾向于将相似的、相邻的、相关的信息联系在一起,在完形心理的作用下将它们看作同类事物,归入同一范畴。量词重叠式的多重语法意义之间的关联,反映的正是同一语义范畴内成员之间的家族相似性,其基本语法意义是对家族相似性的提取归纳,反过来家族相似性程度也对范畴成员之间语义距离的判定,起到了认知参照的作用。通过表15.3和图15.1,我们可以更清晰地看到,方言量词重叠的语法意义完全涵盖了普通话,它们共同表征的语法意义,即周遍义、多量义、逐一义、连续义也因此更为典型、普遍,而方言量词重叠独有的少量义、约量义、完整义、计量方式义则相对边缘。

> **5.2　量词重叠式语法意义与附属意义的认知关联**

量词重叠式的表义具有极强的主观性。虽然我们将量词重叠式的基本语法意义归纳为"对时空中同类人、事、物或微观或宏观的计量",但如果离

开附属意义谈"计量"，就抹杀了量词重叠式存在的特有意义。客观计量是单音节量词的基本功能，借助数词组成数量结构就能对重复存在的同类人、事、物进行计量。而量词重叠则是带有附加色彩的"计量"，即便是表相对客观的计量方式义，也是只在带有很强的口语色彩的情况下，如方言中出现。

在本章第 3.2 小节中，我们也已经呈现了量词重叠的语法意义和附属意义之间千丝万缕的关系，再上升到认知层面，这两种语义也必然不可分割。

量词重叠的语法意义和附属意义在概念系统中恰如图形与背景的关系。

在汉语普通话重叠式中，语法意义在语境中明确而清晰，附属意义则相对隐蔽而模糊，但如果没有附属意义的衬托，语法意义就显得孤立、单薄，单面而不立体。这就好像在素描画中，实物要显得立体且有光泽色度的变化感，阴影是必不可少的一部分。在方言量词重叠式中，语法意义和附属意义更像是将特定空间几近均质分割的"人脸"和"花瓶"（如图 15.2 所示），彼此互为参照，有时根据具体语用选择一种凸显的语义，有时则两种语义并驾齐驱，相辅相成。

图 15.2 "人脸-花瓶"图①

5.3 量词重叠式表小称的认知语用归因

量词在形式上的复叠通常带来的是客观或主观量的增加和延续。Moravcsik（1978）曾指出，在各种语言的重叠式中最为显著的内涵义是"量的增加"（increased quantity）。可见，复叠反而导致"量的减少"属于有标记用法，量词重叠表小称必有其独特理据。

刘丹青（1995）认为，量词重叠式有话题性这一语用特性，其语用特征比语义和句法特征更明显。这意味着，语用对量词重叠式的制约大于语义

---

① "人脸-花瓶"图由丹麦心理学家 Edgar Rubin 于 1915 年设计。

和句法。在一些方言如陕北话中,无论所指物体的大小,"勺勺""本本""瓶瓶""盆盆"等重叠式都有"小"的内涵义。赣语中有"确确""滴滴""卯卯唧"等,在概念上类似于英语中的 little,含有爱称之义。这些量词重叠式,和名词重叠式"车车""鞋鞋""狗狗"等一样,是低龄儿童常用的语言。蒋协众(2014b)在考察多种方言后,发现表小称的词缀大多源于表"小孩"概念的语法化。量词重叠式即是通过模仿儿童的发音特点和语用特征,来达到表情达意的语用目的。其使用人群自然不限于儿童,还有和儿童社会心理距离亲近的女性,恋爱中的情侣等等,其中体现出的亲昵、怜爱、活泼的情态色彩远远甚于"少量"这一语法意义的传达。第七章中的"V+一下下"也同此理。此外,量词重叠表小称,也常见于许多地方民歌中,通过复叠手段增强音乐韵律,使其朗朗上口,在歌里还原当地的生活常态,也折射出亲切的民俗文化和浓厚的地域色彩,这些也远远超出了表面所传达的语法意义。

还有学者认为,量词重叠式表小称是语义虚化的结果。高亚楠(2017)提出,量词重叠是将本可用一个量词形式承担的语义分派给了两个,造成了重叠式整体语义力量的弱化和信息值的减少。换句话说,第二个羡余形式并不负载某种具体语义,而是使其重叠式意义变得更加虚化,实现了削减主观程度的表达效果。这种语义虚化的现象也可以从量词重叠与名词重叠的关系中窥见一斑。付欣晴(2013)在考察方言的形义特征时,发现方言中表小称的量词重叠和名词重叠的重合度非常高,几乎所有存在量词重叠式表小称的方言也都同时有名词重叠式表小称的现象,反之却未必。这即是说,量词重叠是从名词重叠演化而来,这一过程本就是语义虚化的过程。语义内容虽然虚化了,但语用效果却不减反增。这恰如"吃饭了吗?""今天天气不错!""Nice to meet you.""What's up?"等话语,虚化了表义作用,突出了语用寒暄功能。

总之,量词重叠表小称是一种积极的语用手段,语义和句法皆服务于传达情态色彩这一语用目的,实现了语言生动、语音和谐、情感增强的语用效果。

5.4 量词重叠式的形义匹配理据

针对语言的形式和语义,Newmeyer(1998:117)曾指出,语言在句法或形式上的复杂性,与语义成分的复杂性相映照,即语言成分越多,语义越复杂。Lakoff & Johnson(1980)认为,语言形式如同容器,容器越大,内容越多。语言单位越长,所表达的数量、包含的范围、表征的意义就越多。就本章所讨论的量词重叠形式来说,"AA"式相对简单,"AAA"("AAAA")、"AXA"式的形义更复杂,在认知加工上需要付出更多的努力。

方言中的"AAA""AAAA"式的语法意义只表周遍,看上去似乎比"AA"式简单,但同样是表达"每一"的逐指义,三叠、四叠式运用数量象似性原则和夸张手法,加强了语气、加深了程度,附着了更多的情态色彩。对数量的模拟是语言中象似性的最强体现(王芳,2012),从单音节量词到量词的二叠、三叠、四叠就是用形式的复叠象似语义的增加。这也同样体现了复杂度象似性原理:复杂的事情用复杂的形式去表达(Haiman,1985:237-238)。相对于量词单用,量词重叠在形式和语义上都要更为复杂。

但重叠形式并不能无休止地做加法,事实上在方言中五叠的情况就几乎不存在。这是因为在恰当的范围内,对数量的模拟有利于实现语用的经济性(王寅,2003),但经济性原则对数量象似性原则有着制约作用,语言的简练性要求语言表达者见好就收,干净利落。经济性原则与数量象似性原则相互制衡,在动态交际中达到平衡统一。

6 结 语

本章在界定了量词重叠式的范围后,对其语法意义和附属意义进行了归纳性描写。就语言类型学特征来讲,其中有几条再次被证实的单项蕴含共性:第一,如果某个方言中能够进行"AAA"("AAAA")式重叠,那就一定能够进行"AA"式重叠;第二,如果某个方言中能够进行"AXA"式重叠,那就也能进行"AA"式重叠。这两条可以概述为:某种方言如果能够进行复杂式重叠,就能够进行简单式重叠。此外,方言量词重叠式完整地涵盖了普通话中的语法意义。普通话中量词重叠式普遍具有书面语格调色彩,比喻性的重叠式则更添鲜明的形象色彩;方言中的量词重叠式口语色彩明显,在表小称功能中情态色彩十分突出。另外,就所收集到的语料来看,南方方言中的量词比北方方言更多,用法也更为丰富。这一观察也与学界的观点普遍一致：南方方言为量词型语言，北方方言为指示词型语言。

在认知分析部分，主要对四个问题进行了探讨，尝试性地建构了量词重叠式语法意义的"中心-边缘"图式，通过图形与背景的关系来理解语法意义和附属意义的认知关联，将量词表小称功能归因于语用至上和语义虚化这两种可能，还简要阐释了量词重叠式形义匹配中数量象似性原则和语用经济性原则的相互竞争与协调。限于篇幅，本章诸多问题只能蜻蜓点水，不妥之处还请专家、同仁指正。

第十六章

总结与展望

1 本书研究性质

　　所有的研究都是从比较开始。就单一语言的内部结构分析而言，横组合和纵聚合层面的分析有联系也有对比；从研究方法上来说，一种理论提供一个研究视角，基于不同理论研究同一语言现象也是一种比较；而跨语言对比不同语言之间的异同，更是一种比较。本书正是基于这样一种多层次、跨学科、跨语言的理念，进行了认知类型学视野下汉英表量结构的对比研究。

　　本书从汉语表量结构的认知语言学研究说起。汉语表量结构的本体研究是我们开展认知研究的基本前提，因此这一部分所包含的章节，都是先从语言现象的本体分析出发。这具体包括：对汉语量词的分类，对表量结构的基本形式及其句法、语义、语用特征等基本语言事实的观察和描写；对表量结构使用情况和一般规律的归纳；对影响汉语表量结构外部因素的概括等。从观察到描写，从描写到解释，层层递进，抽丝剥茧，呈现的是从语言事实到认知现实的图景。

汉英对比是一个经久不衰的议题。以表量结构为抓手,我们进行了一场酣畅淋漓的汉英表量结构对比研究。跨语言对比,皆以最终目的为导向。若是以语言本体研究为目标,那么语言形式、语义和语用层面的比较则点到为止,过于微观的比较对单一语言结构的分析并无意义。若是以语言应用为导向,如语言教学,那么偏误对比分析将占据研究主体。如果是以语言类型乃至认知类型为目的,那么微观解析和宏观概括都必不可少,两者并驾齐驱,才能找出语言规律,建构系统阐释。尽管语言的本体研究和应用研究都在本书的辐射范围之内,但本书更多是以认知类型为核心议题的理论性研究,这和纯粹的语言语法分析,或教学语法研究存在较大差别。

本书的第二部分采用认知类型学视野来研究汉英表量结构。那么,究竟何为"认知类型"?它与"语言类型"有着怎样的联系和区别呢?首先,"语言类型"是基于语言类型学进行多种语言对比后概括和凝练的呈点状、线状或片状分布的语言谱系。所谓"认知类型",则是基于跨语言观察、描写进行的认知方式、经验结构、文化传统、社会心理等方面的概括性分类。其次,"认知类型"和"语言类型"是相交的关系,两者有重合之处,具体的联系和区别还要结合它们各自所处的理论框架来看,即语言类型学和认知类型学。语言类型学以追求语言共性为总体目标,辅以关注和大多数语言相异的独特现象,其研究方法以考察调研、语料数据统计等定量研究为主,注重贴合语言实际进行尽量客观的充分描写。针对语言的不同层面,它分为语音类型学、词汇语义类型学、语法类型学等分支。对于认知类型学研究而言,一方面,语言类型学的研究成果可以为其所用,即顺着语言类型上的异同可以探寻到认知类型上的异同;另一方面,人类大脑的认知是十分抽象而难以考察的,如果分析不同民族的思维特征仅以语言类型学的研究为依据,那么容易导致关于认知类型的论断片面化,陷入单一研究模式。此外,语言类型学的大数据采样描写或多或少存在一些谬误,非考察语言母语者所提供的语料描写,在信度和效度上是打折扣的。也就是说,尽管语言类型学研究已然成熟,但其基于语言样本观察做出描写的研究范式并非天衣无缝,认知类型学研究吸取其优势性内容的同时,还是以假设-求证、解释之类的定性研究为题中之义。

2 本书研究概述

2.1 基本内容

本书以认知类型学的建构为宏观目标,以探寻汉英表量结构所体现的汉英语母语者认知结构的异同为微观目标,综合运用认知语言学、语言类型学、普通语言学等理论,较为系统地开展了相关研究。

在进入本书主体部分之前,第一部分以汉语中的表量结构为研究对象,进行了专门的认知语言学研究。该部分没有开展显性的语言类型学研究,但这一方面为主体部分做好了充分的准备,另一方面研究中引用了英语、法语、日语、韩语等外语以及中国一些少数民族语言中的表量结构语料,这也体现了语言类型学意识。

主体部分"汉英表量结构的认知类型学研究"主要尝试了几种认知类型学研究的可能范式,即为语言类型学和认知语言学这两门学科融合中的过渡范式,具体包括:(1)"汉英表量结构对比分析+认知归因"式的微型跨语言比较研究,这类研究本质上可纳入语言类型学研究的范畴,如第八章(就汉英表量结构中量名的非常规搭配进行了认知修辞分析)、第九章(探讨了汉英形状表量结构认知界限的灵活性);(2)"语言类型学描写+认知语言学归因解释",包括第十章(基于语言类型学描写了汉英表量系统的繁简互补关系,再揭示其认知理据)、第十一章(先呈现语言类型学意义上跨类表量结构的辩证关系,再挖掘其认知机制)、第十四章(结合语言类型学原则,还原了表量结构汉英互译中的认知推理过程)、第十五章(运用方言类型学对比了汉语普通话和汉语方言中的量词重叠式,再从认知角度做出统一解释);(3)"汉英表量结构对比分析+认知归因+语言类型学意义",如第十二章(围绕汉英表量结构是否能"做谓语",进行了认知方式和语言类型对比分析);(4)"汉英表量结构对比+认知特征分析+认知类型判定",如第十三章(从汉英表极值语义的表量构式看汉英认知类型的异同)。这些尝试旨在挖掘认知语言学和语言类型学之间的共性,推动认知类型学学科体系的建立和发展。

从研究对象来看,本书对汉英表量结构进行了较为系统、深入的研究,探究了该领域涉足较少的相关内容。在将印欧语系的数标记型语言英语与汉藏语系的量词型语言汉语进行对比的过程中,我们对汉英表量结构的形式、语义和语用做了较为充分的描写,除了涉及学界研究较多的"一量多物"和"一物多量"搭配、"数+量+名"及其变体等表量结构使用现象,我们还尝试性地探究了汉英跨类表量结构、表量结构的句法功能、极性义表量构式等。

从理论价值来讲,宏观上,本书具有一定的理论高度,研究视点具有创新性。正如我们在第一章绪论中所述,语言类型学侧重语言共性的科学归纳,但缺乏对共性的系统性解释;认知语言学侧重语言现象背后的认知归因,但缺乏语言类型学的蕴含共性意义。因此,我们尝试着将两者结合起来,将认知类型学作为研究视野,检验了第一部分汉语表量结构研究中的相关论断,也探索了认知类型学的研究范式。微观上,我们归纳出了一系列汉英语民族在思维模式、认知方式上的异同,其中认知共性包括主观识解、喻性思维,认知差异如汉语母语者具有更强的主体意识,认知模式以整体综合为主,而英语母语者有着较高的客体意识,认知思维以逻辑分析为主,等等。这些都具有较为普遍的理论意义,且有助于理解语言的本质,突出人类作为语言使用者的认知主体地位。

从应用价值来说,这些发现对语言习得、外语教学、汉英翻译、跨文化交际乃至人工智能等领域都有一定的实践意义。此外,相关研究还有一些现实意义。例如第十五章对比了汉语方言和普通话中的量词重叠式,强调了普通话推广和方言保护的同等重要性。中国丰富的地域方言是语言类型学研究的绝佳资源。不仅要对比汉语和外语,还要对比汉语普通话和方言的异同,这样才能更深刻地反映汉语母语者的经验结构,体现最真实、最自然的语言生活常态。

2.3 不足之处

首先,从研究视点来看,认知类型学尚未成熟,学科理论更多借鉴语言类型学(特别是功能类型学)和认知语言学的相关内容,如范畴化理论、标记理论、象似性理论、蕴含共性、认知语法(尤其是构式语法)等。直接以"认知类型学"命名的章节也较少,大多采用的是两门学科融合阶段过渡性的研究范式。要建立起认知类型学的学科体系,使其成为一门独立学科还任重而道远。

其次,本书的研究论断还需要不断地验证和证伪。书中阐释部分的研究方法还是以认知语言学的内省法为主,因此得出的结论一方面还有待认知心理学、心理语言学等认知实验的验证,另一方面还有待语言类型学相关研究的大样本检验。此外,本书涉及语言类型学的部分大多属于共时层面的研究,而语言类型是历史过程的产物,这个历史过程包含类型转换(Maslova, 2000)。历时类型学角度能够反映语言类型的演变过程,倘若将其作为辅助考察视角,本书研究的相关结论会更全面、更有说服力。

再次,本书虽涵盖了汉英表量结构的常见现象,但语义分析多于句法分析和语用阐释,且还有许多其他相关现象探讨较少。例如,表量结构相关构式的语法化和规约化过程、口语中的表量结构、表量结构的指称功能等等。

3 本书研究今后的开掘方向

汉英表量结构的认知类型学研究是一个有理论价值、研究意义的课题,值得不断去开掘和探索。笔者对本书的后续研究翘首以盼,可进行讨论的相关议题如下:

关于表量结构的语序研究。汉语的表量结构语序相对灵活,变体形式相对丰富,而和量词有关的语序共性及其所反映的认知类型异同的研究较少。以日语为例,日语表量结构的基本语序是"名+数+量",如果使用汉语中常用的"数+量+名"形式,需要在名词前面加上助词"の",类似于汉语中的结构助词"的"以及英语所有格中的 of。汉语中的"的"能够反映修饰语和被修饰语之间的关系:修饰语直接加在名词前,表明它和名词的关系密切,表达已然规约化,如"冷饭""咸鸭蛋";相反,如果还需要"的",则说明修饰语和名词之间的关系较为疏远,如"冷的鱼""辣的鸡肉"。同理,汉语不需要"的"加在"量"和"名"之间,说明相对于日语,汉语的量名关系更为紧密。那么,其他量词型语言的表量结构语序是怎样的? 在这些语言的"数+量+名"形式中,"量"和"名"之间是否需要加助词? 这些现象体现了怎样的认知类型特征? 这些都是值得探究的问题。

关于量词和量化词的研究。量化词是表达名词数量和范围的词,根据语义大致分为全称量化词(如"所有""每""all""each")和部分量化词(如"一些""some""few")。就数量范畴的表征而言,人类语言大体可以分为量词型语言和数标记型语言。但世界上所有的语言都有量化词。可见,量化词比量词更普遍,更能体现语言共性和认知共性。就表量功能来说,量化词表量笼统,量词表量具体,但量词重叠式可以实现量化词的某些功能,如"本店清仓大甩卖,件件十元,样样十元",其中,"件件"和"样样"就可以用全称量化词替代。量词和量化词到底有着怎样的区别和联系呢? 这之中的语言类型和认知类型意义值得挖掘。

关于"量词型语言-数标记型语言"的"中心-边缘"图式研究。人类语言可大致分为分析型和综合型两大类,前者没有形态变化,后者则形态手段丰富。然而,并不存在绝对的分析型或综合型语言,大多数语言都处于两者之间,并且存在典型的分析语,却没有典型的综合语。那么量词型语言和数标记型语言的分类,是否也存在类似的连续统情况? 是否可以建立"量词型语言-数标记型语言"的"中心-边缘"图式? 这项研究工程浩大,但是对于形成认知类型学的统一解释模式有着巨大的推动作用。

此外,上文提及的书中不足之处自然也是今后该研究领域需要加强和补充的地方。衷心感谢匿名评审专家提出的宝贵意见,促使本书得到进一步的修改和完善。或许语言学研究是一场宏大叙事,讲述语言的前世今生和家族故事,也刻画历代人头脑中的认知模式。表量结构的故事未完待续,认知类型学的故事也来日可期,期待越来越多的国内外学者参与其中。

参考文献

Adams, L. & F. Conklin. Toward a Theory of Natural Classification[A].
In *Papers from the Ninth Regional Meeting*[C]. Chicago: Chicago
Linguistics Society, 1973: 1 – 10.

Aikhenvald, A. Y. *Classifiers: A Typology of Noun Categorization
Devices*[M]. New York: Oxford University Press, 2000.

Allan, K. Classifiers[J]. *Language* 53, 1977 (2): 285 – 311.

Benton, A. Numeral and Attributive Classifiers in Truquese[J]. *Oceanic
Linguistics*, 1968 (7): 104 – 146.

Biber, D. et al. *Longman Grammer of Spoken and Written English*[M].
Beijing: Foreign Language Teaching and Research Press, 2000.

Blank, A. Why do new meanings occur? A cognitive typology of the
motivations for lexical semantic change [J]. *Cognitive Linguistics
Research*, 1999: 61 – 90.

Boye, K. *Epistemic Meaning: A Crosslinguistic and Functional
Cognitive Study*[M]. Berlin/Boston: Mouton de Gruyter, 2012.

Chrisomalis, S. A Cognitive Typology for Numerical Notation [J].
Cambridge Archaeological Journal, 2004, 14(1): 37 – 52.

Croft, W. *Typology and Universals* [M]. Cambridge: Cambridge
University Press, 1990.

Croft, W. Semantic Universals in Classifier Systems [J]. *Word* 45,
1994: 145 – 171.

Croft, W. Some Contributions of Typology to Cognitive Linguistics, and
Vice Versa [A]. In J. Theo & G. Redeker (eds.). *Cognitive
Linguistics: Foundations, Scope, and Methodology*[C]. Berlin/New
York: Mouton De Gruyter, 1999: 61 – 93.

Croft, W. *Typology and Universals 1st*[M].北京: 外语教学与研究出版
社, 2000.

Croft, W. *Radical Construction Grammar: Syntactic Theory in Typological Perspective*[M]. Oxford: Oxford University Press, 2001.

Croft, W. *Typology and Universals 2nd*[M]. Cambridge: Cambridge University Press, 2003.

Croft, W. *Radical Construction Grammar*[M].北京: 世界图书出版公司, 2009.

Dirven, R. Metonymy and Metaphor: Different Mental Strategies of Conceptualization[A]. In R. Dirven & R. Pörings. *Metaphor and Metonymy in Comparison and Contrast*[C]. Berlin/New York: Moulton de Gruyter, 2002: 75 – 111.

Dryer, M. The Branching Direction Theory Revisited[A]. In S. Scalise, E. Magni & A. Bisetto (eds.). *Universals of Language Today*[C]. Berlin: Springer, 2009: 185 – 207.

Evans, V. Lexical Concepts, Cognitive Models and Meaning Construction[J]. *Cognitive Linguistics* 17, 2006 (4): 491 – 534.

Evans, V. *How Words Mean: Lexical Concepts, Cognitive Models and Meaning Construction*[M]. Oxford: Oxford University Press, 2009.

Evans, V. Figurative Language Understanding in LCCM Theory[J]. *Cognitive Linguistics* 21, 2010 (4): 1 – 57.

Evans, V. *Language and Time*[M]. Cambridge: Cambridge University Press, 2013.

Evans, V. & M. Green. *Cognitive Linguistics: An Introduction*[M]. Edinburgh: Edinburgh University Press, 2006.

Fillmore, C., Kay, P. & C. O' Connor. Regularity and Idiomatically in Grammatical Constructions: the Case of *let alone*[J]. *Language*, 1988 (64): 501 – 538.

Friedrich, P. Shape in Grammar[J]. *Language*, 1970 (2): 379 – 407.

Givón, T. Historical Syntax and Synchronic Morphology: An Archaeologist's Field Trip [J]. *Chicago Linguistic Society* 7, 1971: 394 – 415.

Goldberg, A. *Construction: A Construction Grammar Approach to Argument Structure* [M]. Chicago: University of Chicago Press, 1995.

Goldberg, A. *Construction at Work: The Nature of Generalization in Language* [M]. Oxford: Oxford University Press, 2006.

Goossens, L. Metaphtonymy: The Interaction of Metaphor and Metonymy in Expressions for Linguistic Action[J]. *Cognitive Linguistics*, 1990 (1): 323 – 340.

Goossens, L. Metaphtonymy: The Interaction of Metaphor and Metonymy in Expressions for Linguistic Action [A]. In J. Mey & O. Parret (eds.). *By Word of Mouth* [C]. Belgium: University of Antwerp, 1995: 159 – 174.

Goossens, L. Metaphtonymy: The Interaction of Metaphor and Metonymy in Expressions for Linguistic Action[A]. In R. Dirven & R. Pöring (eds.). *Metaphor and Metonymy in Comparison and Contrast*[C]. Berlin: Mouton de Gruyter, 2002: 349 – 368.

Greenberg, J. H. Some Universals of Grammar with Particular Reference to the Order of Meaningful Elements [A]. In J. H. Greenberg (ed.). *Universals of Language* [C]. Cambridge: MIT Press, 1963: 73 – 113.

Greenberg, J. H. Dynamic Aspects of Word Order in the Numeral Classifiers[A]. In C. N. Li (ed.). *Word Order and Word Order Change*[C]. Austin: University of Texas Press, 1972: 27 – 45.

Greenberg, J. H. *Language Typology: A Historical and Analytic Overview* [M]. The

Hague: Mouton, 1974.

Greenberg, J. H. Numeral Classifiers and Substantive Number: Problems in the Genesis Type[J]. *Working Papers in Language Universals*, 1990: 16 – 93.

Haiman, J. *Natural Syntax*[M]. Cambridge: Cambridge University Press, 1985.

Hamilton, C. A Cognitive Grammar of "Hospital Barge" by Wilfred Owen[A]. In J. Gavins & G. Steen (eds.). *Cognitive Poetics in Practice*[C]. London/New York: Routledge, 2003: 55 – 65.

Hawkins, J. A. *Efficiency and Complexity in Grammars*[M]. Oxford: Oxford University Press, 2004.

Heine, B. & T. Kuteva. *World Lexicon Grammaticalization*[M]. Cambridge: Cambridge University Press, 2002.

Hengeveld, K. Non-verbal Predicability[A]. In M. Kefer & J. van der Auwea (eds.). *Meaning and Grammar: Cross-Linguistic Perspectives*[C]. Berlin/New York: Mouton de Gruyter, 1992.

Hermans, T. *The Manipulation of Literature: Studies in Literary Translation*[M]. London: Worcesler, 1985.

Israel, M. The Rhetoric of Grammar: Scalar Reasoning and Polarity Sensitivity[D]. San Diego: University of California, San Diego, 1998.

Israel, M. The Pragmatics of Polarity[A]. In L. Horn & G. Ward (eds.). *The Handbook of Pragmatics*[C]. London: Blackwell, 2004: 701 – 723.

Israel, M. *The Grammar of Polarity: Pragmatics, Sensitivity, and the Logic of Scales* [M]. Cambridge: Cambridge University Press, 2011.

Johnson, M. *The body in the Mind: The Bodily Basis of Meaning, Imagination, and Reason*[M]. Chicago: University of Chicago Press, 1987.

Kittay, E. F. *Metaphor: Its Cognitive Force and Linguistic Structure* [M]. Oxford: Clarendon Press, 1987.

Lakoff, G. *Women, Fire and Dangerous Things: What Categories Reveal about the Mind* [M]. Chicago: University of Chicago press, 1987.

Lakoff, G. & M. Johnson. *Metaphors We Live By*[M]. Chicago: University of Chicago Press, 1980.

Lakoff, G. & M. Johnson. *Philosophy in the Flesh — the Embodied Mind and Its Challenge to Western Thought*[M]. New York: Basic Books, 1999.

Lakoff, G. & M. Turner. *More than Cool Reason: A Field Guide to Poetic Metaphor*[M]. Chicago: University of Chicago Press, 1989.

Langacker, R. W. Nouns and Verbs[J]. *Language*, 1987a, 63 (1): 53 – 94.

Langacker, R. W. *Foundations of Cognitive Grammar Vol. I. Theoretical Prerequisites* [M]. Stanford: Stanford University Press, 1987b.

Langacker, R. W. Reference-Point Constructions[J]. *Cognitive Linguistics*, 1993 (4): 1 – 38.

Langacker, R. W. *Cognitive Grammar: A Basic Introduction* [M]. New York: Oxford University Press, 2008.

Lehmann, W. A Structural Principle of Language and Its Implications[J]. *Language*, 1973 (4): 47 – 66.

Lemmens, M. Toward a Cognitive Typology [J]. *Parcours linguistiques: Domaine anglais*, 2005: 122-223.

Levinson, S. C. *Presumptive Meanings: The Theory of Generalized Conversational Implicature* [M]. Cambridge: MIT Press, 2000.

Mahapatra, B. P. *Malto: An Ethnosemantic Study* [M]. Manasagangotro, Mysore: Central Institute of Indian Languages, 1979.

Maslova, E. A Dynamic Approach to the Verification of Distributional Universals [J]. *Linguistic Typology*, 2000 (4): 307-333.

Moravcsik, E. A. Reduplicative Constructions. [A]. In J. H. Greenberg (ed.). *Universals of Human Language Vol.3* [C]. Stanford: Stanford University Press, 1978: 297-334.

Newmeyer, F. J. *Language Form and Language Function* [M]. Cambridge: MTT Press, 1998.

Oakley, T. Image Schema [A]. In D. Geeraerts & H. Cuyckens (eds). *The Handbook of Cognitive Linguistics* [C]. Oxford: Oxford University Press, 2007: 214-235.

Quirk, R. et al. *A Comprehensive Grammar of the English Language* [M]. London: Longman Group Ltd., 1985.

Radden, G. & Z. Kövecses. Towards a Theory of Metonymy [A]. In K. Panther & G. Radden (eds.). *Metonymy in Language and Thought* [C]. Amsterdam/Philadelphia: John Benjamins Publishing Company, 1999: 17-59.

Sinclair, J. *Collins Cobuild English Grammar* [M]. London: Harper Collins Publishers Ltd., 1990.

Sinnemaki, K. Cognitive Processing, Language Typology, and Variation [J]. *Wiley Interdisciplinary Reviews: Cognitive Science*, 2014 (5): 477-487.

Sperber, D. & D. Wilson. *Relevance: Communication and Cognition* [M]. Oxford: Blackwell, 1986/1995.

Tai, J. H-Y & Lianqing Wang. A Semantic Study of the Classifier Tiao [J]. *Journal of the Chinese Language Teachers Association* 25, 1990(1): 35-36.

Talmy, L. *Toward a Cognitive Semantics* [M]. Cambridge: MIT Press, 2000.

Taylor, J. R. *Linguistic Categorization* [M]. Oxford: Clarendon Press, 1995.

Uehara, S. Toward a Typology of Linguistic Subjectivity: A Cognitive and Cross-Linguistic Approach to Grammaticalized Deixis [A]. In A. Athanasiadou, C. Canakis & B. Cornillie (eds.). *Subjectification: Various Paths to Subjectivity* [C]. Berlin/New York: Mouton de Gruyter, 2006: 75-117.

包晗."V 一下"格式及其新用[J].语文学刊,2010(12): 31-32.

步连增.语言类型学视野下的汉语量词研究[D].济南: 山东大学,2016.

查尔斯·E. 布莱斯勒著,赵勇、李莎、常培杰等译. 文学批评理论与实践导论(第五版) [M].北京: 中国人民大学出版社,2015.

陈汝东.认知修辞学的性质、理论来源及现实基础[J].锦州师范学院学报,2002(1): 25-27,31.

陈淑梅.鄂东方言量词重叠与主观量[J].语言研究,2007(4): 42-46.

陈秀然.汉语量词修饰形容词现象探因[J].三峡学院学报,2007(1): 88-91.

陈勇.А. Е. Кибрик 的语言类型学研究[J].当代语言学,2007(4): 359-372.

陈再阳.现代汉语数量短语指代功能及其相关构式研究[D].上海: 上海师范大

认知类型学视野下汉英表量结构的对比研究

学,2013.

储泽祥."名+数量"语序与注意焦点[J].中国语文,2001(5):411-417.

储泽祥.强调高程度心理情态的"一百个(不)放心"类格式[J].世界汉语教学,2011(1):58-68.

戴清娥、罗思明.基于语料库的英语个体表量结构语法化研究[J].解放军外国语学院学报,2016(3):61-69.

戴炜栋、陆国强.概念能力与概念体现[J].外国语,2007(3):10-16.

董秀芳.论句法结构的词汇化[J].语言研究,2002(3):56-65.

冯赫.汉语量词"合"与"合(盒)"的历时考察[J].汉语学报,2018(3):81-86.

付欣晴.汉语方言重叠式比较研究[D].武汉:华中师范大学,2013.

甘智林."V+一下₂"格式的语法意义[J].湖南文理学院学报,2004(5):98-100.

高航.名词化的概念组织层面:从认知语法的视角[J].解放军外国语学院学报,2009(3):7-12.

高航.类型学视角下的名词谓语句考察[J].外语教学,2020(3):16-22.

高航.名词谓语句的认知语用动因:类型学证据[J].外语与外语教学,2021(4):1-12.

高亚楠.跨方言比较视角下汉语量词显赫功能及动因[J].中南大学学报,2017(5):196-202.

高亚楠、吴长安.从显赫词类的扩张性看量词"趟"的语法化历程[J].古汉语研究,2014(2):41-46.

高亚楠、郑氏永幸.汉语跨类量词的历史成因与哲学逻辑[J].汉语学报,2018(2):14-20.

耿丽君.汉语方言量词重叠 AAA 式的韵律特征及焦点凸显[J].中南大学学报,2016(5):175-181.

郭继懋.再谈量词重叠形式的语法意义[J].汉语学习,1999(4):6-9.

郭蓉菲.从认知语言学看日语助数词"枚"所对应的汉语量词——以对平面状事物的认知范畴为中心[J].湖北科技学院学报,2014(6):147-149.

何杰.现代汉语量词研究[M].北京:民族出版社,2000.

何九盈.中国古代语言学史[M].北京:商务印书馆,2013.

何自然.语用学与英语学习[M].上海:上海外语教育出版社,1997.

何自然.语用学探索[M].广州:世界图书出版公司,2000.

胡光斌.遵义方言量词的重叠[J].遵义师范学院学报,2007(1):28-33.

胡绵绵.德安方言量词重叠现象研究[D].南昌:南昌大学,2017.

华玉明.汉语重叠系列之五——试论量词重叠[J].邵阳师专学报,1994(3):43-47.

黄拾全.安徽岳西赣语"AXA"式量词重叠及其主观性[J].南昌大学学报,2010(5):92-95.

黄志玉.古汉语量词的运用[J].当代修辞学,1990(1):34-35.

贾林华.指称与描述:量词重叠的功能差异与韵律表达[J].汉语学习,2020(5):14-21.

蒋协众.21世纪重叠问题研究综述[J].汉语学习,2013(6):89-96.

蒋协众.湘语邵阳话中量词的"AXA"式重叠——兼谈量词"AXA"式重叠的方言类型学意义[J].河南科技大学学报,2014a(4):66-71.

蒋协众.湘方言重叠研究[D].长沙:湖南师范大学,2014b.

蒋协众.湘方言中的量词重叠及其主观性[J].武陵学报,2017(4):131-136.

蒋协众.汉语方言量词重叠的类型学考察[J].南开语言学刊,2018(1):107-117.

蒋协众、唐贤清.名词重叠表小称的跨方言考察[J].励耘语言学刊,2016(1):310-320.

蒋雪挺.汉英表量差异中的文化因素[J].上海师范大学学报(哲学社会科学版),2004(3):122-126.

蒋勇.汉语极量极性词语的梯级逻辑和关联分析[A].语言研究集刊(第五辑)[C].上海:上海辞书出版社,2008:232-254.

蒋勇.基于信息论的极性词的梯级模型[J].外语学刊,2013(1):65-70.

蒋勇、龚卫东.极性借代的梯级逻辑[J].外语教学,2011(1):11-15.

蒋勇、翟澍、邢雪梅.极性隐喻的梯级逻辑[J].修辞学习,2011(3):34-41.

金福芬、陈国华.汉语量词的语法化[J].清华大学学报,2002(1):8-14.

金立鑫.语言类型学——当代语言学中的一门显学[J].外国语,2006(5):33-41.

金立鑫.语言研究方法导论[M].上海:上海外语教育出版社,2007.

金立鑫.语言类型学探索[M].北京:商务印书馆,2017.

金任顺(Kim Im Soon).汉语形状量词与名词选择关系研究[D].上海:上海师范大学,2019.

金依璇、袁庆德.对汉语量词重叠现象的再认识[J].现代语文,2019(2):57-61.

康今印.谈名量词在唐宋诗词中的修辞功能[J].当代修辞学,1984(3):27-28.

李洪儒.从逻辑、哲学角度看句义理论的发展——"语句中的说话人因素"理论探讨之一[J].外语学刊,2001(1):31-38.

李洪儒.从语句的交际结构看说话人形象[J].外语学刊,2002(5):46-50.

李洪儒.试论语词层级上的说话人形象——语言哲学系列探索之一[J].外语学刊,2005(5):43-48.

李强、袁毓林.量词"场"的事件量化功能分析[J].语言研究,2016(4):1-9.

李韧之.类型学及其理论框架下的语言比较[J].解放军外国语学院学报,2008(1):1-6.

李文浩.量词重叠与构式的互动[J].世界汉语教学,2010(3):354-362.

李小军.汉语量词"个"的语义演化模式[J].语言科学,2016(2):150-164.

李兴亚.宾语和数量补语的次序[J].中国语文,1980(3):1-3.

李勇忠.间接言语行为中的借代[J].解放军外国语学院学报,2003a(2):16-20.

李勇忠.概念隐喻、合成空间与隐喻阐释[J].江西师范大学学报,2003b(6):111-114.

李勇忠.构式义、转喻与句式压制[J].解放军外国语学院学报,2004(2):10-14.

李勇忠.祈使句语法构式的转喻阐释[J].外语教学,2005a(2):1-5.

李勇忠.语言结构的转喻认知理据[J].外国语,2005b(6):40-46.

李勇忠.转喻的概念本质及其语用学意义[J].外语与外语教学,2005c(8):1-4.

李勇忠.话的视角化与话语意义的生成[J].南京晓庄学院学报,2012(5):46-49,84.

李勇忠.经典英国诗歌赏析——基于认知语言学视角[M].上海:东华大学出版社,2014.

李勇忠、白黎.汉英新奇表量结构的认知修辞分析[J].西安外国语大学学报,2016(2):1-5.

李勇忠、刘娟.量名转隐喻关系的认知新解[J].西安外国语大学学报,2020(2):11-15.

李勇忠、尹利鹏.英汉形状表量结构界限灵活性的认知建构研究[J].外语学刊,2020

（3）：33-37.

李宇明.非谓形容词的词类地位[J].中国语文,1996(1)：1-9.

李宇明.论数量词语的复叠[J].语言研究,1998(1)：30-39.

李宇明.量词与数词、名词的扭结[J].语言教学与研究,2000(3)：50-58.

李知恩.量词的跨语言研究[D].北京：北京大学,2011.

李忠民.英汉量词比较[J].山西大学学报,1988(2)：78-80.

梁关.浅谈量词的修辞功能[J].汉语学习,1992(2)：29-31.

廖巧云、蒋勇.量化最高级涌现性极性特征研究[J].外语教学与研究,2013(4)：505-517.

刘辰诞.“界”与有界化[J].外语学刊,2007(2)：53-58.

刘丹青.语义优先还是语用优先——汉语语法学体系建设断想[J].语文研究,1995(2)：10-15.

刘丹青.汉语类指成分的语义属性和句法属性[J].中国语文,2002(5)：411-422.

刘丹青.语言类型学与汉语研究[J].世界汉语教学,2003(4)：5-12.

刘丹青.语序类型学与介词理论[M].北京：商务印书馆,2004.

刘丹青.语法调查研究手册[M].上海：上海教育出版社,2008.

刘丹青、唐正大.名词性短语的类型学研究[M].北京：商务印书馆,2012.

刘华文、李红霞.汉英翻译中再范畴化的认知特征[J].外语研究,2005(4)：49-54.

刘莉琼.浅论诗性效果在文学中的保留[J].外语与外语教学,2005(4)：50-52.

刘文、赵增虎.认知诗学研究[M].北京：中国文史出版社,2014.

刘焱.量词修饰形容词现象探讨[J].徐州师范大学学报,1997(3)：147-151.

刘焱.量词与形容词的搭配问题探讨[J].汉语学习,1999(5)：60-63.

刘正光.语言非范畴化[M].上海：上海外语教育出版社,2006.

刘子平.汉语量词大词典[M].上海：上海辞书出版社,2013.

陆丙甫.“形式描写、功能解释”的当代语言类型学[A].东方语言学[C].上海：上海教育出版社,2006(1)：10-21.

陆丙甫、金立鑫.论蕴涵关系的两种解释模式——描写和解释对应关系的个案分析[J].中国语文,2010(4)：331-341.

陆丙甫、金立鑫.语言类型学教程[M].北京：北京大学出版社,2015.

陆俭明.数量词中间插入形容词情况考察[J].语言教学与研究,1987(4)：53-72.

陆俭明.说量度形容词[J].语言教学与研究,1989(3)：46-59.

陆俭明.现代汉语语法研究教程[M].北京：北京大学出版社,2003.

吕叔湘.中国文法要略[M].北京：商务印书馆,1982.

吕叔湘.现代汉语八百词(增订本)[M].北京：商务印书馆,1999.

马秉义.英汉句子结构常式比较[J].解放军外国语学院学报,1999(2)：19-21.

马建忠.马氏文通[M].北京：商务印书馆,1983.

马庆株.自主动词和非自主动词[J].中国语言学报,1988(3)：157-181.

马永田.汉英量名结构的认知识解[J].解放军外国语学院学报,2014(2)：77-85.

毛智慧.汉英名量异常搭配的认知解读[J].宁波大学学报,2011(6)：59-63.

毛智慧、王文斌.汉英名量异常搭配中隐喻性量词的再范畴化认知分析[J].外国文学,2012(6)：61-64.

毛志萍.汉语方言名量词研究[D].武汉：华中师范大学,2019.

孟瑞玲、王文斌.论汉英名量搭配差异背后的时空特质——以“piece”的汉译与“群”的英译为例[J].山东外语教学,2017(1):21-28.

潘文国.汉英语对比纲要[M].北京:北京语言文化大学出版社,1997.

潘文国.语言学是人学[J].白城师范学院学报,2006(1):1-4.

潘震.比喻型复合名词范畴化的转喻特质[J].现代外语,2010(4):371-378.

彭慧.湖南永顺方言语法研究[D].长沙:湖南师范大学,2019.

齐沪扬.对外汉语教学语法[M].上海:复旦大学出版社,2005.

尚新.英汉名词的"数"与语言类型学特征[J].解放军外国语学院学报,2010(1):1-4.

邵敬敏、马婧.新型组合"X一下"的泛化趋势及其修辞价值[J].修辞学习,2009(2):
81-87.

邵军航.英语表量构式的认知解读[J].外语研究,2012(5):29-34.

沈家煊."有界"与"无界"[J].中国语文,1995(5):367-380.

沈家煊.语言的"主观性"和"主观化"[J].外语教学与研究,2001(4):268-275.

沈家煊.沈家煊自选集[C].合肥:安徽教育出版社,2002.

沈家煊.语言类型学的眼光[J].语言文字应用,2009(3):11-13.

沈家煊.怎样对比才有说服力——以英汉名动对比为例[J].现代外语,2012(1):
1-13.

沈家煊.名词和动词[M].北京:商务印书馆,2016.

沈家煊.汉语有没有"主谓结构"[J].现代外语,2017a(1):1-13.

沈家煊.汉语"大语法"包含韵律[J].世界汉语教学,2017b(1):3-19.

沈家煊.说四言格[J].世界汉语教学,2019(3):300-317.

石毓智.表物体形状的量词的认知基础[J].语言教学与研究,2001(1):34-41.

石毓智.汉语研究的类型学视野[M].南昌:江西教育出版社,2004.

守屋宏则.やさしくくわしい中国語文法の基礎[M].东京:東方書店,2000.

束定芳.认知语言学在中国:引进与发展[J].外语教学与研究,2018(6):820-822.

隋娜、胡建华.量词重叠的句法[J].中国语文,2017(1):22-41.

王东风.文化缺省与翻译补偿[M].北京:中国对外翻译出版公司,2000.

王冬梅.现代汉语量词研究综述[J].扬州大学学报(人文社会科学版),1997(6):
56-60.

王芳.重叠多功能模式的类型学研究[D].天津:南开大学,2012.

王馥芳.认知语言学反思性批评[M].北京:外语教学与研究出版社,2014.

王力.中国现代语法[M].北京:商务印书馆,1985.

汪立荣.隐义显译与显义隐译及其认知解释[J].外语教学与研究,2006(3):208-214.

王立永.汉语量词重叠的认知语法分析[J].华文教学与研究,2015(2):53-60.

王世友、莫修云.对外汉语词汇教学的几个基本理论问题[J].云南师范大学学报,2003
(2):6-10.

王天翼.汉语拷贝构式的象似性机制——兼述容器/方位概念隐喻与象似性原则的关
系[J].外国语文,2011(5):75-78.

王文斌.汉英"一量多物"现象的认知分析[J].外语教学与研究,2008(4):257-261.

王文斌.论汉英形状量词"一物多量"的认知缘由及意象图式的不定性[J].外语教学,
2009(2):6-11.

王文斌、崔靓.语言符号和修辞的多样性和民族性[J].当代修辞学,2019(1):43-54.

王文斌、毛智慧.汉英表量结构中异常搭配的隐喻构建机制[J].外国语文,2009(3):
48-53.

王文斌、毛智慧.汉英名量异常搭配的认知解读[J].宁波大学学报(人文科学版),2011(6):59-63.

王文斌、赵朝永.汉语流水句的空间性特质[J].外语研究,2016(4):17-21.

王寅.认知语法概论[M].上海:上海外语教育出版社,2002a.

王寅.认知语言学的哲学基础:体验哲学[J].外语教学与研究,2002b(2):82-89.

王寅.象似性原则的语用分析[J].现代外语,2003(1):3-12.

王寅.语言的体验性——从体验哲学和认知语言学看语言体验观[J].外语教学与研究,2005(1):37-43.

王寅.认知语言学[M].上海:上海外语教育出版社,2007.

王寅.基于认知语言学的"认知修辞学"——从认知语言学与修辞学的兼容、互补看认知修辞学的可行性[J].当代修辞学,2010(1):45-55.

王寅.对比研究需要前沿理论,理论创新促发对比研究——认知对比语言学初探[J].外国语,2015(5):44-52.

王寅.体认语言学——认知语言学的本土化研究[M].北京:商务印书馆,2020.

王勇.论语言类型学研究中的解释[J].解放军外国语学院学报,2009(1):1-8.

王正元.概念整合理论及其应用研究[M].北京:高等教育出版社,2009.

魏海平.基于语义地图模型的对外汉语教学研究——以汉英人体名量词为例[J].西南农业大学学报,2013(11):158-163.

魏在江.汉语"一"字极性成语的认知构式理据[J].中国外语,2015(3):50-56.

魏在江.汉语体词谓语句的语法转喻探索[J].东北师大学报,2017(4):13-18.

魏兆惠、华学诚.量词"通"的历史发展[J].汉语学报,2008(1):19-26.

温锁林.汉语中的极性义对举构式[J].汉语学习,2010(4):16-24.

温锁林.话语主观性的数量表达法[J].语言研究,2012(2):72-80.

吴春相.当代语言类型学视野下的汉语研究方法论[J].东疆学刊,2009(3):73-77.

吴春相.现代汉语"数+量+形"结构的机制和动因——从语法构式到修辞构式[J].当代修辞学,2015(1):28-36.

吴福祥、冯胜利、黄正德.汉语"数+量+名"格式的来源[J].中国语文,2006(5):387-400.

吴庚堂.量词浮游的动因[J].当代语言学,2013(1):35-44.

伍雅清、胡明先.复数标记与量词同现现象的研究[J].语言科学,2013(4):349-356.

吴吟.汉语重叠研究综述[J].汉语学习,2000(3):28-33.

席建国.语言类型学视角下的英汉语序比较研究[M].北京:北京大学出版社,2016.

席建国.类型学视角下的英语"名词+复杂修饰语"结构翻译探析[J].外国语,2021(6):44-51.

夏士周、林正军.认知修辞研究回顾与前瞻[J].社会科学战线,2022(1):264-268.

相原茂、沙野.数量补语"一下$_2$"[J].汉语学习,1984(4):20-31.

谢应光.英语语法研究中的"有界"与"无界"概念[J].山东外语教学,1996(4):7-12.

谢应光.英语中的有界名词词组与无界名词词组[J].天津外国语学院学报,2002(3):25-28.

徐国玉.汉语语法研究的方向性探索——《汉语意合语法研究》评介[J].汉语学习,2013(4):106-112.

徐莉娜.Unit Noun与汉语量词的比较与翻译[J].中国科技翻译,1997(4):40-43.

徐盛桓.常规关系与认知化——再论常规关系[J].外国语,2002(1):6-16.

许余龙.对比语言学[M].上海：上海外语教育出版社,2002.

闫亚平."一+量+形"的构式化及其修辞动因[J].当代修辞学,2015(2)：47－55.

杨甸虹.英语量词的新用法及翻译[J].中国翻译,1997(3)：53－54.

杨洁.认知类型学视角下的汉语连动式[J].外文研究,2021(3)：20－27.

杨永龙.从"形+数量"到"数量+形"——汉语空间量构式的历时变化[J].中国语文,
　　2011(6)：499－513.

叶浩生."具身"涵义的理论辨析[J].心理学报,2014(7)：1032－1042.

尹洪波."物体-性状"认知框架及相关语法现象[J].中国社会科学院研究生院学报,
　　2011(3)：114－118.

俞建梁.论范畴的自组织性——范畴本质的后现代研究之三[J].外语与外语教学,2011
　　(3)：16－20.

虞娇霞、毛智慧.英汉形状量词的意象图式对比[J].现代语文,2016(9)：142－144.

于立昌.现代汉语动量词的分类[J].华文教学与研究,2018(3)：38－46.

余瑞雪.现代汉语"数+量+形"结构研究[D].上海：上海外国语大学,2009.

于秀金、金立鑫.认知类型学：跨语言差异与共性的认知阐释[J].外语教学,2019(4)：
　　13－19.

袁蕾.语言的象似性与维吾尔语词的重叠[J].语言与翻译,2017(3)：22－26.

张赪.类型学视野的汉语名量词演变史[M].北京：北京大学出版社,2012.

张东方、卢卫中.名量词的认知理据：基于象似性的汉英对比研究[J].西安外国语大学
　　学报,2013(2)：7－10.

张恒悦.量词重叠式的语义认知模式[J].语言教学与研究,2012(4)：61－67.

张辉、杨波.认知组构语义学与比喻语言字面义及其非字面义的区别[J].重庆大学学
　　报,2008(1)：109－113.

张黎.汉语"把"字句的认知类型学解释[J].世界汉语教学,2007(3)：52－63.

张黎.汉语补语的分类及其认知类型学的解释[J].对外汉语研究,2008(1)：1－12.

张黎.汉语"动作-结果"的句法呈现及其认知类型学的解释[J].对外汉语研究,2010a
　　(1)：94－109.

张黎.现代汉语"了"的语法意义的认知类型学解释[J].汉语学习,2010b(6)：12－21.

张黎.汉语句式的认知类型学分类——兼论汉语语态问题[J].汉语学习,2012(3)：
　　14－25.

张霁、王煜.英汉情感域表量结构对比[J].外语学刊,2012(1)：38－41.

张敏.从类型学和认知语法的角度看汉语重叠现象[J].国外语言学,1997(2)：37－45.

张敏.认知语言学与汉语名词短语[M].北京：中国社会科学出版社,1998.

张向群.量词修辞审美论[M].西安：陕西人民教育出版社,1995.

张延成.*Typology and Universals*(*Second Edition*)导读[Z/OL].2004.[2017－08－21].
　　http://language.bokee. com/158735.html.

张燕娣.南昌方言研究[M].北京：文化艺术出版社,2007.

张翼.语序在认知语法"提取和激活"模型中的作用：以副词修饰为例[J].外语教学与
　　研究,2018(5)：656－667.

张媛、刘振前.认知语法视角下的英语表量结构分析[J].外语教学,2011(2)：1－5.

章振邦.新编英语语法[M].上海：上海外语教育出版社,1997.

赵海英.方言学视野下的山西民间音乐[D].太原：山西大学,2013.

赵琪.从极性程度的表达看修辞构式形成的两条途径[J].当代修辞学,2012(1)：

参考文献

26 - 35.

赵彧.语用推理与极性程度义的获得——以构式"V 过 A 的,没 V 过这么 A 的"为例[J].汉语学习,2012(4):30 - 41.

赵元任.中国话的文法[M].北京:商务印书馆,1968.

郑伟娜.量词重叠式的语体修辞特点[J].语文学刊,2019(1):7 - 15.

周敏莉.极性程度构式"A 到没朋友"研究[J].社会科学论坛,2016(10):76 - 85.

周芍.名词量词组合的双向选择研究及其认知解释[D].广州:暨南大学,2006.

朱承平.唐宋诗中的名词用作量词[J].修辞学习,1998(3):37 - 38.

朱德熙.语法讲义[M].北京:商务印书馆,1982.

朱建新、左广明.再论认知隐喻和转喻的区别与关联[J].外语与外语教学,2012(5):59 - 62.

朱全国.文学隐喻研究[M].北京:中国社会科学出版社,2011.

朱晓军.从"量词"英译看汉英量词系统对比[J].石河子大学学报(哲学社会科学版),2007(3):85 - 87.

宗守云.从范畴化过程看量词"副"对名词性成分的选择[J].世界汉语教学,2007(4):21 - 32.

宗守云."一量名"和"X 量名"的差异[J].阜阳师范学院学报(社会科学版),2008a(1):10 - 13.

宗守云.汉语研究量词方法论的嬗变[J].扬州大学学报(人文社会科学版),2008b(2):69 - 73.

宗守云.汉语量词的认知研究[M].北京:世界图书出版公司,2012.

宗守云.量词的范畴化功能及其等级序列[J].上海师范大学学报(哲学社会科学版),2014(1):120 - 128.

后 记

　　书稿付梓,意味着过去一年对书稿的修改打磨即将画上句号,往事历历如昨,感叹"逝者如斯,不舍昼夜"之余,愿将些许感想与读者分享。

　　本书是在作者主持完成的 2016 年国家社会科学基金项目"认知类型学视野下汉英表量结构的对比研究"的阶段性成果上扩充编撰而成。书中第二章、第五章、第七至十一章、第十三章、第十四章的底稿皆为笔者个人或笔者与硕博研究生白黎、刘娟、尹利鹏、李鑫颖合作发表过的论文,具体信息已在各章首页以脚注形式标出。底稿成书,绝非简单堆栈。古人自有"雕虫"和"雕龙"之说,写论文"雕虫"不易,著书"雕龙"更难。累牍盈篇,琐细重复之处不足为录;议论阔疏,有失端方之处需审意炼字。惟不惮于屡改,方能系统周密,自成一体。借此书出版之际,衷心感谢上海外语教育出版社的匿名评审专家和责任编辑给予的诸多宝贵建议,笔者深表谢忱。

　　于己而言,修改已经发表的论文,颇有从"离身"(disembodied)到"具身"(embodied)的微妙感。过去时空中写下的文字能够留存,但过去时空中的自我早已不复存在。要重新审视过去的所思所想,就要"设身处境"地理解当时是如何运思行文的。这是一个自我争辩、自我否定的过程,修补文章疏漏的同时也在做自我修炼。五代十国时期后梁的契此和尚写过一首《插秧诗》,诗云:

　　　　　　手把青秧插满田,低头便见水中天。
　　　　　　六根清净方为道,退步原来是向前。

　　做学问之人需要"手把青秧",笔勤不辍,在写作中清净心神,物我两忘,但这并不意味着只问耕耘,不复反思。"低头"和"退步"都是在做自我回顾。在自我审查中,会发现低头看到的近处帮助自己走向更远处,退后迈开的脚步其实是在朝着目标进步。

　　再者,从观物的角度讲,低头看见的"水中天"和抬头望见的"天上天"是同一片天,但呈现出来的景致却不尽相同。直接看事物未必能看清事物,打开不同的视窗,从不同的视界看,才能更全面地认识"天"。观察语言亦同此理。一种语言不能在独立描写和解释中窥见全貌,有对比和比较才有鉴别。语言也具有他释性,恰如我们在定义"天"时不能用"天"本身,而需借助外物。这个外物,是与之有着相邻、相近、相反、相含关系的事物。美国诗人 Walt Whitman 在"On the Beach at Night Alone"一诗中写道:"A vast similitude interlocks all"。这种 vast similitude,就是人类视角和标尺下的事物关联,启发我们打开思路,看到学科与学科之间的交叉,现象与现象之间的联系,方法与方法之间的相通。正如语言类型学与认知语言学,两种看似无关的语言研究方法,实则有着许多相通之处:语言类型学中的语义靠近原则、可别度领先原则与认知语言学中的象似性原则,语言类型学中的典型理论与认知语言学中的原型范畴理论,语言类型学中的标记性和认知语用学中的标记理论,等等,不一而足。可见,语言研究中从不缺少联系,只是缺少发现联系的眼睛。

　　一路走来,得益于许多良师益友的扶持。王寅教授是我最为感念的良师之一,他是我国著名的语言学家和语言哲学家,提出了认知语言学本土化的理论——体认语言学,对国内认知语言学影响深远。他一直是我学术道路上的"灯塔"。在多年的交往中,我们建立了亦师亦友的友谊。蒙王老师不弃,我有许多机会亲承謦欬,获益良多。书稿完成之后,求教于王老师。他在百忙之中,竟慷慨赐序,勉励后学的雅意,令人难忘。感荷高情,非片言只语所能鸣谢。

　　教学相长,感谢我的博士生和硕士生们。在课堂上,我们一起讨论,共同进步,学生们对问题的看法,有时令我眼前一亮。我的博士生白黎同学,在书稿的修改过程中,付出了许多的时间和精力。毫不夸张地说,本书的完成也凝结了他们的智慧和贡献,他们是我的学生,也是我在学术道路上的伙伴。书中的很多灵感,都是由跟学生们在课堂或组会上的热烈讨论激发而来的。

  我所工作的江西师范大学,肇始于白鹿洞书院,始建于 1940 年的国立中正大学,当时号称"民国三中"之一(另两中为位于广州的国立中山大学、位于南京的国立中央大学),有着悠久的办学历史和良好的学术氛围,是师大学者们共同的学术家园。身在其中,自当砥砺前行,才对得起"母校"二字。

  感谢上海外语教育出版社孙静主任的无私支持和鼓励,同时感谢责任编辑王晓宇老师,编辑工作默默奉献,为他人作嫁衣裳。晓宇老师对书稿的极细心、极有见地的修改意见,令拙作增色不少。

  最后,附上"On the Beach at Night Alone"全诗。与契此和尚《插秧诗》所表现的"物"融入"我"的主体意识相比,英语母语者更多是将"我"融于"物"的客体意识。

On the Beach at Night Alone
Walt Whitman

On the beach at night alone,

As the old mother sways her to and fro singing her husky song,

As I watch the bright stars shining, I think a thought of the clef of the universes and of the future.

A vast similitude interlocks all,

All spheres, grown, ungrown, small, large, suns, moons, planets,

All distances of place however wide,

All distances of time, all inanimate forms,

All souls, all living bodies though they be ever so different, or in different worlds,

All gaseous, watery, vegetable, mineral processes, the fishes, the brutes,

All nations, colors, barbarisms, civilizations, languages,

All identities that have existed or may exist on this globe, or any globe,

All lives and deaths, all of the past, present, future,

This vast similitude spans them, and always has spanned,

And shall forever span them and compactly hold and enclose them.

李勇忠
2022 年 12 月 20 日于南昌

后记